JILPT海外調査シリーズ 4

ラオス
の労働・雇用・社会
─ 日系進出企業の投資環境 ─

独立行政法人　労働政策研究・研修機構

Labour and Employment Society in Laos:
Investment Environment for Japanese Companies
JILPT Overseas' Research Series, No. 4
The Japan Institute for Labour Policy and Training
4-8-23, Kamishakujii, Nerima-ku, Tokyo, Japan 177-8502

刊行序文

　労働政策研究・研修機構では、わが国の海外進出企業の動向等を踏まえ、アジア地域における労働問題に関する調査を実施している。本書は、調査を通じて入手した情報をもとに「JILPT　海外調査シリーズ」としてとりまとめたものである。本シリーズは、当機構の前身である日本労働協会および日本労働研究機構において刊行していた(旧)「海外調査シリーズ」(1977年～2003年)の流れをくむものであるが、激動する新しい時代のアジアの実像を描き出そうという趣旨により、新たなシリーズとして内容を刷新し、2015年度より再スタートすることとなった。新シリーズの核心は、進出日系企業の視点から現地の労働・雇用・社会を見つめ直すことを試みた点にある。

　「JILPT海外調査シリーズ」の第4作目としてお届けするのは、「ラオスの労働・雇用・社会」である。ラオスは海に面してない内陸国(ランドロック・カントリー)であることが経済発展の妨げとなっているが、タイ、ベトナム、カンボジア、中国、ミャンマーの5カ国と国境を接する「地の利」と捉えることも可能であり、周辺国との経済的つながりを強化することにより、「ランド『リンク』・カントリー」として発展していく方針をとっている。インドシナ地域4カ国を結ぶ物流大動脈である東西および南北の経済回廊等の交通インフラが整備されれば、陸路を活用したラオスへの投資が盛んになり、タイに拠点を構える企業を中心として投資の増加が期待される。数十年前には内戦に見舞われ、社会主義国としての建国から市場経済化の道を歩んだラオスが、刻々と変化を遂げている姿を本書で感じ取っていただければ幸いである。

　調査にあたっては、神戸大学の香川孝三名誉教授に主査として、岡山商科大学の駿河輝和教授に研究会委員として加わっていただいた。また、現地調査に際しては、多くの現地政府関係者、研究機関および研究者、労使団体関係者、企業の労務担当の方々にひとかたならぬご支援をいただいた。ここに本調査の実施に際してご協力いただいたすべての関係者の方々に心から謝意を表したい。

　2020年3月

労働政策研究・研修機構

はしがき

　本書はラオス進出日系企業が抱える労働や雇用に関する問題点に着目して、円滑な企業経営を行うために必要な情報を提供することを目的としている。

　日本とラオスの外交関係が樹立したのは1955年であり、それから60年以上の歴史を経ている。しかし、日本人にとってラオスはなじみの薄い国かもしれない。世界でも数少ない社会主義国の1つであることから、心理的に距離感を感じるのかもしれない。その一方、ラオスは「癒しの国」あるいは「微笑みの国」と言われ、ホスピタリティーあふれる観光国として、最近は多くの観光客がラオスを訪問し始めている。

　ラオスは中国と国境を接しており、同じ社会主義国であることから中国を抜きにしてはラオスの国家建設は語れない。中国の「一帯一路」構想のために、政治、経済、文化面でラオスにおける中国のプレゼンスは極めて大きい。その中で、日本もラオスとの関係が深まってきている。日本はラオスへの最大の援助供与国であった時期もある上に、最近は市場経済化が進むにつれて、ラオスに進出する日系企業が増加し始めている。

　日本においてラオスに関する本の出版は徐々に増えてきているが、ラオスの労働法や労働事情についての文献は多くない。最近になって実務家や弁護士が中心となって、ラオスの投資環境にまつわる本の中で、労働法や労働事情、労務管理上の問題が取り上げられ始めている。この現状の中で、ラオスの労働や雇用に関する情報を提供する本を出版することは意味のあることである。おそらくラオスの労働や雇用に関する専門の本としては本書が最初ではないかと思われる。

　本書の構成は以下の通りである。第1章ではラオスの歴史的背景を振り返る。第2章はラオスの政治・経済の特徴点を述べており、特に社会主義市場経済の実態を分析している。第3章は人的資源にかかわる雇用・失業対策、職業訓練についてまとめている。第4章は労働法令の歴史と現行法である2013年労働法の内容を詳述している。第5章は労使関係をめぐる法制や実態を分析して、社会主義国の労使関係の特徴をまとめている。第6章では労働災害や労働安全衛生上の問題点について、第7章では貧困削減を目指す政策

課題となっている社会保障・社会福祉制度の内容について述べている。第8章では、日系企業の進出概況を確認するとともに、現地での聞き取り調査に基づいて、日系企業における人事労務管理上の特徴を概説している。

　本書をまとめるにあたっては、ラオス労働・社会福祉省、ラオス教育・スポーツ省、いくつかの職業訓練校、ラオス労働連盟、ラオス全国商工会議所、ラオス国立大学、ジェトロ・ビエンチャン事務所、JICA法整備支援室等々、さらにラオスで操業している日系企業で調査させていただいた。そこで得られた情報や貴重な意見を参考とさせていただいた。また、アジア経済研究所の山田紀彦研究員からは有意義な助言を賜った。記して多くの関係者の皆様にお礼を申し上げる。

　ラオスの法令はラオス語で書かれているため仮訳して活用した。労働関連の法律の一部は日本語訳があるためそれを活用したが、ILOが各国の労働法を英訳したNATLEX（National labour, social security and related human rights legislation）や、英語で解説した文献を参考にさせていただいた。

　ラオスは日本人にとって馴染みの薄い国と述べたが、最近、ラオスと日本の深いつながりの可能性を示す発見があった。日本の縄文時代の約2500年前の人骨から全遺伝子情報が解読され、それが約8000年前のラオスを中心にうまれたホアビン文化を支えた民族の遺伝子とほぼ一致することが判明したというのである（2018年9月2日、日本経済新聞、30面）。ラオスの民族の一部が日本列島にたどり着いたという説を裏付ける根拠とされている。ラオス人と日本人が遺伝子でつながっているというロマンを感じる出来事が明らかになった。

　そうした日本とラオスのつながりを感じ取りながら、今後、本書がラオス進出企業やこれから進出を考えている企業、ラオスに関心をもつ人々に役にたつことができれば、大変喜ばしいことである。

執筆者を代表して

香川　孝三

目次

凡例

・人名は、原則として敬称を略するかたちで表記した。役職を入れるかたち
にしたものも含まれている。
・地名や固有名詞や名称のカタカナ表記には様々な表記方法が想定されるも
のがあるが、先行研究を参照しながら最も一般的と考えられる表記を採用
した。
・「ラオス」と「ラオ」の使い分けについて、国名、政治、経済等については「ラ
オス」を、民族、組織等の固有名詞について「ラオ」を使用した。言語につ
いては、綾部・林・上田(1996)に倣って、東北タイ地域や雲南地方を含め
て広域で話されている言語を「ラオ語」とするのに対して、ラオス国内で使
用されている言語を「ラオス語」としている[1]。

---

1 綾部恒雄・林行夫・上田玲子(1996)「民族と言語」綾部恒雄・石井米雄編『もっと知り
たいラオス』弘文堂、93ページ。

ラオス人民民主共和国略地図

中国

ルアンナムター県　　　ポンサーリー県　　　ベトナム

ミャンマー

　　　　　　　　　　　ルアンパバーン
　　　　　　　　　　　ルアンパバーン県
　　　　　　　　　　　　フアパン県
　　　　　　　　　　　ジャール平原
　　　　　　　　　　シェンクアーン県

ボーケーオ県

ウドムサイ県　　　　　　　　　　サイソンブーン県
　　　　　　　　　　　　　　　プービア山
サイニャブーリー県　　　　　　　　　　　　　　　ボーリカムサイ県

ビエンチャン県
　　　　　　　　　　　　　　　　　　　アンナン山脈
　　　　　　　　　　　　　　　　　　セーコーン県
　　　　　　　　首都ビエンチャン
ビエンチャン都　　　　カムアン県

タイ　　　　　サワンナケート
　　　　　　　サワンナケート県
　　　　　　　サーラワン県　　　　　　　　　　ベトナム
　　　　　　　パークセー
　　　　　チャンパーサック県
　　　　　　　　　　　　　　　アッタプー県
　　　　　カンボジア
　　　　　　　　　　　　　　ボーラヴェーン高原
　　　　　コーンパペーンの滝

「○」は都市等の名を意味する。
＊本文中にある地名を中心に表記した略地図である。

●●● 第1章 ●●●

国土と国民国家の成り立ち

建国の父、ファーグム王像

タートルアン仏塔

はじめに

　ラオスは5カ国と国境を接する内陸国であり、全体に山地が多く、平地部は少ない。大河であるメコン川が流れているが、カンボジア近くに難所があり、直接河口まで到達することを妨げている。このため国際社会との接触機会が少なく、発展が遅れる傾向にあった。歴史的にはラーンサーン王国に起源をもち、やがてラーンサーン王国は3つの王国に分裂する。1893年からはフランスの植民地となり、このときに現在のラオスの領土が決まってくる。第二次世界大戦中より独立を模索して長く内戦が続き、ベトナム戦争に巻き込まれて平和が訪れるのは1975年のラオス人民民主共和国の成立からである。

　このようなラオスの社会や政治経済を理解するために、本章では国土と地理上の位置づけと歴史を概観する。現在の国土の成り立ちを理解するためにはフランス領時代のことを知る必要があり、現在の政権について理解するためには内戦時代の歴史が助けとなるだろう。

1　国土と地理上の位置づけ

(1) 国土[1]

　ラオスは南北に北緯13度54分から22度30分までにあり、東西に東経100度05分から106度38分までにある。北は中国の雲南省と508km接し、東はベトナムと2,337km、北西はミャンマーと236km、西はタイと1,835km、南はカンボジアと535km国境を接していて北西から南東へと国土は細長く広がっている。5カ国と国境を接している、海岸線を持たない内陸国である。歴史的に複数の強国に挟まれて境界を接することが多く、近隣勢力の緩衝国としての役割を果たしていた。内陸国であるため輸送のコストがかかり、近隣国以外の諸外国と直接に貿易や交流ができないため、発展が遅れる傾向にあった。

　国土面積は237千平方km、日本の本州の面積が226千平方kmなので、ほぼ日本の本州と同じぐらいの面積である。国土は全体として山がちであり、

1　Lao Statistics Bureau, 2017, *Statistical Yearbook 2016*、大城直樹（1996）「風土と地理」綾部恒雄・石井米雄編『もっと知りたいラオス』弘文堂およびラオス文化研究所編（2003）『ラオス概説』めこんを参照して執筆した。

多くの地域を標高500〜2,000m台の山地が占める。特に北部は山岳地帯であるが、随所に盆地のようなところも存在する。ベトナムとの国境沿いにはアンナン山脈の急斜面がそびえたつ。ビエンチャン周辺からはメコン川沿いに南の方に平地が開けている。平地はメコン川の中流にあり、タイ、ベトナムといった近隣国のように河口に大きなデルタ地帯を持たない、その上メコン中流のより広い平地（コーラート高原）は西岸にあり、その地域はタイの国土となっている。したがって、穀物生産がそれほど豊富でなく、東南アジア大陸部で最も人口が少ない国となった。南には1,000mから1,300m台のボーラヴェーン高原がある。最も高い山はシェンクアーン県のプービア山で、2,820mの高さである。中心的な河はメコン川であり、チベット高原に源流を発し中国の雲南省からラオスに流れ込み、ミャンマーとの国境を流れ、一部のメコン川西岸（サイニャブーリーとチャンパーサック）はラオス領であるが、主にタイとの国境を流れてカンボジアに流れていく。その後ベトナムに入り南シナ海に流れ込む。全長は4,000km以上あるが、ラオスを流れるメコン川の長さは1,898km、そのうちミャンマーとの国境を流れている距離は236km、タイとの国境を流れている距離は919kmである。メコン川にはカンボジアとの国境近くにコーンパペーンの滝という難所があり、ベトナムの河口から中国の雲南まで直接に船でさかのぼることを妨げている。その他の多くの川はメコン川に流れ込む支流である。

(2) 気候[2]

　ラオスは熱帯モンスーンの気候帯に属していて、モンスーン（季節風）が南西から吹く5月から10月にかけて雨期であり、北東から吹く11月から4月ぐらいまでが乾期となっている。雨期と乾期では降雨量の差は大きく、次のページの図表1-1の首都ビエンチャンの平均月間雨量からわかるように年間に降る雨量の90%は雨期に集中している。年間雨量は日本に比べて多いために水資源は豊富で水力発電のための適地は多い。しかし雨期にだけ雨が集中するために、川が氾濫して洪水が起きる、がけ崩れが起こるなど自然災害も発

2　Climate-Data.org（世界各都市の気候データ）参照。

図表1-1　主要都市の気温と雨量

	1月	2月	3月	4月	5月	6月	7月	8月	9月	10月	11月	12月
首都ビエンチャン												
最高気温(度C)	27.9	30.1	32.6	33.7	32.1	31.2	30.5	30.3	30.4	30.4	29.6	27.9
最低気温(度C)	13.8	16.6	19.5	22.1	23.2	23.7	23.7	23.6	23.3	21.4	18.3	14.5
雨量(mm)	6	16	32	83	234	261	251	337	305	83	11	3
サワンナケート												
最高気温(度C)	29.6	31.6	34.4	35.4	34.0	32.3	31.7	31.3	31.0	31.0	30.1	28.8
最低気温(度C)	14.4	17.2	20.8	23.3	24.2	24.3	23.9	23.8	23.4	21.2	18.8	14.7
雨量(mm)	4	18	33	91	170	247	246	319	237	73	4	2
パークセー												
最高気温(度C)	30.9	34.6	34.2	34.9	33.3	31.2	30.1	30.7	30.0	30.8	30.8	30.3
最低気温(度C)	17.3	20.4	22.6	24.4	24.2	24.0	23.6	23.7	23.5	22.1	20.6	18.0
雨量(mm)	1	9	28	72	236	286	416	436	318	102	23	4

(出所)　Climate-Data.org

生しやすくなる。農業も乾季には、灌漑設備がなければ作物を育てることが
難しく、輸送も舗装道路がないところでは雨期に困難になるケースがある。
最も暑いのが3月半ばから5月半ばにかけてであり、4月が最も暑い。図表
1-1のように12月から1月は平均最高気温もビエンチャンでは30度を下回
り、過ごしやすい季節となる。南のボーラヴェーン高原は、冷涼な気候で雨
も多く、コーヒーやキャベツなどの高原野菜の生産が行われている。

● 2　ラオス略史[3]

(1)　ラーンサーン王国と3王国への分裂

　タイ系の民族は、タイ王国とラオス人民民主共和国の主民族であるばかり
でなく、中国南部の雲南省には西双版納（シップソーンパンナー）タイ族自治
州にルー族が、ベトナム北部には黒タイ族、白タイ族、インドのアッサム州
にはアホーム族などが居住している。諸説あるがラオ族やシャム族などのタ
イ系の人々は、現在の位置よりも北部である南中国の雲南東南部と広西省西

3　この節は、マーチン・スチュアート-フォックス（菊池陽子訳）（2010）『ラオス史』めこ
　ん（Stuart-Fox, Martin, 1997, *A History of Laos*, Cambridge University Press）および
　Stuart-Fox, Martin, 2008, *Historical Dictionary of Laos*, Third Edition, The Scarecrow
　Press, Inc. に基づき執筆した。

部地域に居住していたと考えられている。漢民族の勢力の拡大に対応して徐々に南下していった[4]。タイ系ラオ族もメコン川を中心としてアンナン山脈の西側とコーラート高原にまで移動した。このあたりにラオ族のムアン（くに）[5]が形成され、1353年にファーグム王（第1章の扉の写真参照）がムアンをまとめる形でラオ族のマンダラ型国家（後述）であるラーンサーン王国（百万頭の象という意味）を建国することになる。首都は現在のルアンパバーン（最初はムアンサワーとして知られていたが後にシェンドーンシェントーンと改名）であった。タイ系民族は古くから水田による稲作を行っていたと考えられ、したがって居住する場所は川沿いの盆地か平地部となった。現在でも、ラオ族は低地に住んでいて、民族を住居地域によりラオ・ルム（低地ラオ）、ラオ・トゥン（山腹ラオ）、ラオ・スーン（高地ラオ）と3分類するときラオ・ルム（低地ラオ）に入るのはこのためである。稲作を基本とした共同体が生まれて村が形成され、いくつかの村をまとめてムアンが形成された。マンダラ型国家は東南アジアに多く見られるが、支配者の権力が中央近くでは強いが周辺に行くにつれて弱くなる国家である。また、中心に位置するより大きなムアンは、小さなムアンから朝貢を受ける。全体に緩やかな構造を持ち、ラーンサーン王国を形成している各ムアンは貢納や有事において人員を提供しておればよく、各ムアンは、かなり強い自治権を持っていた。

　ファーグムは、ルアンパバーン王家の血を引く王子であったが、父親により追放されるか、あるいは亡命した。カンボジアにたどり着いたのち、クメール帝国においてクメールの王妃と結婚し軍を手に入れてルアンパバーンに戻り、その後ラーンサーン王国を打ち立てたと言われている。しかし最終的には王国から追放されてしまう。

　1479年にはベトナムが都に攻め入り、都が壊滅状態となる事件が起こった。その後、16世紀前半ポーティサララート王はラーンナー王国（首都は現在タイのチェンマイ）の王女を妻に迎えた。そのことにより、息子のセーターティラート（第2章の扉の写真参照）がラーンナー王国の王位を継ぐことになったが、直後にポーティサララートは事故で亡くなった。セーターティラート

4　柿崎一郎(2007)『物語　タイの歴史』中公新書、中央公論新社。
5　一人の首長に対し人々が忠誠心を持ち、税を支払う変動的な政治的、地理的集団。

関連年表

1353年	ファーグム王がラーンサーン王国を建国。
1560年	セーターティラート王がルアンパバーンからビエンチャンへ遷都。
1563～75年	ビルマによるラーンサーン王国侵攻。
1638～95年	スリニャウォンサー王の治世で繁栄。
1707年	ラーンサーン王国がルアンパバーン王国とビエンチャン王国に分裂。
1713年	ビエンチャン王国からチャンパーサック王国が分離。
1779年	3王国全てがシャムの属国になる。
1804年	アヌウォン王が王位に就く。
1826～28年	アヌウォン王がシャムと独立戦争。アヌウォン王死亡（1828年）。
1820～40年	モン族のラオスへの移住開始。
1893年	フランスがシャムからメコン東岸のラオ地域を割譲し占領（フランス・シャム条約）。
1907年	メコン川西岸の一部がフランス領になり現在のラオス国境が画定。
1923年	現地人諮問会議の開設。
1936年	労働に関する総督令制定。
1945年	日本軍によるフランス領インドシナの武装解除。 日本軍のもとで国王のラオス独立宣言。 日本降伏。ペッサラートがラオスの独立を宣言。 ラオ・イサラ暫定政府成立。
1946年	フランスによるラオス再占領。
1949年	フランス連合内でのラオスの独立。 ラオ・イサラ亡命政府解散。
1950年	ネオ・ラオ・イサラ抵抗政府樹立。
1951年	1月19日の法律83号、基本的労働立法制定（ラオス王国）。
1954年	ディエンビエンフーの戦いでフランス軍降伏。 ジュネーブ協定調印。
1955年	ラオス人民党結成。 6月28日発布の法律201号によって労働組合の結成を承認（ラオス王国）。
1956年	ラオス愛国戦線設立。 2月1日、ラオス労働連盟設立。 10月17日発布の王室令290/88（政府職員を含む専門職の労働組合の権利と義務を規定）。
1957年	スワンナプーマーを首相とする第1次連合政府成立。
1958年	スワンナプーマー辞職し、右派政権成立。
1960年	不正な国政選挙により右派勝利。 コンレー大尉による中立派のクーデター。スワンナプーマー内閣成立。 プーミー・ノーサワンによるビエンチャンの戦い。
1962年	ナムターの戦いにより右派敗北。 スワンナプーマーを首相とする第2次連合政府成立。 ラオスに関するジュネーブ協定調印。

1964年	アメリカによるラオスの解放地区への爆撃開始。
1972年	2月、人民党第2回党大会(党名を人民革命党に改称)。
1973年	パリ和平協定調印(ラオスにおける停戦協定調印)。
1974年	第3次連合政府成立。
1975年	ラオス人民民主共和国樹立。 最後のラオス国王、サワンワッタナー退位。
1978年	農業集団化計画開始。
1979年	ラオス国家建設戦線の結成。 農業集団化計画中止。
1981〜85年	第1次国家社会経済開発5カ年計画。
1986年	人民革命党第4回党大会にて市場経済化に基づく新経済管理メカニズムを承認。
1988年	外国投資奨励・管理法施行。
1990年	初の労働法制定。
1991年	人民革命党第5回党大会にてカイソーン・ポムウィハーンが国家主席に就任。 最高人民会議にて憲法の制定。
1992年	カイソーン・ポムウィハーンの死去により、ヌーハック・プームサワンが国家主席、 カムタイ・シーパンドーンが首相兼党書記長就任。
1993年	労働・社会福祉省設置。
1994年	メコン川に友好橋完成。 労働法改正。
1997年	ASEAN加盟。
1998年	カムタイ・シーパンドーンが国家主席就任。
2001年	ブンニャン・ウォーラチットが首相就任。
2003年	憲法改正。
2004年	第10回ASEANサミットの開催国就任。 アメリカとの正規の貿易関係樹立。
2006年	人民革命党第8回党大会にてチュムマリー・サイニャソーンが党書記長になり、国会にて国家主席に選出される。 労働法改正。
2007年	12月、労働組合法公布(翌2008年2月1日施行)。
2013年	WTO加盟。 労働法改正。
2015年	ラオスの労働者の最低賃金の改正に関するガイドライン公布(2月9日)。 憲法改正。
2016年	ブンニャン・ウォーラチットが国家主席、トーンルン・シースリットが首相就任。 ASEAN議長国。
2017年	労働組合法改正(2018年3月公布)。
2018年	民法成立(12月6日)(2019年5月施行)。

はラーンサーンに戻り、ラーンナーの王位を失った。

　16世紀前半に、ビルマに強国（タウングー王朝）が出現し、タイ系民族の国家に攻撃を仕掛けてきた。ラーンナー王国にも兵を進めて、1558年チェンマイが陥落し、ラーンナー王国はビルマの属国となり、200年以上にわたってビルマに朝貢することになった。次にビルマはラーンサーン王国を攻撃した。当時、ラーンサーン王国はセーターティラート王の時代であった。このビルマ侵攻への対策として、1560年セーターティラート王は都をルアンパバーンからビエンチャンに移した。このときビエンチャンにエメラルド仏を安置するためのパケーオ寺、現在もビエンチャンのシンボルであるタートルアン仏塔（第1章の扉の写真参照）が建立された。ルアンパバーンには、パパーン仏が残され、現在のルアンパバーンという名前になった。1569年にはビルマによりアユタヤが陥落し、ラーンサーン王国は一時ビルマの脅威を退けたが、セーターティラート王がいなくなると王位継承争いが続いて衰退し、ビルマの侵略を受け、ビルマの支配下におかれた。ラーンサーン王国で常に王位継承争いが起こるのは、長子が王位を継承するという厳格なルールがなかったことによる。

　1638年スリニャウォンサー王が即位すると、治世は57年間続き、ラーンサーン王国は平和で繁栄した。しかし、王が死去すると、後継者争いが続くことになる。アユタヤ王国の介入もあり、1707年にはビエンチャン王国とルアンパバーン王国に分裂し、1713年にはビエンチャン王国からチャンパーサック王国が分離独立した。ビルマが再びシャムに攻め入り、1767年にはアユタヤが陥落する。このとき、シャムにタークシンが登場してビルマを追い出しただけでなく、1779年までにはラオスの3王国をシャムの属国としてしまう。この時代に、エメラルド仏など仏像がバンコク（当時はトンブリー）へ持ち去られた。現在もバンコクのワット・プラケーオ（エメラルド寺院）にてエメラルド仏を見ることができる。

　バンコクのチャクリ朝のもとで、1804年アヌウォンがビエンチャン王国の王となった。アヌウォンはビエンチャン王国のシーブンヤサーン王の王子で、タークシンがビエンチャンを攻撃した際にバンコクに連れてこられていたが、ビルマ軍撃退に関連する貢献を認められ王になることができた。アヌ

ウォン王はビエンチャンの復興に努め、このときにシーサケート寺など新寺院が建立された。さらにアヌウォンは息子をチャンパーサックの王にすることに成功し、チャンパーサックも支配した。これにより勢力を増したアヌウォン王は1826年末シャムに対して反乱を起こすが、敗退する。1827年にはシャム軍がビエンチャンに入城し、都は破壊され廃墟の状態となった。1828年アヌウォンは再起を図るが、捕えられ、バンコクで監禁されて死去する。これによりビエンチャン王国は姿を消すことになる。シャムは再び反乱の起こるのを防ぐために、メコン川東岸の住民を西岸へと移住させる政策をとり、これによりメコン川東岸より西岸の人口が多くなった。

　アヌウォン王の評価は、当然ながらラオスとタイでは大きく異なる。ラオスにとっては、ラオスの独立を勝ち取ろうとした英雄であり、現在ビエンチャンのメコン川の川岸にタイの方向に顔を向けたアヌウォン王の大きな銅像が建てられている（第4章の扉の写真参照）。タイから見れば、王は単なる謀反人となる。

　モン族がラオス西北部にやってきたのは1820年代または1830年代であり、先住民であるクム族（ラオ・トゥン：山腹ラオに分類される）よりも標高の高い場所に定住した。民族3分類ではラオ・スーン（高地ラオ）に分類されている。ルアンパバーン王国はシャム、ベトナム、中国に朝貢し、チャンパーサック王国はシャムに朝貢している状況の中でフランスが進出してくることになる。

(2)　フランスの植民地時代

　フランスは、コーチシナを植民地化、カンボジアを保護国とし、1886年にはベトナムを保護国とした。1887年にはオーギスト・パヴィがフランスの副領事として、ルアンパバーンに赴任した。そしてルアンパバーンがホー族（中国系）と山地タイ族に攻略される中、パヴィは王宮から高齢の王を助け出し、このことで王はフランスに対し好意をもつことになり、フランスに有利な状況ができた。フランスはルアンパバーン王国がベトナムに朝貢していたことを利用して、シャムにメコン川東岸の土地を要求する。結局、砲艦の圧力により、1893年にフランス・シャム条約を締結して、メコン川東岸はフランスの保護領となる。この地域は、ビルマを植民地化したイギリス、独

立を保とうとするシャム、インドシナを植民地化したフランスの3国の思惑が重なり、最終的には、フランス領はメコン川西岸を一部含む(サイニャブーリー、チャンパーサック)現在のラオスの国土まで広がった。しかし、現在のラオスの領域は、タイ東北部のコーラート高原を含みメコン川を中心線とする昔のラーンサーン王国の領域とはかなり異なり、領土は半分以下になった。またラオ族はタイ東北部の方に圧倒的に多く住んでおり、ラオスはラオ族が大半を占める国ではなく、多くの少数民族が住む少数民族の比重の高い国となった。

　フランスは、全ラオスを11の県とルアンパバーン王国に分け、王国を保護国に、その他の県は直轄領とした。各県にはフランス人の理事を、ルアンパバーンには弁務官を派遣し、首都のビエンチャンには理事長官を派遣していた。また上中級管理職のほとんどはベトナム人を任用して統治している。フランスのインドシナ植民地経営は、あくまでベトナムが中心でありラオスはその付け足し部分であった[6]。ラオスは人口が希薄であり(1910年において人口は60万人と推定されている)、ラオス人はきつい仕事に向かず労働力として頼りにならないと考えられたこともあり、開発のための投資は極めて少ない状況であった。教育の面でも進展は遅く、主に伝統的な寺院学校がラオス語の読み書きを教えていた。フランス語で教える小学校は中心都市に限られており、しかも卒業生はベトナム人が多かった。1921年になって初めての中学校がビエンチャンに作られたが、リセ(高等学校)に進学するためにはハノイに行くしかなかった。リセがビエンチャンにできるのは1947年になってからである。1930年代末でも、中学に入学したのは120人でベトナム人が主で、ラオス人は半分にも満たなかった。オンパンダラ(2010)によると、ラオスで教えていた教師のほとんどは派遣されたベトナム人であり、1945年で初等教育の教師の3分の2はベトナム人であった[7]。基礎教育の普及は非常に低い状況のままにおかれ、その後の人材不足や教員不足へとつながってゆくことになる。

　1920年には政治改革がなされ、県諮問会議が設立され、1923年には理事

6　前掲注3、マーチン・スチュアート-フォックス(2010)、48ページ。

長官への助言機関として現地人諮問会議が設立された。このとき、ルアンパバーン王国の副王の次男であるペッサラート・ラタナウォンが政治・行政部の現地人総監に任命されている。ペッサラートは、フランスで教育を受け、フランス植民地行政府の高官になった。彼はラオスの歴史や文化の復興に指導的役割を果たし、ベトナム人に代わってラオス人の官吏の数を増加させようと努めた。1928年にはラオス人官吏を養成するために法律行政学校ができた。

　1936年には人口が103.8万人にまで増加するが、増加の主な要因はベトナム人や中国人の商人や職人の都市への定住であった。フランスの政策はベトナム人を移住させてラオスの人口を増やそうというものであったが、思うようには増やせなかった。それでも1940年ごろにはラオスの主な都市の人口の大半をベトナム人が占めるようになっていた。また商業のほとんどは中国人が支配していた。1939年には、シャムがタイへと国名を変更した。タイ国はタイ語を話す人を全て含むことを暗黙のうちに意味しているので、ラオスの存在を脅かすものとして不安を引き起こした。この大タイ主義と失地回復運動（メコン川西岸のタイへの返還）が、フランスのラオスに対する政策を変化させる。1940年から1945年の間に多くの学校が作られ、その数は1893年から1940年までに作られた数を上回った[8]。

　フランスは植民地経営のために税金と賦役を課していたがラオス植民地での財政は赤字であった。税金や賦役はラオ族貴族が税を要求する従来のラオスのシステムの上にシャムに代わってフランスが追加的に課したことになる。この税は、少数民族や低所得層には重い負担となったが、特に賦役が地方において大きな負担であった。人口の少ない山岳地帯での道路建設労働や荷物運搬業務は割り当てられた人が行う以外に代替の方法がなかったためである。これ以外に、フランスは奴隷制度の廃止、アヘンの専売制の政策を実施した。この2つの政策もこれまで利益を得ていた層には大きな不満であっ

7　オンパンダラ・パンパキット（2010）「ラオス現代教育制度の変遷—量的拡大の実態を中心に」山田紀彦編『ラオス　チンタナカーン・マイ（新思考）政策の新展開』調査報告書、第8章、アジア経済研究所。

8　前掲注3、マーチン・スチュアート-フォックス（2010）、89ページ。

た。こういった負担や制度改革に対し、少数民族の反乱が1930年代後半ま
で相次いだ。

(3) 独立と内戦

　第二次世界大戦が始まり、フランスがドイツに降伏すると、フランスの親
ドイツ政権のもとで日本軍がインドシナに軍隊を配備する。タイはフランス
降伏の機会を利用して国境紛争を起こし、日本の仲介により、1941年にメ
コン川西岸(チャンパーサックとサイニャブーリー)の領土を獲得した。1945年
には日本がインドシナを単独で支配することになる。同年の4月にはルアン
パバーン王国が日本の支援のもとでフランスから独立を宣言する。しかし、
日本が降伏すると独立宣言は無効となり、フランスはインドシナの再植民地
化を図った。これに対し、ルアンパバーン王国の首相であり副王であったペッ
サラート・ラタナウォンはラオス国家の独立を宣言し、10月にはラオ・イ
サラ(自由ラオス)の臨時人民政府を作った。このときにラオ・イサラ政府の
大臣として、ペッサラートの弟であるスワンナプーマーと異母弟スパーヌ
ウォンも参加していた。スワンナプーマーはハノイで高校を卒業しパリとグ
ルノーブル(フランス東南部の都市)で工学系の学位を取得している。妻はフ
ランス人(父フランス人、母ラオス人)である。何度も首相を務め、ラオス中立
の道を追い求めた。スパーヌウォンは、ハノイで高校を卒業し、フランスで
高等教育を受けた。妻はベトナム人である。ベトミン(ベトナム独立同盟会)
と共同して独立をする道を選び、ラオス人民民主共和国の初代国家主席とな
る。2人とも以降のラオスの歴史に大きな役割を果たした。しかし、フラン
スは圧倒的な武力により1946年にラオスを再植民地化し、ラオ・イサラ臨
時人民政府はバンコクに亡命する。フランスはルアンパバーン王国を擁立し
て、フランス連合内での立憲君主国家としてラオス王国を認めた。このとき
タイはメコン川西岸の領土(チャンパーサックとサイニャブーリー)をフランス
に返還した。その後30年間、王国は各地域の有力一族が政治を支配し、権力・
利権闘争に明け暮れることになる。

　1949年フランスがラオスに連合内でのより完全に近い独立を認めたこと
により、バンコクにあった臨時人民政府は分裂した。スワンナプーマーなど

穏健派は帰国してフランスとの交渉の中で独立を模索する道を選び、スパー
ヌウォン達はベトミンに頼る道を選び、ペッサラートはバンコクに残った。
1950年にはスパーヌウォンを議長としてネオ・ラオ・イサラ（ラオス自由戦線）
が結成され、ネオ・ラオ・イサラ（後に革命勢力はパテート・ラオと呼ばれるよ
うになる）の抵抗政府も設立された。抵抗政府の大臣には、カイソーン・ポ
ムウィハーンやヌーハック・プームサワン、プーミー・ヴォンウィチットが
就任している。カイソーンはベトナム人の父とラオス人の母を持ち、ハノイ
で法律を学び、インドシナ共産党に参加していた。後にラオス人民党の最高
権力者の書記長になり、またラオス人民民主共和国の初代首相になる。ヌー
ハックはトラックの運転手から始まり、後にラオスとベトナム間のトラック
運送ビジネス行う。やはりインドシナ共産党に加わっていた。後にラオス人
民民主共和国第3代国家主席となる。プーミー・ウォンヴィチットは植民地
行政官として勤務し、1945年にはフアパン県県知事となるが、ラオ・イサ
ラに参加した。それ以外に、主要な少数民族の首長も参加していた。モン族
のファイダーン・ロービアヤーオやラオ・トゥンのシートン・コムマダムで
ある。革命運動は地域の少数民族が頼りで、ラオ族の支持を得るのはずっと
後になってからであった。パテート・ラオは北部地域に解放区を徐々に形成
していった。第一次インドシナ戦争の一環として、ベトミンは北部ラオスに
侵入し、1953年にはスパーヌウォンはフアパン県サムヌアに正式に抗戦政
府を樹立した。フランスはベトナム北西部のディエンビエンフーの戦いでベ
トミンに大敗し、1954年のジュネーブ会議にて第一次インドシナ戦争は終
結する。

　ジュネーブ会議には、ラオス王国代表団が参加し、ベトナム民主共和国代
表団の中にパテート・ラオの代表が含まれていた。パテート・ラオはジュネー
ブ協定により、北部2県（ポンサーリーとフアパン）が一時的な再結集地となる
ことを認められた。

　アメリカは共産主義の拡大阻止を目指しており、パテート・ラオが中央政
府に参加することを望んでいなかった。このため1955年からラオス王国に
対する軍事を中心とした資金援助を急速に拡大し、フランスにとって代わる
ことになる。巨額の援助資金の流入は、ラオス王国の汚職を引き起こした。

スチュアート-フォックスはこのことを「ラオスにおけるアメリカの援助計画は失敗と汚職の見本になった」と表現している[9]。汚職の方法は、輸入における為替レートの操作と軍隊や役所での職員数の水増しであった。アメリカはラオス王国軍の経費を全て支出し、北ベトナムはパテート・ラオの資金源となっていた。1955年にはラオス人民党が結成され、1956年には民族戦線としてラオス自由戦線に代わってラオス愛国戦線(ネオ・ラオ・ハック・サート)を組織した。中立を模索するスワンナプーマーは、1957年右派と左派のパテート・ラオを含む第一次連合政府を成立させた。

　しかし、第一次連合政府は8カ月しか持たずすぐに崩壊した。為替レート操作による援助の乱用を防ぐためのラオス通貨キープの切り下げをめぐる対立からアメリカは援助を一時的に中止し、それによる財政危機からスワンナプーマーは辞職し、右派政権が成立した。これによりラオス王国軍はラオス愛国戦線を弾圧した。1959年にはスパーヌウォンをはじめ15名のパテート・ラオの代表者達が逮捕されるという事態になったが、カイソーンが革命運動の主導権を引き継いだ。1960年には不正な国政選挙が行われ、右派が圧倒的勝利をえた。また、逮捕されていたスパーヌウォン達15名が看守の助けで全員刑務所から逃亡に成功した。

　1960年8月に突然、中立派で26歳のコンレー大尉がクーデターを起こし、スワンナプーマーを推薦してスワンナプーマー内閣ができた。これに対しアメリカの支持する軍の実力者プーミー・ノーサワンが反旗を翻して、ビエンチャンを奪い返し、内戦が続いた。1962年にはナムターの戦いでプーミー・ノーサワン軍が手痛い敗亡を喫し、プーミーはアメリカの信頼を失ってゆく。国際的な調停のもとで、1962年にスワンナプーマーを中心とした右派、中立派、左派を含んだ第二次連合内閣が樹立され、ラオスの中立化を目指した。しかし、北ベトナムとアメリカの覇権争いの前に、中立派は分裂し、連合政府は10カ月ともたず、内戦が再開した。スワンナプーマーに実権はほとんどなかったが、その後1975年のラオス人民民主共和国の樹立までアメリカの支持のもとでラオス王国の首相を務めることになる。1960年代初頭に、

<hr>

9　前掲注3、マーチン・スチュアート-フォックス(2010)、141ページ。

プーミーがラーンサーン通りを拡張し、パトゥーサイ（凱旋門）（第7章の扉の写真参照）建設を進め、朝市（タラート・サオ）やラーンサーン・ホテルが建てられ、現在でもビエンチャンの中心として残っている。

(4) 戦争からラオス人民民主共和国の成立

　1962年のラオスに関するジュネーブ協定において、ラオス国内で外国軍の使用を禁止していたが、アメリカと北ベトナムはこの協定を守る意思はなかった。とはいえ、この協定を表面上は守っていることになっていたので、ラオスにおける戦争は秘密戦争と呼ばれている。ベトナムでのアメリカと北ベトナムの戦争が激しくなる中で2つの地点が戦略上重要となった。1つは、北ベトナムが南ベトナムの共産党勢力に物資や兵士を送り込むホーチミン・ルートであり、もう1つは北ベトナムを脅かす基地となりうる北ラオスのジャール平原であった。ホーチミン・ルートは主に南ラオスを通っていた。1964年からアメリカはホーチミン・ルートとジャール平原に大規模な爆撃を始めた。ホーチミン・ルートでの戦いでは「ラムソン719作戦」という南ベトナム軍の失敗に終わった戦いを除けば地上戦はあまり激しくなく、主に空爆による攻撃であった。それに対し、ジャール平原での戦いは共産軍とバンパオ将軍率いるモン族を中心とする秘密部隊との激しい地上戦が行われた。アメリカはラオス王国軍とは切り離してCIAの手でモン族を中心とする直属の秘密部隊を作っていた。1963年に中立軍がジャール平原から排除されると、1968年まで共産党軍とバンパオ軍は季節的な一進一退の攻防を続けた。雨期になるとバンパオ軍は空輸の優位さを生かして攻勢を強め、乾期には共産軍が反撃した。1968年になると戦争の転換点が訪れる。ベトナム共産軍の南ベトナムでのテト攻勢に対応してラオスでの戦闘が激化した。共産軍はフアパン県の重要なアメリカの前線基地を攻撃して陥落させた。ジャール平原は激しい戦いの場となり、最終的に共産軍が確保し、国内難民の数は20万人に及んだ。

　1972年までで3万人のモン族、ラオスのモン族人口の10％以上が死んだと推定されている。これによりモン族からの兵士の募集が困難になり秘密部隊はタイの義勇兵に頼らざるをえなくなった。ラオス国内ではラオス愛国戦線

が徐々に支配地を拡大していった。1973年に停戦が発表されるまで、莫大な量の爆弾がラオスに落とされた。戦争が終わった後も、多くの爆弾は不発弾として残り、不発弾による犠牲者も多く出ている。現在進められている鉱山開発やラオス中国高速鉄道建設でも、不発弾を除去しながら探鉱や建設をしている地域もある。1973年にアメリカと北ベトナムとの間でベトナム戦争停戦の合意がなされると、ラオスでも停戦協定が調印された。

　戦争において、アメリカは直属の秘密部隊としてモン族を使い、多くのモン族兵士がなくなり、戦争の終盤や戦争後に共産軍により報復を受け、「モン族の悲劇」といわれる事態を引き起こしたことは有名である。しかし、モン族も一枚岩だったわけではなく2つに割れており、ラオス愛国戦線側でも大きな役割を果たしている。もともとモン族は2つの氏族がフランスから受けた処遇を巡って対立しており、一方が日本軍につくと他方はフランスの抵抗軍側に、片方が王国側につくと他方は革命側につくという行動をとっていた。

　1974年には右派と左派からなる第3次連合政府が形成される。1975年になるとベトナム人民軍がサイゴンに入城してベトナム戦争が終結し、ラオスでは有力右派政治家一族に対するデモが続いた。これにより右派の指導者達が国外に逃亡し、メコン川岸から中国人やベトナム人も含めた大量の人口流出が始まった。12月には国王が退位し、ラオス人民民主共和国が樹立された。国家主席（大統領）にはスパーヌウォンがつき、首相にはカイソーン・ポムヴィハーン人民革命党書記長がついた[10]。国家主席は元首であるが実権は首相にあった。権力階層の頂点は7名からなる政治局であり、第1位がカイソーン、第2位がヌーハック、第3位がスパーヌウォンであった。1991年に憲法が改正され、国家主席の力が強化されることになり、カイソーンが国家主席となる。

　アメリカからの莫大な援助がなくなり、ラオスは旧ソ連を中心とするベトナムや東欧の援助に依存することになった。社会主義経済の建設のために、農業の集団化、商業や工業の国営化が行われたが、経済運営はうまくいかず、急速な社会主義経済化のためにインフレと商品不足が起こった。食糧生産の

10　1955年に結成されたラオス人民党は1972年の第2回党大会で、党名が人民革命党に改称された。

減少と集団化への抵抗もあり、1979年には農業集団化を中止することになる。1978年にベトナムとカンボジア間の関係が悪化し、ベトナム軍はポル・ポトのクメール・ルージュに対してカンボジアに侵攻し、そのまま駐留する。これに対し中国は翌1979年に北ベトナムを攻撃した。中国とベトナムは対立することになり、ラオスはベトナムを支持した。またタイなどのASEAN諸国もベトナムを非難し、ラオスは国際的に孤立することになる。旧ソ連のペレストロイカの影響を受けて1986年には新経済管理メカニズムが採択され、市場経済の導入に踏み出してゆく。

● 小括

　ラオスの歴史はラーンサーン王国から継続するものであるが、現在のラオス国の領土はフランス領インドシナ連邦ラオスの枠組みを引き継いだものである。ラーンサーン王国はメコン川の西岸のコーラート高原を含むものであったし、ラオ族もメコン川西岸の方に多数が住んでいた。1945年からは独立をめぐって長い内戦が続き、アメリカ軍の支援を受けた王国軍と北ベトナムの支援を受けたパテート・ラオ軍が代理戦争の形で内戦を遂行した。しかし1975年にベトナム戦争の終了とともに、人民革命党の一党支配のもとにラオス人民民主共和国が樹立された。これによりラオスに平和が訪れ、国民国家の建設がスタートした。それから40年がたった現在のラオスの政治、経済、労働市場の状況を次の章でみてゆく。

●●● 第2章 ●●●

政治と経済、労働市場

タートルアン仏塔を背にする
セーターティラート王像

ビエンチャンの経済特区

はじめに

　ラオス人民民主共和国の樹立とともに、ラオスは国民国家建設を始めた。1975年の建国以来、社会主義国を維持し、ラオス人民革命党による一党支配体制が続いている。人民革命党が国家の上に立ち、立法機関、司法機関、行政機関は党の方針を実施する機関として位置づけられている。反体制運動や民主化運動にはきびしい政策をとっている。

　経済面ではラオス人民民主共和国の樹立によって社会主義経済の建設を目指すが、農業生産物の生産は増加せず、経済は行き詰まる。旧ソ連のペレストロイカなどの影響を受けて、1986年からは新経済管理メカニズムを本格的に導入し、一党独裁下の市場主義経済へとかじを取ることになる。同時に、1990年ごろにはタイや中国といった近隣諸国との関係が改善され、国際貿易や直接投資受入も活発になってゆく。こういった状況下で、1997年のアジア通貨危機の影響は受けつつも経済は順調に発展した。特に2005年ごろから銅と金の本格的な生産が始まると資源ブームによる価格高騰もあって、成長率を押し上げた。2019年現在では、1人当たり国民所得も2,000USドルを超えており、貧困率も着実に減少傾向である。銅と金の生産が減少してきているが、水力発電所が積極的に建設され売電により輸出を伸ばして、中心的な産業となってきた。しかし他方で産業の多様化の遅れ、貿易赤字、財政赤字と巨額の負債といった問題を抱えている。

　この章では、政治と経済・労働市場の現状を順番に概説してゆく。

 1　政治・統治構造

(1) ラオス人民革命党

　ラオス人民革命党は1975年12月2日ラオス人民民主共和国を建国して以来、ラオスの政治経済社会の中核的地位を保持し、一党支配体制を維持している。ラオス人民革命党の前身は、1930年2月に結成されたインドシナ共産党である。フランス領インドシナ連邦に対抗する組織としてインドシナ共産党が組織されたが、ベトナム、カンボジア、ラオスという3つの国民国家の枠組みを構築するために、インドシナ共産党の党の在り方を変更して、1951年にベトナム、カンボジア、ラオスの三党に分離されることになった[1]。

　ラオスでは1955年3月22日人民党を結成し、カイソーン・ポムヴィハーンが党中央指導委員会書記長に選ばれた。結党以来、ベトナムの軍事的支援を受けてきた。

　党の最高意思決定機関は、全国代表者大会であり、そこで党中央政治局員、党中央執行委員会委員、各種の委員会委員を選出している。代表者大会は中央だけでなく、県レベル、郡レベル、村レベルにも設けられており、ピラミッド型組織になっている。

　ラオス人民革命党（1972年に人民党から改称）の指導者が統治機構の要職を兼任することによって、党の意向が国家の政策に反映される仕組みになっている。党の最高ポストは党書記長であり、書記長は国家主席を兼ねている。この国家体制が一党支配体制を支えている。書記長のポストは任期5年で2期10年に限定されている。長期の独裁になることを避ける配慮がなされている。

　党大会は5年毎に開催され、国の基本方針が決定されている。第10回党大会が2016年1月18日から22日に開催され、2030年までに1人当たり年間平均所得を4倍にして上位中所得国に入ることを目標とする「ビジョン2030」を決議した。この大会時の党員数は26万8,431人で、国民の約4.1％を占めている。これがラオス社会のエリート層を形成している。

(2) 統治機構

　ラオスの統治機構を定める最高規範は憲法である。1975年ラオス人民民主共和国が成立してから10年以上たって1991年憲法が制定された。この憲法は旧ソ連に留学経験を持つラオス人法律家がベトナム人法律家の援助を受けて起草された。この憲法には市場経済の原理の導入や改革路線の採用とともに、社会主義体制の維持が掲げられている。したがって複数政党制も採用されていない。2003年および2015年に一部改正された憲法が現行憲法である。

　人民革命党が国家の最上位に立ち、そのもとで党の政策を実施するための機関として国会、司法、行政機関が位置づけられている。さらに人民革命党

1　古田元夫（2017）『ベトナムの基礎知識』めこん、2017年12月、255ページ。

の管理のもとに、ラオス国家建設戦線が組織され、国民を統治する仕組みが存在する。ラオス女性同盟、ラオス労働連盟(労働組合総連盟)、ラオス青年同盟、退役軍人協会などの組織がその傘下に置かれ、国民の多くはそれらの大衆組織に加盟している。ラオス労働連盟(ラオス労働組合総連盟：LFTU)については、第5章で詳述する。

(a) 国会

　旧ソ連、中国、ベトナムの社会主義国と同様に、立法権、司法権、行政権の三権分立の原則は採用されていない。一院の国民議会(国会)に権限が集中する方式になっている。国政はラオス人民革命党が指導的な役割を果たしている。国会は立法機関であるだけでなく、行政機関、人民裁判所、人民検察庁を監督する権限も有している。裁判所に解釈の権限を認めず、国会の常設機関である国会常務委員会が憲法や法律についての解釈権を有する。

　国会は、県単位の選挙区から立候補者が選ばれる。立候補者になるには、県副知事、県党組織委員長、県大衆団体議長等から構成される県選挙管理委員会で審査を経て決められる。これは党が認めた者しか立候補できないことを意味する。政治的資質、性別、民族、年齢、住民からの信頼等を考慮して決定される[2]。その立候補者は21歳以上でなければならないが、18歳以上の選挙権者によって、立候補者名簿から選挙区毎に選出しない候補者の氏名を消去する方式を採用する大選挙区完全連記制によって選出される。最近の選挙は2016年3月20日に実施された第8期国会議員選挙である。立候補者は211人で、そのうち女性は50人であった。

　このときは県・首都人民議会選挙も同時期に行われている。これは1989年以来27年ぶりの選挙であった。

　国会議員の任期は5年である。議員定数は徐々に増加しており、第3期には85人であったが、現在の定数は149人になっている。常務委員会は14人であるが、国会議長、国会副議長が常務委員会の委員でもある。常務委員会は委員長が1人、副委員長が4人、その他の委員8人は各委員会(法務委員会、

2　山田紀彦(2017)「第8期国会議員選挙と県人民議会選挙」山田紀彦編『ラオス人民革命党第10回大会と「ビジョン2030」』アジア経済研究所、133ページ。

経済・テクノロジー・環境委員会、計画・財務・監査委員会、文化・社会委員会、民族委員会、国防・治安維持委員会、司法委員会、外交委員会）の委員長を務めている。もう1人は書記局員である。

　国家元首である国家主席は、出席する国会議員の3分の2の賛成で選出される。国家主席は憲法や法律を公布、国会主席令や国会主席布告を公布する権限を持っている。首相、政府の構成員、首都ビエンチャン市長等を任免する権限を有する。さらに人民軍の最高司令官となる権限を有する。国家元首の活動を支えるために国家元首府が設置されている。

　国会では初会、常会および特別会の3種類の会議が開催されている。初会は議員選挙から60日以内に開催され、議長、副議長、常務委員会委員、首相、閣僚等を選出する。常会は年2回開催され、法案や予算案を審議する。審議される法案が増加し、開催期日が増加しつつある。特別会は戦争などの緊急で国家に重大な影響を与える問題について審議するものである。

　国会は憲法が制定されるまでは「国民統合の象徴や党のゴム印機関」[3]と位置づけられてきたが、市場経済を導入する憲法を制定してから、徐々に立法機関としての機能を果たすようになってきた。

　立法手続を見ると、法案を提出できるのは、国家元首、国会常務委員会、政府、最高人民裁判所、人民検事総長、ラオス女性同盟、ラオス労働連盟、ラオス青年同盟のような中央レベル大衆団体であるが、これまで多くが政府から提出された法案であった。

　最初は所管官庁が法案を起草する。労働・社会福祉省の場合には、政労使三者の審議を経た上で草案が作成される。この段階で外国からの法整備支援を受ける。例えば、法案起草のためのセミナー開催、支援を受けた外国での研修の実施等がなされている。さらに、ラオス国内で法律に詳しい専門家（国会法律委員会正副委員長、人民検事次長、司法省副大臣、官房長、法制局長）に事前に草案についての意見を求めることが慣行として行われている[4]。

3　山田紀彦（2014）「ラオス国会の変遷」山田紀彦編『一党支配体制下の議会：中国、ベトナム、ラオス、カンボジアの事例から』（調査研究報告書）第3章（2014年3月）アジア経済研究所。

4　瀬戸裕之（2009）「ラオス」鯨京正訓編『アジア法ガイドブック』名古屋大学出版会、285ページ。

　作成された草案は司法省に提出されて、法的な審査を受ける。関連する憲法や他の法律との整合性や法律用語の妥当性の審査がなされる（法規範作成に関する国家主席令第2号）。その審査の後、首相府法制課に提出され、政治的および法的な審査を受ける。同時に人民革命党政治局にも提出され、政治的な審査を受ける形で承認を得る。

　その後、法案は閣僚会議の承認を得て、国会会期の少なくとも30日前に国会常任委員会に提出される。法案が閣僚会議で承認されない場合は、所管官庁に差し戻される。ただ、常務委員会は他の委員会に配布し、そこでの検討を受けて、修正がなされる場合がありうる。常務委員会は修正された法案を通常国会の議事に付す。

　国会では、第1読会で、各議員に法案が配布され、その法案は選挙区の議員事務所を通じて国民に提示される。国民は国会議員を通じて法案についての意見を述べることができる。

　第2読会では法案が条文毎に検討される。その際に国会議員の意見を受け入れて、修正する場合もありうる。修正された法案が国会議員による採決で成立する。全会一致で成立しない場合が多くなっている。成立されると30日以内に、国家主席が法律を公布し、法律が施行される[5]。

　法律が成立しても、その法律が施行されるためにはいくつかの問題がある。施行規則等が法案作成と同時に作成されないために、どのように運用するかが不明な場合が発生したり、運用方針が決まる前にさらに時間がかかる場合が起きている。

　ラオスの法源には、①憲法、②法律、③国民議会（国会）決議、④国民議会（国会）常務委員会の決議および通達、⑤国家主席令および国家主席布告、⑥政府の決議および政令、⑦首相令・首相決定・首相訓令および通達、⑧大臣・省と同格の機関の長・政府に従属する機関の長・各省官房長官・各省局長・最高人民裁判所長官・最高人民検察庁・県知事・首都ビエンチャン市長・郡長および市長による通達・命令・訓令および通知、⑨村の規則がある。

　法令集は司法省法律宣伝普及局が出版、販売している。法律およびその下

5　工藤恭裕・山下輝年・榊原一夫（2002）「ラオス法制度の概要」『ICD NEWS』（法務総合研究所国際協力部報）3号、2002年、44〜53ページ。

位規範は官報にも掲載されているので、司法省のインターネットサイトでラオス語版および英語版の法律をダウンロードできる。法律には英訳がありUNDPの支援でなされている。

(b) 司法制度
(ア) 人民裁判所

　人民裁判所は、最高人民裁判所、高等裁判所、県レベル裁判所、郡レベル裁判所、軍事裁判所から構成されている。

　最高人民裁判所長官は、国家主席の提案を受けて国会で選出や罷免が行われる。最高人民裁判所副長官は、最高人民裁判所長官の提案を受けて国家主席が任免する。最高人民裁判所裁判官以下の全ての裁判官は、最高人民裁判所長官の提案を受けて国会常務委員会が任免する。裁判官は25歳以上で生まれたときからラオス国籍を有し、国家に忠誠心を有する者、つまり党に対する忠誠心をもつこと、道徳的で職務遂行に誠実な者であることが求められている。

　2003年の人民裁判所法改正によって、最高人民裁判所が全ての裁判所の司法行政を担うことが定められた。この改正によって採用や昇進などの人事権や研修を行う権限が、司法省から最高人民裁判所に移された。また監督審制度を廃止して、裁判所で確定された判決が変更されないことが明確となった。さらに高等裁判所を設置して、第一審、控訴審、破棄審の3審制を設けて、事実審は控訴審までで、最高人民裁判所は法律審のみを行うことになった。

　最高人民裁判所は刑事部、民事部、商事部、家事部、少年部の5部から構成されている。高等裁判所および県人民裁判所の控訴審判決に対する破棄審裁判所の役割を持つとともに、全ての裁判所の確定判決の再審裁判所の役割を有する。下級裁判所の裁判を指導し、業務の検査、裁判所統計を作成する権限を有する。

　高等裁判所は、北部、中部、南部の3カ所に設置され、刑事部、民事部、商事部、家事部、少年部の5つの部を有している。県人民裁判所での第一審判決の控訴審裁判所となる。

　県人民裁判所は、郡人民裁判所の管轄に属さない事件の第一審裁判所とな

る。郡裁判所の判決に対する控訴審裁判所となる。各県に1カ所設置されている。

　郡裁判所は、訴訟額が2,000万キープを超えない民事、夫婦関係、養育費、認知、法的無能力者、失踪、死亡宣告に関する訴訟、刑法22条に定める軽犯罪に対する第1審裁判所となる。

　裁判官が裁判する前に裁判所内で裁判方針について協議したり、裁判所長が指導している。重大な事件、汚職事件の場合には裁判を行う前に、党の県、郡レベルの書記や副書記や行政担当者も交えた法秩序擁護調整委員会で検討されたり、裁判方針の指導がなされる場合もある。つまり、裁判官の独立性は担保されていない。裁判所に違憲立法審査権が認められていない上に、人権保護のための人権委員会は設けられてもいない。

　裁判で使われる言語はラオス語（民事訴訟法9条1項）であるが、ラオス語が理解できない者が含まれる事件の場合には、通訳によって自分の言語を使用することが認められている（民事訴訟法9条2項）。

　裁判所以外に紛争処理方法が認められている場合がある。村レベルの調停で紛争処理する慣習があり、村では裁判所ではなく村長や村紛争調停組によって、債務、財産、家族問題、土地利用をめぐる紛争、軽微な刑事事件を取り扱っている。

　経済紛争については経済紛争解決センターが1995年司法省内に設置され、調停や仲裁で処理されている。実際には調停だけが利用されている。

　2003年人民裁判所法改正には判例についての定めがあるが、判例集は出版されていない。判決文が裁判所内部にあるのは当然であるが、国民が判決文にアクセスすることが難しいのが現状である

（イ）人民検察庁

　人民裁判所に対応する形で、人民検察庁は、最高人民検察庁、高等人民検察庁、県人民検察庁、郡人民検察庁、軍事人民検察庁から構成されている。最高人民検察庁の長官である人民検事総長は国会常務委員会の提案を受けて国会が任免する。人民検事次長は国会常務委員会が任免を行う。下級の検事は人民検事総長が任免を行う。さらに中央省庁、ラオス国家建設戦線、大衆

団体、地方行政機関、企業や市民が法令を遵守するよう監督する権限を有する。

　検事は25歳以上であり、生まれたときからラオス国籍を有し、国家に忠誠を誓い、したがって党に忠誠を誓い、道徳的に優れ、職務遂行に誠実な人であることが求められている。

（ウ）弁護士制度

　2015年1月から司法省傘下の下に国立司法研修所（National Institute of Justice）が設立され、裁判官、検察官、弁護士を統一して養成する制度がスタートした。法曹教育一元化が実現した背景に日本のラオスへの法曹教育への支援があった。これを受けて、弁護士資格取得のための手続が定められた。まず、法学士以上の学歴を有する者で25歳以上のラオス国籍を有する者が、国立司法研修所で、約1年間の研修を受けて見習い弁護士となる必要がある。さらに弁護士としての職業実習を1年以上受けて、弁護士会が実施する弁護士試験に合格した者が、司法大臣の許可を得て弁護士資格を取得することができる[6]。

　1996年にラオス弁護士会が組織され、強制加入となっている。2005年時点で69名が加入していたが、2016年3月段階で206名にまで増えている[7]。社会主義国であるために、弁護士会は司法省の管轄下にあり、司法大臣は弁護士会執行委員会の提案に基づき、弁護士を任免する権限を有している。弁護士の地位は裁判官や検察官と比較すると低い。法曹教育が改善され、法曹人口の増加が見込まれるが、財源不足のために裁判官や検察官の新たな採用が難しく、増やすことができなければ、弁護士にならざるを得ない者が増える可能性がある。しかし、増加する弁護士に見合って仕事が増えてくるのか

6　須田大（2017）「ラオスの法曹養成制度改革」『ICD NEWS』（法務総合研究所国際協力部報）、72号、79ページ。
7　松尾弘・深沢瞳（2016）「ラオス民法関連法の実施状況に関する現地調査報告」慶應義塾大学法科大学院松尾研究会、4ページ。
　（http://www15.plala.or.jp/Matsuo/pdf/laos_report201603.pdf）
　なお、本章におけるウェブサイト参照の最終閲覧日は特に断りのない限り、2020年1月23日である。

不明である[8]。

　2007年6月から、無料法律扶助事務所が開設されており、貧困のために裁判を利用できない人々のための弁護や法律相談を行っている。

(c) 行政機構

　中央政府は、首相、副首相、各省大臣および省と同格の国家機関の長から構成されている。首相はラオス政府の首長であり、国会の承認を経て、国家元首が任免する。任期は5年である。首相は、各省庁、それと同格の国家機関、政府の付属機関、県知事等の業務を指揮・監督し、副大臣、国家機関の副長の任免権を有する（知事の任免については後述）。首相の活動を補佐するために首相府が設置されている。首相は月1回閣僚会議を開催し、議長を務める。現在の閣僚会議は28名で構成されている。閣僚会議には閣僚の3分の2以上の出席が必要であり、出席閣僚の過半数で議決がなされる。緊急の場合には首相または閣僚の3分の1以上の要請で開催される。閣僚会議では、国家社会経済開発5カ年計画、年次予算・補正予算、法律案・国家元首案、国家元首布告案、首相案、省庁の新設・廃止・改変、県・特別市・特別区等の新設・廃止・改変等が討議される。

　国会常務委員会または国会議員の4分の1以上の申し立てによって、政府や閣僚への不信任決議を提出でき、国会議員の過半数によって不信任決議が可決される。この場合、国家元首は再審議を求めることができる。それでも信任が得られない場合、政府または閣僚は辞職しなければならない。

　中央政府には18の省がある。財務省、国防省、公安省、内務省、天然資源・環境省、情報・文化・観光省、農林省、司法省、労働・社会福祉省、エネルギー・鉱業省、工業・商業省、科学・技術省、外務省、教育・スポーツ省、郵便・テレコミュニケーション省、公共事業・運輸省、計画・投資省、保健省がそれである。さらに国家元首府と首相府がある。

　党の方針を実施するために、党の幹部が各省や国会機関の指導幹部を兼任しており、党が直接指導を実施することがある。

8　須田大（2018）「ラオスにおける法曹養成制度改革」鈴木基義編著『アセアン経済共同体とラオス』JICAラオス事務所、第8章、140～152ページ。

　地方政府は、県および首都ビエンチャン市からなる県レベル、郡および市からなる郡レベル、さらに村レベルの3段階になっている。県には首相が任命する県知事、首都ビエンチャン市長、郡には県知事が任免する郡長、市長、村には住民によって選ばれる村長がいる（村長は公務員ではないが、国から年間手当が支給される）。地方には少数民族がいるために国としての統合を維持するために、中央集権的な地方行政制度が確立されている[9]。

　1975年当時には地方レベルの議会選挙が行われ、その地方議会によって設置された地方人民行政委員会の管理下に地方が置かれたが、1991年憲法によって地方人民議会も人民行政委員会も廃止されて中央省庁が地方を管理する仕組みに切り替えられた。党による支配体制を地方にも徹底する必要があったためである。それまで地方の自律性が高く、中央の政策に従わずに、地方独自の政策が採用されてきた経緯があったためである[10]。

　それから10年以上経た後には状況が変化してきた。都市と農村の経済的格差が拡大してきたこと、少数民族が不利益を受けやすい状況があること、汚職や不正が増加して、地方における党への不満が広がってきたことが指摘されている。そこで、党への信頼を取り戻すために、地方での住民の政治参加の機会を設ける必要性が認識された。

　2015年12月に憲法が改正されて県人民議会が復活することになった。2015年県人民議会法が制定され、県・首都人民議会選挙が2016年3月20日に実施された。政党は人民革命党一党のため、立候補できるのは党から支持された者に限られるという特徴がある。さらに国会議員が県人民議会の議員を兼任できる制度が採用されており、国会と県の意向をつなげる役割が期待されている。県・首都人民会議の設置にともない、人事と組織に関する権限が議会に委譲されたが、中央省庁が郡と県に出先機関をおく部門別管理制度が取り入れられており、中央集権管理は継続されている。このような制度の中で、地方分権がこれからどこまで推進されていくのか注目されるところである[11]。

9　瀬戸裕之（2012）「中央地方関係」菊池陽子・鈴木玲子・阿部健一編著『ラオスを知るための60章』明石書店、201ページ。

10　山田紀彦（2018）『ラオスの基礎知識』めこん、214ページ、この時期を中心として考察した瀬戸裕之（2015）『現代ラオスの中央地方関係』京都大学学術出版会。

11　山田紀彦（2018）『ラオスの基礎知識』めこん、205〜207ページおよびアジア経済研究所

　村が最末端の行政単位であるが、地方行政法によると、少なくとも都市部では人口1,000人、平野部では人口500人、山間部・遠隔地では人口200人が、村を設立する要件となっている。最近では、小規模な村を統合して住民管理をしやすくする方向に向かっている。村の行政組織は、村長、副村長と、党・大衆組織業務班、管理・行政班、経済・財務班、文化・社会班、国防・治安維持班の5部門の班長等によって構成されている。村長は資格基準を満たした候補者の中から住民が投票で選ぶ。任期は5年である。無投票で何年も村長を務める者もいる。村長はわずかな手当を国から支給されているだけで、それでは生活できず、別の本業をもっているのが通常である。都市部では業務が忙しく専業の村長が見られる。その場合は様々な書類発行の手数料が収入になっている。村長は村単位の党書記である場合が多い。副村長やアシスタントは村長が任免する[12]。

　村の大衆組織、ラオス国家建設戦線（31ページにおいて後述）の役員が村の業務を補佐している。村には「紛争調停委員会」が設置され、村内で生じる紛争、例えば離婚、相続、土地の境界等々の紛争を調停している。さらに村の会議体が設置され、そこで討議がなされ、村の行政に反映されている。

　ラオスの公務員は全て国家公務員であるが、公務員については2008年成立の政府法（2015年改正）、同年5月19日公布の公務員に関する首相令82号に基づいて管理されている。公務員を管理する省庁として行政・公務員庁（Public Administration and Civil Service Authority）が設置されたが、現在は内務省が設置されている。公務員数は2006年で約9万6,000人であったが、2013年には約15万人に増加している[13]。総人口の2％程度に相当する[14]。増加している要因は教育制度の充実のための教員の採用や、地方における保健

編（2017）『アジア動向年報2017年版』日本貿易振興機構アジア経済研究所、272ページ。
12　自治体国際化協会編（2004）『ASEAN諸国の地方行政―ラオス』自治体国際化協会発行、277ページ。
　（http://www.clair.org.sg/j/wp-content/uploads/2018/03/jichi_asean.pdf）
13　この数値は若干古いものであるが、今回の調査で入手可能な最新の数値である。
14　Library of Congress, Global Legal Monitor, "Laos：New Law on Civil Servants Being Drafted," August 30, 2013.
　（http://www.loc.gov/law/foreign-news/article/laos-new-law-on-civil-servants-being-drafted/）

衛生改善のためのスタッフが増加したことにある。公務員の給与は高くはないが、その社会的ステイタスが高く、就職先として安定しているので、希望者は多いが、財政事情が悪化しているので採用人数を減らしているために、有力な縁故を持っていないと公務員にはなるのは難しい状況になっている。既に雇用されている公務員の給与の遅配が起きている状況にある。この公務員とは別に軍隊、警察、国有企業に勤務する者がいる。高い地位に昇進するためにはラオス人民革命党の党員であることが不可欠である。

　ランクの高い公務員の汚職や不正が行政を進める上での問題点となっている。トランスペアレンシー・インターナショナルが発表している腐敗認識指数ランキング2019年によると、180カ国の中で、ラオスは130位（29点）に上がっている[15]。点数は2018年と変わりないが順位が132位から130位に上がっている。東南アジアの中では最も低い点数である。人民革命党、政府とも腐敗防止の旗を振っているが、成果を上げていないとみなされている。

(d) ラオス国家建設戦線
　ラオス国家建設戦線は1950年から1956年まではラオス自由戦線、1956年か

図表2-1　党と大衆組織との関係

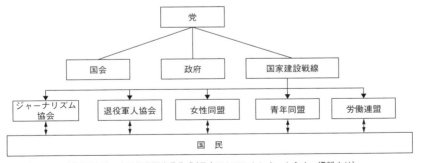

（出所）　アジア経済研究所・山田紀彦研究員作成（日本アセアンセンターセミナー資料より）

15　Transparency International, INDEX 2019.
　（https://www.transparency.org/cpi2019）

ら1979年まではラオス愛国戦線と呼ばれたが、1979年からは人民革命党の社
会活動を実施する組織として、人民革命党の管理下に置かれている。その社
会活動を実施する団体として、ラオス女性同盟、ラオス労働連盟、ラオス青
年同盟、退役軍人協会、作家協会、弁護士協会、ジャーナリズム協会等々が
組織されている。国民の多くは社会・大衆団体に加盟している(31ページの図
表2-1参照)。人民革命党の党員でなくても、加盟することができ、間接的に
党の指導や監督を受ける仕組みになっている。ベトナムでの祖国戦線に相当
する組織である。

● 2　経済概況

(1)　経済政策の変遷

　1975年にラオス人民民主共和国が樹立され、ラオス人民革命党の一党独
裁の下で中央集権的な社会主義経済の建設に進むことになる。すなわち、農
業の集団化と産業の国有化を目指した。しかし、農業の生産は振るわず農作
物の自給ができない状況で、1979年には集団化の中止を発表する。共産主
義への反発や社会主義経済の不振の結果、人口の10％が外国に脱出する結
果となった[16]。移住者には、裕福で外国で高い教育を受けた公務員、政治家、
軍人などの都市エリート、秘密部隊として利用されたモン族兵士、中国人、
ベトナム人などの商人、集団化に反発する農民であった。多くの有能な人材
が流出することになった。

　1979年には旧ソ連を中心とするコメコン(経済相互援助会議)に加盟し、
1981年には最初の経済開発5カ年計画が発表された。現在、かつてのコメコ
ン加盟国では5カ年計画のようなものが意味を持たなくなった国は多いが、
ラオスでは今でも5カ年計画が作成され、その重要性を保っている。

　旧ソ連でペレストロイカが進む中、1986年には「チンタナカーン・マイ(新
思考)」のもとで新経済管理メカニズムが本格化し、ラオス人民革命党の一党
独裁のもとで市場経済の導入が図られることとなる。その内容は、価格の自
由化、国営企業における経営上の自立性の向上、企業の民営化、中央銀行と

16　Stuart-Fox, Martin, 1997, *A History of Laos*, Cambridge University Press(マーチン・
　スチュアート-フォックス(菊池陽子訳)(2010)『ラオス史』めこん)。

商業銀行の分離などであった。結局、農業の集団化は完成せず中途半端に終わり、社会主義経済下での独占的な国営製造業も未完成のまま、市場経済に切り替わることになる。

　1988年には早くも外国投資奨励・管理法が制定され、外国から資本を受け入れる準備をする。また1989年9月にベトナム軍がカンボジアから撤退すると、ベトナムを非難してきた中国やタイとの問題が解消し、近隣諸国との友好関係が築かれることになった。国境をめぐっていざこざの続いたタイとは、1990年タイの王女がビエンチャンを訪問して関係が改善され、1994年にはメコン川にタイ・ラオス友好橋が建設された。中国はカンボジアをめぐってベトナムとの関係が悪く、ラオスはベトナムを支持して中国との関係が悪かった。1990年に中国の首相がラオスを訪問して両国の関係が再開された。国境を接するタイ、中国、ベトナムとの友好関係が構築されたことにより、この3国との関係が貿易、直接投資受入の面で最も強くなり、それが現在も継続している。近隣諸国との関係改善により、1997年7月にはASEANに加盟し、経済は地域統合に向かうこととなる。2013年2月にはWTO（世界貿易機関）に加盟し、2015年12月にはASEAN経済共同体が発足しラオスも共同体の一員として加わり、ますます国際化が進んできている。

　最新の5カ年計画は、2016年に第8次国家社会経済開発5カ年計画（2016-2020）として発表された。計画期間における経済成長は平均年7.5％（後に7.2％に下方修正）を維持すること、また2020年までに後発開発途上国（LDC：Least Developed Country）からの脱却を目標に掲げている。開発、社会、環境のバランスへの配慮による持続的な成長にも触れており、経済政策として、質の伴った経済成長を達成するために、生産性と投資を増加し、中小企業を促進強化し、生産やサービスの多様化を進め、人的資本を強化することなどに言及している。

　2016年にはより長期の経済計画である「ビジョン2030」も同時に提示された。「ビジョン2030」では、2030年までに国民所得を4倍にして、上位中所得国入りを達成するという意欲的な目標を掲げている。

　後発開発途上国からの脱却のためには、3つの基準が設けられている。1つは1人当たり国民所得水準、2つ目は人的資本水準（栄養状態、健康、教育、

成人識字率）、3つ目は経済の脆弱性（農業生産の不確実性、輸出の不安定性、輸出の集中度、人口、自然災害など）である。後発開発途上国を卒業するためには、3つの基準が一定値を超えている、あるいは1人当たり国民所得が十分に高い場合には2つの基準を満たしていることが必要である。ラオスの場合、最初の2つの基準は満たしているが、3つ目の経済の脆弱性基準を満たしていないために、2020年での卒業はできなかった。2021年に再審査を受けることになっている[17]。

　基本的に成長戦略として行われていることは、投資にインセンティブを与えて鉱山や電力に加えてそれ以外の分野でも外国からの投資を呼び込み産業を多様化し、輸出を増やすことである。インセンティブには法人税を一定期間払わなくてもよい、生産に必要な輸入品に税をかけない等がある。特に、経済特区ではインセンティブを手厚くし、問題の多い官庁の手続きの迅速化を図って投資環境を良くして外国からの投資を増加させようとしている。

(2) GDP（国内総生産）とマクロ経済

　2016年のラオスのGDP（国内総生産）は129兆2,790億キープ、2016年の平均為替レート1USドル＝8,179キープで計算すると、158億USドル、当時の1USドル＝113.19円で円換算すると1.8兆円となる。日本のGDPが538兆円であるので、日本の0.3％程度の規模でありその小ささがわかる。2016年で県内総生産の最も小さい県は鳥取県で1.78兆円であるので経済規模はラオス1国とほぼ同じ水準であり、下から2番目の高知県は2.35兆円なのでラオスよりはるかに大きい。

　図表2-2に、ラオスのマクロ経済指標をまとめている。図表2-2で注意を要する点は、ほとんどの項目は暦年のデータであるが、財政関係のデータは、会計年度のデータであるということである。ラオスの会計年度は2016/17年まで10月1日から9月30日までであったが、2018年度以降1月1日から12月31日までの暦年と同じに変わった。財政収支の対GDP比率は、会計年度データを暦年のGDPで割っており3カ月間ずれている。したがって、経済は成

17　United Nations Development Programme, 2017, *Lao National Human Development Report: Graduation from Least Developed Country Status.*

図表2-2　ラオスのマクロ経済指標

項目	1990	1995	1998	2000	2005	2009	2010	2015	2016	2017
名目GDP（百万ドル）	865	1,777	1,300	1,638	2,717	5,865	6,743	14,390	15,806	16,852
一人当たりGDP（ドル）	209	389	264	323	483	985	1,116	2,216	2,400	2,522
実質GDP成長率（%）	6.7	7.1	4.0	6.3	6.8	7.5	8.1	7.3	7.0	6.9
GDP構成（%）										
農業	61.2	55.0	48.8	48.5	36.7	30.9	30.6	19.7	19.5	18.3
鉱工業	14.5	19.0	19.4	19.1	23.5	29.9	29.8	31.0	32.5	34.9
サービス	24.3	26.0	31.8	32.4	39.8	39.2	39.6	49.4	48.0	46.8
インフレ率（%）	35.9	19.6	90.1	23.2	7.2	0.1	6.0	1.3	1.6	0.8
M2/GDP（%）	7.8	13.6	20.2	17.4	18.7	30.4	38.0	51.2	51.5	53.1
年平均為替レート（1USドル＝キープ）	708	805	3,298	7,888	10,655	8,516	8,259	8,148	8,179	8,352
輸出（百万USドル）	79	308	337	330	553	1,053	1,746	3,653	4,245	4,275
輸入（百万USドル）	185	589	553	535	882	1,461	2,060	5,675	5,372	5,350
貿易収支（百万USドル）	−107	−281	−216	−205	−329	−408	−314	−2,022	−1,128	−1,075
経常収支（百万USドル）	−84	−133	−30	−5	−193	−61	29	−2,268	−1,385	−1,455
貿易収支対GDP比（%）	−12.3	−15.8	−16.6	−12.5	−12.1	−7.0	−4.7	−14.1	−7.1	−6.4
経常収支対GDP比（%）	−9.6	−7.5	−2.3	−0.3	−7.1	−1.0	0.4	−15.8	−8.8	−8.6
中央政府歳入無償援助（年度、10億キープ）	84	233	567	2,167	3,885	8,174	12,100	23,858	21,317	22,616
無償援助（年度、10億キープ）	23	73	200	475	497	1,143	3,562	5,324	1,921	2,197
中央政府歳出・純貸付（年度、10億キープ）	143	417	847	2,755	5,193	9,762	13,342	28,343	27,059	30,167
全財政収支（年度、10億キープ）	−60	−184	−520	−588	−1,308	−1,588	−1,242	−4,485	−5,742	−7,552
政府歳入に占める無償援助割合（%）	27.4	31.4	35.2	21.9	12.8	14.0	29.4	22.3	9.0	9.7
財政収支対GDP比（%）	−9.7	−12.9	−12.1	−4.6	−4.5	−3.2	−2.2	−3.8	−4.4	−5.4
外貨準備高（期末、百万USドル）	1.8	78	106	139	220	529	625	972	778	1,162
公的対外長期債務（年末、百万USドル）	1,757.5	2,091.2	2,387.5	2,474.1	2,353.8	3,459.7	3,750.8	6,689.5	7,301.5	—
公的対外長期債務対GDP比（%）	203.1	117.7	183.7	151.1	86.6	59.0	55.6	46.5	46.2	—

（出所）　ADB Key Indicators 各年版

長下にあるので、幾分過小な値となっている可能性が高い。ただし、1990年の財政データは暦年のデータである。

　1人当たりGDPは、2016年で1,600万キープ（2,400USドル）、2000年においてわずか323USドルであったことを考えると、目覚ましい上昇である。

　実質GDPの成長率は、1990年代後半にアジア通貨危機の影響を受けたこともあり1990年代では年平均6.4％にとどまるが、2000年代には7.0％に上昇する。特に、2003年にオーストラリア企業の子会社ランサン・ミネラル社がサワンナケート県のセポン鉱山で金の生産を開始し、2005年から銅の生産を開始、2006年から銅と金の生産が本格化すると資源ブームによる価格高騰もあって鉱山の輸出が経済成長を押し上げる一因となり、2007年から2013年ごろまで8％前後の経済成長が続く。ランサン・ミネラルと並んで重要な鉱山会社でやはりオーストラリア資本のパン・オーストラリア・リソーシズ社の子会社プービア鉱山会社は2006年に金の生産を開始し、2008年から銅の生産を始めている。親会社は共にその後中国資本に買収されることとなるが、経営方式は変わらず信頼のおける会社でラオス経済に貢献した。その後、資源価格の低下と金と銅の生産量の減少により成長率はやや低下するが、それでも2016年は7％の経済成長を達成した。

　ラオスは10％前後の高い経済成長が続くといった高度経済成長は経験していないが、アジア通貨危機でも4％を超える成長をしており、その時期を除けば、6％から8％ぐらいの安定した経済成長を経験している。ただし、図表2-2の1998年のデータからわかるように、アジア通貨危機において、90.1％の高いインフレに陥り、1995年から2000年にかけて為替レートの大幅な下落が生じていることがわかる。グローバル金融危機においても経済成長に大きな影響を及ぼさなかった。2008年に始まったグローバル金融危機の影響をあまり受けなかった要因として、World Bank（2009）は3つの要因を挙げている。第1に、ラオス経済はグローバル金融システムから相対的に隔離されており、グローバル貿易との関係も限られていて、外部ショックの影響が緩和された。第2に、輸出や観光サービスへの持続的な需要があり、石油価格も安かったことから恩恵を受けた。第3に、拡張的な財政政策を実施した[18]。

　産業別のGDP比率を見ると、農林水産業のシェアは1990年代前半の58％程度から徐々にウエイトを減らし続け、2016年には20％を下回るまでになっている。鉱工業は1990年代初めの18％ぐらいから30％を超える程度にまで上昇してきたように見える。しかし、より詳細に見ると、製造業は8％ぐらいでほとんど伸びていない。伸びていたのは鉱業と電力業である。鉱業はほとんどゼロの状況から2003年2.6％、2005年5.8％と増加し、2006年には12.6％にまで上昇した。その後リーマンショックがありシェアを落とすがまた増加に転じ、2012年には11.5％にまで上昇、その後、資源価格の下落と銅・金の生産量の減少によりシェアも下がって2016年には6.5％となっている。2006年から2014年ぐらいまでは鉱業のGDPシェアは製造業を上回っている。

　鉱業に代わって拡大しているのが電力業である。統計では電力・ガス・水道業となっているが増加の主な要因は水力発電の増加と考えられる。2000年初めにはGDPの4％台、2007年から2009年では2.5％程度であったが徐々に水力発電所が完成し運転を開始した。特に1,088MWという規模を持つ輸出向け独立系発電所ナムトゥーン2が2010年に運転を始めると、GDPに占めるシェアは上昇した。2010年には3.8％、2012年には6.5％とシェアを拡大し、2016年には8.7％にまでになり電力・ガス・水道のGDPシェアは製造業を上回った。なお、ナムトゥーン2の電力のほとんどは直接タイに輸出している。ラオスは水資源が豊富で、東南アジアのバッテリーを目指して、水力発電による地域への貢献が期待されている。現在多くの発電所が建設中あるいは計画されているが、国内電力需要に対する供給過剰、送電線の拡充、水没する村民の移住と保障、ダムの崩壊、自然環境への負の影響など問題は多い。

　サービス産業のシェアは、1993年ごろの25％程度から徐々に拡大して2016年には50％近くまで上昇している。サービス業の中で政府が特に力を入れているのが観光業である。2018年はラオス観光年（Visit Laos Year）として指定され、観光の促進を図った。情報文化観光省のラオス観光統計2018年によると外国からのラオスへの旅行者は、1990年の14,400人から増え続

18　World Bank, 2009, *Lao PDR Economic Monitor End-Year Update 2009: Lao PDR Recent Economic Developments*, The World Bank Office, Vientiane.

け2015年には468万人にまでなっている。しかしそれ以降は減少しており、2018年にラオス観光年として外国からの旅行者を増やそうとしたが、419万人にとどまり前年より30万人弱増えただけであった。国別に見ると旅行者数の圧倒的に多いのは国境を面しているタイ、ベトナム、中国でこの3国で86％を占めている。中でも特に多いのがタイからの旅行者である。しかし、観光の収入で見ると近隣の国からの収入とその他の国からの収入はほぼ同じであり、1人当たりで見ると近隣国以外の旅行者の支出の方が圧倒的に多いことがわかる。観光業の収入8億1,100万USドルは、14億USドルを超える鉱石や電力の輸出には及ばないが、農業生産物の輸出額5億8,600万USドルを上回っていて、外貨獲得のためにも重要な分野である[19]。

(3) 財政と公的債務

　35ページの図表2-2より、2016年度（2015/16年）の中央政府の歳入と無償援助の合計は21兆キープ（26億USドル）で、GDPの16.5％であり、歳出と純貸付の合計は27兆キープ（33億USドル）、GDPの20.9％となっている。2015年度に比べて2016年度や2017年度の中央政府歳入（無償援助含む）が減少しているが、これは無償援助が減少しているためである。中央政府歳入（無償援助含）に占める無償援助の割合を図表2-2に載せているが、2015年度の22.3％から2016年度には9.0％へと大きく減少していることがわかる。後発開発途上国から脱却することにより無償援助の減少を心配する向きがあるが、すでに1人当たり国民所得の上昇に対応して無償援助は大幅に減少している。

　財政収支は常に中央政府歳出が歳入を上回り、財政赤字である。財政赤字の対GDP比率はアジア通貨危機以降10％を上回るようなことはないが、徐々に高くなってきている。無償援助を除いた政府歳入の伸びは2016年度で4.7％、2017年度で5.3％となっていて、GDPの成長率を下回っている。税率が一定であれば、政府歳入の伸びは少なくとも経済成長率と同じであるのが通常である。経済成長率を下回っていることは、税をきちんととれていないことを意味する。政府は税務関係の役人に税金獲得への圧力をかける、店舗

19　Ministry of Information, Culture and Tourism, Tourism Development Department, 2019, *2018 Statistical Report on Tourism in Laos.*

でのレジスター等の機械の導入によって入出金の記録が残るようにするなど機械化を図る、税金を現金でなく振り込みにするなどにより税収を上昇させようと努力している。しかし税金が交渉により決まってくるような側面もあり、思惑通りに税金の徴収を増やすのは難しい状況である。歳出も中央政府の認可なしにプロジェクトが実施されるようなことが起こり、歳出増加を抑えきれずにいる。

ラオス経済にとって喫緊の課題は、公的対外債務が大きくかつますます増加する可能性が高いことである。IMF（2018）によると政府総債務残高の対GDP比率は2016年10月時点で58.5％となっており、公的対外債務（政府保証を含む）はGDPの46.6％となっている[20]。対外公的債務の半分はラオス電力公社に関連する債務である。2016年決算では、ラオス電力公社は電力事業で赤字であるとともに、送電線への投資などにより巨額の負債を抱えており、その利子払いが大きな額なため経常収益がそれ以上に大きな赤字となっていて、負債を返済することは現状では不可能である。その上国内電力需要予測の過大予測から、国内需要向け独立系発電所が建設されるとともに、建設が計画されていて、売り先のない電力を契約上購入せざるを得ないというリスクがあり、負債の増加が予想される。

その他の国有企業も、ラオス商業対外銀行（BCEL）を除くとほとんどは経営がうまくいっておらず、政府の負担となっている。これに加えて、中国の一帯一路政策の一環として、中国の安い金利の資金提供により、ラオス中国高速鉄道や送電線網が建設中であり、高速道路建設の計画もある。ラオス中国高速鉄道の経営も需要が十分にあるかどうか不透明であり、リスクは高い。このように対外債務がますます増加する条件があり返済に問題が生じる可能性がある。外貨準備高が十分でないこともよく指摘される点である。

IMF（2018）によると公的外貨準備は輸入の1.2カ月分で、自然資源プロジェクトの輸入を除いても1.9カ月となっている[21]。望ましい基準を大きく下回っており、近隣諸国と比べても極めて低い。これに対し、ラオス政府は、FDI（外

---

20 International Monetary Fund, 2018, *Lao PDR: 2017 Article IV Consultation*, IMF country Report No. 18/84, p. 38.
21 IMF, 2018, *op. cit. supra* note 20, p. 38.

国直接投資)による輸入を除けば、公的外貨準備は十分高いという見解をとっている。

(4) 貿易

　ラオスは内陸に位置して国境を簡単に越えて外国に行くことができ、国境ゲートでの通関申告に伴う検査に問題が残る[22]。こういったことが原因で、ラオス政府の発表する統計と国際機関の発表する統計と食い違っているケースが指摘されている。図表2-2のADBのデータによると、ラオスの貿易収支は常に輸入が輸出を上回る赤字となっており、貿易赤字の対GDP比率もかなり大きい。2016年において、輸出が42.5億USドル、輸入が53.7億USドルとなっていて輸出入の合計が96.2億USドルで、これをGDPで割った貿易依存度は57.1%となっている。貿易赤字のGDP比は8.8%である。

　輸入品は人口規模が小さい工業化の遅れた国のために石油、輸送機械、資本財から農業生産物まで多様なものが輸入されている。その中で金額的に大きいのは石油である。スックニラン(2014)は国連の国際貿易データ・ベースであるCOMTRADEを用いて貿易相手国の報告によりラオスの貿易構造を分析した[23]。それによると、2012年の石油の総輸入に占める割合は15.71%となっている。同文献によると、バイクの輸入比率は1992年から1999年ごろまで大きく、1992年から1994年まで10%を超えていたが、現在は乗用車やトラックの比率が大きくなっており、2012年では乗用車5.81%、トラック6.36%であるのに対し、バイクは1.04%に過ぎない。また、鉱山開発や水力発電所の建設、その他の外国直接投資に関連して投資財の輸入が増加している。鈴木(2009)のラオス工業・商業省の内部資料による輸入品目別統計では、投資プロジェクト用資材輸入が2004/05年で全輸入額の25.6%、2005/06年で40.8%、2006/07年で31.8%という大きな比率を占めている[24]。

　近年、輸出に大きな貢献をしたのは銅、金を中心とする鉱物資源である。

22　スックニラン・ケオラ(2014)「ラオスの貿易赤字は制御可能か—解消と持続を中心に」鈴木基義編著『ラオスの開発課題』JICAラオス事務所、第6章、201〜231ページ。

23　前掲注22、スックニラン(2014)。

24　鈴木基義(2009)『ラオス経済の基礎知識』日本貿易振興機構。

Bank of Lao（2011）によると、2007年では総輸出額に占める銅の輸出額は47.89％であり、金の輸出額比率は10.06％で合計すると58％程度（鉱物輸出合計では60％）になる[25]。その後、輸出総額の伸びもあって鉱物資源の輸出に占める割合は低下しているが、Bank of Lao（2019）によると2015年で36.08％、2016年で29.49％、2017年で28.91％（銅の輸出は23.15％）と依然トップを占めている[26]。大型の輸出用水力発電所や石炭による火力発電所が運転を開始するとともに徐々に電力の輸出金額が増えてきている。輸出総額に占める割合は、2015年14.20％、2016年24.54％、2017年26.33％と鉱物の比率に近づいている。2017年では電力の輸出は総発電量の80％である。電力の輸出は主に、外国資本を中心とした独立系発電事業者（IPP: Independent Power Producer）が大規模な発電所を建設して、直接タイ電力公社に電力を送っている。独立発電事業者の輸出が全輸出の93％ぐらいを占める。ラオス電力公社も国内向け独立系発電所からの購入が増加したため最近タイ電力公社への輸出を増加している。従来木材・木材製品の輸出が重要なウエイトを占めていたが、現在は、乱開発を危惧して、非加工木材の輸出は全面的に禁止されている状況である。2017年の輸出総額に占める割合は1％程度にまで減っている。

　製造業部門では縫製産業が輸出を行っている。輸出先として多いのはEUである。2008年には輸出総額の23.45％を占めていたが、2017年には3.67％にまで減少した。農産物の輸出額も伸びてきている。輸出総額に占める割合は2017年で12.77％である。2019年5月3日のVientiane Timesによると、2019年の農産物の予想輸出金額は、1位がバナナで1.7億USドル、次がコーヒーで1.4億USドル、キャッサバ1.3億USドル、ゴム1.1億USドル、トウモロコシ0.3億USドル、コメ0.3億USドルとなっている[27]。価格の変動により輸出の順位は変動し、2015年ではトップはゴムであった。特に中国の所得の増加とともに農産物への需要が急速に増加し、中国商人が北部を中心として訪問しラオス農民に種子、肥料、農薬、技術を供与する契約栽培が増加している。契約栽培によりカボチャ、果物、たばこ、茶などを生産して中国へ

25　Bank of Lao, 2011, *Annual Economic Report 2010*.
26　Bank of Lao, 2019, *Annual Economic Report 2018*.
27　"Bananas to top list of agricultural export earners," *Vientiane Times*, May 3, 2019.

輸出している。ゴムやバナナはプランテーションによる大規模な生産が行われている。2000年代に中国の需要拡大によりゴムの価格が高騰し、ゴムの植林が増加したが、供給過多から価格は暴落してブームは去った状態である。それでも、ゴムの生産は継続されておりゴムの輸出額は上位にくる。バナナは、主に中国商人がラオスに来てバナナ・プランテーションを作って生産し、中国への輸出を行っている。プランテーションが傾斜地だけでなく水田をつぶして広がったことや除草剤や農薬により公害問題を引き起こして近隣の人々の健康や土壌の質に影響を与えたことから問題となり、いくつかの県では拡大を禁止する措置が取られている。

　主要な貿易相手国は、図表2-3のように国境を面しているタイ、中国、ベトナムである。2016年の輸出は、タイ42.7％、中国30.4％、ベトナム7.9％のシェアであり、この3国で81.0％を占める。輸出先として中国は2006年ごろまではさほど目立つ存在ではなかったが、その後急速に拡大してきている。電力の主な輸出先はタイであり、ほとんどの年に第一位の輸出先となっている。輸入は、タイ65.7％、中国16.7％、ベトナム7.9％であり、この3国で90.3％を占めていて、輸出先以上にウエイトが高い。中でもタイからの輸入が圧倒的に多いが、これはガソリンをタイから購入し、日本ブランドの自動車、バイクなどはタイの工場で製造されていること、文化的にラオスと近いことから衣服、雑貨などもタイ製品が好まれるためである。

図表2-3　ラオスの貿易相手国のシェア（％）

輸出先	1990	1995	2000	2005	2010	2015	2016	2017
タイ	62.6	26.8	21.3	38.2	37.7	36.2	42.7	42.6
中国	9.2	2.8	1.8	4.3	27.9	32.1	30.4	28.6
ベトナム	5.6	28.2	29.8	16.6	14.5	14.5	7.9	10.4
インド	–	–	–	0.0	1.0	3.5	3.9	4.4
日本	–	–	3.4	1.4	1.9	2.4	2.6	2.8
輸入元								
タイ	48.7	48.9	61.6	67.9	65.6	61.1	65.7	59.1
中国	10.7	3.7	5.6	9.3	14.6	18.7	16.7	21.5
ベトナム	11.8	4.1	11.4	6.1	6.1	7.7	7.9	9.8
韓国	–	0.4	0.7	1.2	3.5	2.5	2.1	1.4
日本	14.5	8.3	3.5	1.7	1.9	1.5	1.9	1.8

（出所）　ADB Key Indicators より計算。

　ラオスはUSドル化している国の1つに挙げられるが、タイとの貿易が多いため、USドルだけでなくバーツも通用している。銀行預金は、USドル、バーツ、キープの3つの通貨で可能であり、金額の大きな取引にはUSドルやバーツが使用される。商人はタイとの取引が多いために、バーツを好む傾向にある。北の中国と隣接する県では元での取引も広がっている。

(5) 外国直接投資

　ラオスは農業国であり資本が少なく、技術水準も低く、労働者も工業労働などの経験に乏しい。こういった状況の中では、産業の発展には外国直接投資（FDI）の受け入れに頼るしかなく、実際、鉱業、水力発電、製造業など多くの部門が外国からの直接投資に依存している。図表2-4のUNCTAD（国連貿易開発会議）のデータよりラオスへの1990年から2017年までの純FDI流入金額を見ることができる[28]。純FDI流入は1996年まで電力部門を中心に急増するが、アジア通貨危機により減少し、2000年以降から再び増加している。2000年代の増加は主として鉱山部門のFDIであり、2010年代になり電力部門が再びFDIの中心となっている。計画・投資省のデータによると、1989年から2015年までの累計認可投資金額で電力部門が28.6％（52億USドル）と最も多く、鉱山部門が23.5％（43億USドル）で続き、農業が14.3％（26億USドル）となっ

図表2-4　直接投資の純流入（百万USドル）

	ラオス	カンボジア
1990	6	NA
1991	7	NA
1992	8	33
1993	30	54
1994	59	69
1995	95	151
1996	160	294
1997	86	168
1998	45	243
1999	52	232
2000	34	149
2001	24	149
2002	5	145
2003	19	84
2004	17	131
2005	28	381
2006	187	483
2007	324	867
2008	228	876
2009	190	985
2010	279	1,404
2011	301	1,539
2012	294	2,001
2013	427	2,069
2014	721	1,854
2015	1,119	1,823
2016	997	2,476
2017	1,599	2,788
2018	1,320	3,103

（出所）　UNCTAD

28　Unctadstat, Foreign direct investment: Inward and outward flows and stock, annual, ASEAN（Association of Southeast Asian Nations）
　（https://unctadstat.unctad.org/wds/TableViewer/tableView.aspx?ReportId=96740）

ている。製造業は7.7％（14億USドル）でサービス業に続き5位である。ただし、この直接投資は認可された金額であり、実際には投資が実施されなかったり、投資金額が減額されている可能性もある。図表2-4より2018年の純FDI流入は、13.2億USドルである。同じような経済水準の隣国カンボジアの純FDI流入は31.0億USドルと2.35倍の規模となりかなりの差がある。またFDI流入のストックで見ると、ラオスは86.7億USドルに対しカンボジアは237.4億USドルであり、2.7倍の開きがある。

　国別に資本流入を見ると、隣国のタイ、中国、ベトナムの割合が圧倒的に多い。計画・投資省データによると1989年から2015年までに認可されたFDI合計は、中国55億USドル、タイ45億USドル、ベトナム36億USドルとなって、この3国で74％を占める。このデータは、撤退したFDIを差し引いていない粗FDI額であることと、実際に実施されたFDIでなく認可されたFDIのデータであるため、UNCTADの数値に比べてかなり大きくなっている。

　ラオスには水力発電所に適した場所が多くあるが、建設には巨額の投資資金が必要である。そのため、ラオスは水力発電所の建設のために外国の投資を招き入れて、独立系発電事業者(IPP)が発電所を建設している。大規模なものは主にタイのタイ電力公社に直接輸出して外貨を稼ぎ、中小規模の発電所はラオス電力公社(EDL)に販売するための主に国内向けの電力を生産している。輸出向けの大規模な発電所には20％程度の出資をラオス持株公社(LHSE：Lao Holdings State Enterprise、ラオス政府が100％所有)、ラオス発電公社(EDL-GEN、ラオス電力公社が75％所有し残りの25％を株式取引所で売買している)あるいはラオス電力公社が行っている。ラオス持株公社、ラオス電力公社、ラオス発電公社は独立系発電所から出資に応じた配当を受け取ることができる。外国資本にとってはラオス政府関係の資本が入っているので、リスクの軽減となる。また独立系発電所は25年から30年でラオス政府に引き渡すことになっている。すなわち、BOT(Build-Operate-Transfer)のフレームワークである。生産を始めて5年間ほどは利潤税が免除されるというインセンティブも付けられて好条件となっている。したがって、利潤の多くは外国に支払われる。その上、ダムの建設会社は外国の建設会社の場合も多く、

　たとえラオス系の建設業者であっても建設労働者には中国人やベトナム人など多くの外国人労働者が使われているという問題もある。

　ラオスの鉱山開発は、資源探索、採掘の権利が鉱山会社に与えられるコンセッション方式をとっているが、鉱山会社に問題が多く、何度もコンセッション認可が停止されている。鉱山開発に経験や知識のない会社にコンセッションを与えているため、何ら探鉱が行われない、土地のコンセッション料を期限までに支払わないといったことが生じている状況である。2012年以降原則として新たに鉱山の土地のコンセッションが認可されないことになっているが、特例として認可されているケースもある。

　外国からの直接投資を増加させるためには、直接投資に対してインセンティブを与えるとともに、投資環境の整備が欠かせない。駿河（2016）は世界銀行の2012年の企業調査（Enterprise Survey）の中から20数社の外国所有権が10％以上の企業を取り出して、外資企業によるラオスの投資環境の評価を分析している[29]。それによると、主な企業活動の障がいとして比率の高かったのは、13項目のうち「適切に教育された労働力の不足」27.7％であり、「電力」23.1％、「税率」20.7％、「犯罪」19.8％、「関税・貿易規制」19.1％「腐敗」17.7％と続いていた。国内企業では、「腐敗」が第一位であり、「電力」「適切に教育された労働力の不足」「犯罪」と続き、外資企業と順番が異なっている。

　労働に関しては、労働者の技能が低い水準にあり、採用にあたって特に、技能の高い労働者の獲得が難しいという問題がある。一般の労働者に着目すると、就労意欲がある者は多いが、離職率が高いことも問題である。もともと製造業が発達していないため、工場での勤務経験のある労働者が少なく工業労働がどのようなものであるのかについてほとんど知識がないのが実情である。電力に関しては、ラオスは水力発電が発達していて電力が豊富であるという印象があるが、停電の問題があり質的には期待するほどにはよくないようである。規制に関しては、「建設に関連した許可を得るために要した日数」が72.3日でこれは東アジア・太平洋地域の平均に比べて倍ぐらいかかっている。腐敗に関しては「賄賂の支払い（要求）を経験した企業」が44.8％、「政府

29　駿河輝和（2016）「ラオスの経済発展と海外直接投資受入環境」『国民経済雑誌』神戸大学経済経営学会、第213巻第6号、15〜27ページ。

との契約獲得のために贈り物を期待された」86.0％、「輸入ライセンスを得るのに贈り物を期待された」51.1％、「官僚に何かをしてもらうために贈り物を期待された」42.9％となっていて、こういった項目に関して東アジア・太平洋地域の平均より格段に高く、外国所有企業に対して贈り物を期待する傾向が見て取れる。他国との外国直接投資獲得競争において、内陸国で輸送費が高いというハンディを負っているので、上で挙げたような投資環境を改善していく必要がある。

　以上のように貿易、直接投資などが近隣3国に大きく依存していることがわかる。内陸国の常として、輸送は近隣の沿岸国の輸送インフラの整備状況次第である上に、経済成長は近隣諸国の市場の影響を大きく受ける。ラオスの場合、タイの輸送インフラがしっかりしているので、ラオス側の輸送インフラを改善させると輸送費を下げることができ、他の内陸国より恵まれている。ベトナムを通った輸送も道路への投資とともに改善されつつある。また、隣国は製品の市場であり、隣国が成長すれば自国も成長することができる。現在は特に中国の成長により農業の輸出が増加している。また、タイも成長しており、タイの製造業チェーンの一部をラオスに持ってきて生産した製品をタイに送ることには何ら障がいはない。近隣諸国は経済成長しておりかつ友好関係を築いているため、そこから恩恵を受けることができる点は、内陸国としては恵まれた状況にある。

(6) ASEAN諸国との規模の比較

　ASEAN（東南アジア諸国連合）はブルネイ、カンボジア、インドネシア、ラオス、マレーシア、ミャンマー、フィリピン、シンガポール、タイ、ベトナムの10カ国からなる。2015年末にはASEAN経済共同体が発足し、地域内の貿易自由化、人の移動の自由化、資本移動の自由化により経済統合を進めようとしている。2016年の世界銀行のデータによるとASEANの規模は、人口で見ると6.3億人でEUの5.1億人やNAFTA（北米自由貿易協定：米国、カナダ、メキシコ）の4.9億人より大きいが、GDPで見ると2.6兆USドルでEUの16.3兆USドルやNAFTAの21.1兆USドルよりはるかに小さい。GDPでいうと日本の半分程度の大きさである[30]。

　図表2-5にASEAN諸国の経済規模や生活水準を比較するために2016年の
データをまとめているが、ASEANの中でラオスは、人口はシンガポールよ
り少し大きい程度で、ASEAN人口の1.1％を占めるに過ぎない。最も大き
いのはインドネシアでASEANの40.9％を占めている。GDPでは、ASEAN
の0.6％を占めるにすぎず、インドネシアの36.5％と大きな差がある。
ASEAN域内での所得格差も大きく、1人当たりGNI（国民総所得）を見るとシ
ンガポールは5.2万USドルであるのに対し、カンボジアは1,140USドル、ミャ
ンマーは1,190USドルである。ラオスは2,150USドルで、カンボジア、ミャ
ンマー、ベトナムに次いで低い。この数字からラオスは市場として小さく、
安い労働力も限られていて外国企業の投資を呼び寄せる競争において決して
優位にあるわけではないことが予想される。
　しかし、大メコン経済圏（GMS：Greater Mekong Sub-region、タイ、ラオス、
ベトナム、カンボジア、ミャンマーの5カ国）として物流のネットワーク改善の
ために4つの経済回廊が整備されつつあり、そのうち、南北回廊（昆明からタ
イのチェンライ、バンコクまで）と東西回廊（ベトナム・ダナンからサワンナケー
ト、タイのムクダハーンを通ってミャンマーまで）の2つがラオスを通る。ラオ
スは5カ国と隣接して東南アジア大陸部の中心に位置しているので、交通の

図表2-5　ASEAN諸国の経済水準の比較（2016）

	人口 （万人）	GDP （億USドル）	成長率 （%）	1人当たりGNI （USドル）	HDI（2017）
ブルネイ	42	114	−2.5	32,860	0.853
カンボジア	1,576	200	7.0	1,140	0.582
インドネシア	26,112	9,323	5.0	3,400	0.694
ラオス	676	159	7.0	2,150	0.601
マレーシア	3,119	2,964	4.2	9,860	0.802
ミャンマー	5,289	674	5.9	1,190	0.578
フィリピン	10,332	3,049	6.9	3,580	0.699
シンガポール	561	2,970	2.0	51,880	0.932
タイ	6,886	4,068	3.2	5,640	0.755
ベトナム	9,270	2,026	6.2	2,060	0.694
合計	63,862	25,547			

（出所）　World Bank World Development Indicators database, HDIのみUNDPに基づく。

30　World Bank, World Development Indicators database.

連結点となりASEANの経済統合が進むとその優位性を活用できる可能性がある。

(7) 貧困率

　市場経済化後、着実な経済成長を遂げ、それに伴い貧困率も徐々に下がってきている。ラオス支出消費調査(LECS：Lao Expenditure and Consumption Survey)が、1992/93年から2012/13年まで5年ごとに実施されており、これによりジニ係数や貧困率を計測することができる[31]。不平等度を示すジニ係数は、1992/93年の30.5と比べる2012/13年には36.2と市場経済化に伴ってかなり上昇しているように見えるが、1997/98年からは微増程度である(図表2-6参照)。生活に最低必要な所得である貧困線を設定して、貧困線を下回る人口を全人口で割った貧困率によると、ラオス全体で1992/93年の46.0％から2012/13年には23.2％にまで半減している。都市と地方を比べると一貫して都市の方が貧困率は低い。ラオスの統計では、地方を道路のある地方と道路のない地方に分けている。道路のない地方は僻地と解釈することができる。道路のない地方での貧困率は、道路のある地方よりはるかに高い。

　県別に見ると、2012/13年では、首都ビエンチャンの貧困率は5.3％で圧倒

図表2-6　貧困水準と貧困ギャップ(%)

	1992/93	1997/98	2002/03	2007/08	2012/13
貧困率					
ラオス全体	46.0	39.1	33.5	27.6	23.2
都市	26.5	22.1	19.7	17.4	10.0
地方	51.8	42.5	37.6	31.7	28.6
貧困ギャップ率					
ラオス全体	11.2	10.3	8.0	6.5	5.5
都市	5.5	4.9	4.1	3.4	2.3
地方			9.2	7.7	6.8
ジニ係数	30.5	34.9	32.6	35.2	36.2

（出所）　ラオス統計局『ラオス支出消費調査』の各年版。

31　Lao Statistics Bureau, 2004, *Lao Expenditure and Consumption Survey 2002/2003* (*LECS3*). Lao Statistics Bureau, 2009, *Lao Expenditure and Consumption Survey 2007/2008* (*LECS4*). Lao Statistics Bureau, 2014, *Lao Expenditure and Consumption Survey 2012/2013* (*LECS5*).

的に低い。アッタプー県(南部) 8.9%、ビエンチャン県12.0%、ポンサーリー県(北部) 12.3%が続いている。貧困率の高い県は、サーラワン県(南部) 49.8%、ボーケーオ県(北部) 44.4%、セーコーン県(南部) 42.7%となっている。地域間での格差は大きい。ポンサーリー県は北部の中国国境に面する山がちな地域で、標高が高くコメの生産には有利でない地域である。従来2002/03年には貧困率は50.8%、2007/08年では46%と高かったが、中国と近い立地で中国との契約栽培により商業作物を作って中国に輸出して貧困を削減していると予想される。やはり、中国と国境を面しているルアンナムター県も2007/08年の30.5%から2012/13年には16.1%にまで貧困率を減らしている。中国の急速な経済成長が隣接地域の経済発展を促進して貧困を減らしていることがわかる。貧困率の高いサーラワン県とセーコーン県は南部地域であり、ボーケーオ県は北部地域にある。貧困地帯は北部と南部に存在している。

● 3　労働市場

(1) 人口

　2015年の国勢調査によると総人口649万人、男性325万人、女性324万人で男性の方がやや多い[32]。一般には女性の比率が多いのが通常であるため、この調査の信憑性にやや疑問の残る結果となっている。国連の発表している人口は同調査に基づいているものの同年で666万人と多めに修正されている[33]。日本の都道府県で6番目に人口の多い千葉県が626万人であるので、千葉県よりやや多い程度の人口である。千葉県の人口が本州全体で暮らしている人口密度となる。年齢別に見ると14歳以下の人口は32%、15歳から64歳までの生産年齢人口は63.7%、65歳以上人口は4.2%、中位年齢は23.5歳で10歳から24歳までの人口が31.9%と若年層の多い国である。年齢別人口を見れば10-14歳の層が72万人で最も多い(国連の2017年データでは5-9歳層が最も多い)。

32　Lao Statistics Bureau, 2015, *Results of Population and Housing Census 2015.*

33　United Nations Development Programme (UNDP), 2017, *World Population Prospects the 2017 Revision.*

　人口の年成長率は2005年から2015年で年率1.45％、1985年から1995年までの10年間で年2.47％、1995年から2005年までで年2.08％であったことから、人口成長率は急速に減少していることがわかる。2010年から2015年の国連のデータでは1人の女性が生涯に産む子供の数の推定値である合計出生率は2.93、1,000人当たり5歳以下の乳幼児死亡率は61、出生時の平均寿命は65.4歳である。1990-1995年の合計出生率は5.88であるので大幅に減少している。また1990-1995年の5歳以下の乳幼児死亡率は137であり、平均寿命は54.8歳であるので、大幅に改善されていることがわかる。しかし、カンボジアやミャンマーといった近隣諸国と比べても、乳幼児死亡率は高く、平均寿命は短い。次のページの図表2-7、8、9に1995年、2005年、2015年の人口センサスデータにより年齢別人口構成を描いている。これを見ると1995年では完全なピラミッド型をしていたが、徐々に死亡率の低下したピラミッド型になり、またすそ野がなくなってきていることがわかる。しかし30歳未満の若年層の層が厚く、何といってもラオスの魅力的な点は、若い人口層が多いことである。

　国連の人口予想によると2030年には805万人、2050年には916万人に増加すると予想されている。かなりの人口の増加が見込まれるが、それでも1,000万人に達しない。

　53ページの図表2-10に県別の人口と都市化率をまとめている。県別の人口で見ると最も人口が多いのは、サワンナケート県で97万人、次いで首都ビエンチャン82万人、チャンパーサック県69万人と続き、現在主な経済特区が作られている地域の人口が多いことがわかる。ただし、人口密度でいえば、首都ビエンチャンの人口密度が平方km当たり209人で、次にサワンナケート県とチャンパーサック県が45人、ボーケーオ県29人と続くので、首都ビエンチャンが圧倒的に高い。都市化率は全国で32.9％であり、2005年の27.1％から徐々に進んできている。首都ビエンチャンだけが77.9％の都市化率で、次に来るのがアッタプー県の35.7％であるので、首都ビエンチャンの都市化率が特別高いことがわかる。

　民族別に見ると、ラオ族が53.2％、ラオ族が来る前に住んでいたラオ・トゥン（山腹ラオ）に属するクム族が11％、ラオ族の後にやってきて山の上に住み

図表2-7　年齢別人口構成（1995年）（千人）

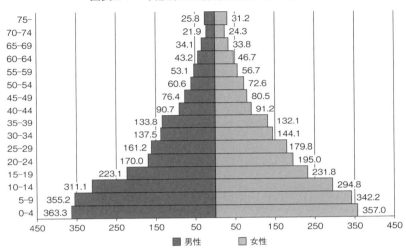

（出所）　Steering Committee for Census of Population and Housing, 2006, *Results from the Population and Housing Census 2005*.

図表2-8　年齢別人口構成（2005）（千人）

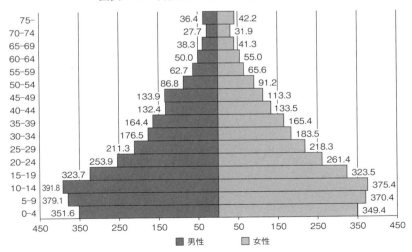

（出所）　図表2-7と同じ。

図表2-9　年齢別人口構成(2015)　(千人)

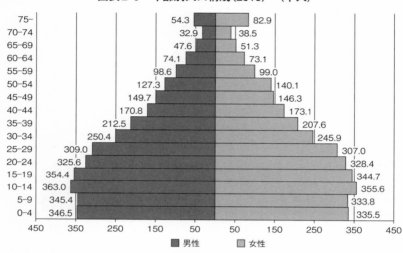

（出所）　Lao Statistics Bureau, 2015, *Results of Population and Housing Census 2015.*

着いたラオ・スーン（高地ラオ）に属するモン族が9.2%を占めている。宗教では上座仏教徒が64.7%である。その他は多くが先祖信仰や精霊信仰と考えられる。しかし仏教徒と先祖・精霊信仰者を明確には区別できない[34]。

(2) 労働力人口

　2015年の国勢調査では15歳から64歳までの労働力人口は、413万人で全人口の63.7%を占めている[35]。国連の予想では、2030年では541万人、2050年では635万人へと増加する[36]。増加率は2017年から2030年で31%、2030年から2050年までに17%増加する予想である。なお、14歳以下の人口は全人口の32.0%、65歳以上人口は4.2%で、従属人口比率は57%である。2005年国勢調査の77%から大きく下がっている。

　人口ボーナスが経済成長にプラスの影響を与えると言われている。人口の

34　山田紀彦(2018)『ラオスの基礎知識』めこん、153〜154ページ。

35　Lao Statistics Bureau, 2015, *op. cit. supra* note 32.

36　UNDP, 2017, *op. cit. supra* note, 33.

図表2-10　県別人口（人）

県等		人口計	都市	地方 （道路あり）	地方 （道路なし）	都市化率(%)
ラオス全体		6,492,228	2,137,831	3,841,565	512,832	32.9
北部						
	ポンサーリー	177,989	34,065	105,910	38,014	19.1
	ルアンナムター	175,753	47,583	111,506	16,664	27.1
	ウドムサイ	307,622	73,986	187,018	46,618	24.1
	ボーケーオ	179,243	58,895	110,174	10,174	32.9
	ルアンパバーン	431,889	139,695	238,567	53,627	32.3
	フアパン	289,393	41,482	148,528	99,383	14.3
	サイニャブーリー	381,376	152,158	226,817	2,401	39.9
	シェンクアーン	244,684	70,783	152,902	20,999	28.9
中部						
	首都ビエンチャン	820,940	639,601	180,726	613	77.9
	ビエンチャン(県)	419,090	139,823	277,892	1,375	33.4
	ボーリカムサイ	273,691	92,158	172,451	9,082	33.7
	カムアン	392,052	87,988	274,571	29,493	22.4
	サワンナケート	969,697	215,228	713,829	40,640	22.2
	サイソンブーン	85,168	29,593	55,047	528	34.7
南部						
	サーラワン	396,942	44,786	309,650	42,506	11.3
	セーコーン	113,048	39,709	46,491	26,848	35.1
	チャンパーサック	694,023	180,443	445,820	67,760	26.0
	アッタプー	139,628	49,855	83,666	6,107	35.7

（出所）　Lao Statistics Bureau, 2015, *Results of Population and Housing Census 2015.*

パターンは、多産・多死社会から多産・少死へそして少産・少死へと移動し
ていく。多産・少死から少産・少死への移動において、生産年齢人口比率が
継続的に増加して、労働力がどんどん豊富になる局面が生じてくる。また扶
養する子供の数や高齢者の数が少ないことで生活は豊かになり、貯蓄率も上
昇して資本蓄積を促し、経済成長を促進する力となるという理論である。た
だし、人口ボーナス期に関する定義はいくつかある。1つ目は従属人口比（（14
歳以下人口＋65歳以上人口）/15歳から64歳人口）が下がり始める時点をボー
ナス期の始まり、上昇し始める時点を終わりとする定義である。叶（2013）の
国連データの計算によると、この定義を使うとラオスは1985-1990年が始ま
りで現在人口ボーナス期にあり、2045-2050年まで合計60年間続くというこ

とになる[37]。第2の定義は、生産年齢人口／従属人口比率が2を超えている時期を人口ボーナス期と定義するものである。この定義による叶（2013）の計算では、2020年にボーナス期は始まり2060年まで40年間続くことになり、もうすぐボーナス期が始まることになる。どちらの定義を使っても、ラオスはしばらく人口ボーナス期を謳歌できるということになり、経済成長にとって非常に有利な人口構成が続くことになる。

　国勢調査のデータによっても、従属人口比率は2005年と2015年を比べると、下がっていて1つ目の定義で人口ボーナス期にあることが確かめられる。また、第2の定義では2015年において1.76となって2を下回り、まだ人口ボーナス期に入っていないことが確かめられる。

(3) 産業別および職業別就業構造

　2015年国勢調査によれば、就業している人の数は347万人、男性178万人、女性170万人である。就業者の、産業別就業者比率は図表2-11のようになっている。農林水産業が圧倒的に多く、72.0％を占めており、次の公共管理・軍・社会保障部門の6.3％よりはるかに多い。卸小売り・自動車など修理が5.3％、次に工業がきて3.5％、建設業3.0％と続く。就業構造を見ると、無給家族従業者43.0％、自営業者37.8％となっている。両者ともに農業従事者を含んだ数字である。次に、公務員10.0％、民間部門被雇用者7.5％、国有協同組合被雇用者1.1％、雇用者0.6％となっている。結局ほとんどの人が農業部門、非農業部門の自営業に従事しており、勤める場合には公務員、国営企業が多くて、民間部門の就業者はそれより少ないことがわかる。民間部門の発達は遅れており、高い教育を受けた人は、公務員や国営企業に就業するケースが多く、一般の人にとって勤めるイメージは公務員である。

　性別での就業の違いは、男性の比率の多い産業は、運送・倉庫業で90.9％、電力・ガスなど82.2％、公共管理・軍・社会保障業78.0％である。女性比率の多い産業は宿泊・飲食業66.9％、卸売小売り・自動車など修理業65.1％、保健・社会福祉事業60.1％、工業59.4％となっている。工業で女性

37　叶芳和（2013）「人口ボーナス再論──demography より human capital」『日本経済大学大学院紀要』日本経済大学大学院、第1巻第1号、71〜79ページ。

図表2-11　就業者の主な産業別構造（2015年）

	就業者数（人）	就業者比率（%）	女性比率（%）
合計	3,474,582	100.0	48.9
農林水産業	2,500,796	72.0	51.3
鉱業	13,866	0.4	41.9
工業	123,060	3.5	59.4
電力、ガス、エアコン	9,290	0.3	17.8
水道	4,110	0.1	41.1
建設	103,102	3.0	47.1
卸売小売・自動車修理	183,539	5.3	65.1
運送倉庫	28,257	0.8	9.1
宿泊食事サービス	20,664	0.6	66.9
情報コミュニケーション	7,474	0.2	34.7
金融	11,961	0.3	50.8
不動産	348	0.0	46.8
専門科学技術	15,184	0.4	54.9
管理サポート	14,967	0.4	35.9
公共管理、軍、社会保障	220,460	6.3	22.0
教育	79,266	2.3	52.2
保健・社会福祉事業	17,368	0.5	60.1
芸術娯楽	5,722	0.2	55.3
その他サービス	39,844	1.1	42.1

（出所）　Lao Statistics Bureau, 2015, *Results of Population and Housing Census 2015.*

比率が高いのは、縫製業や靴製造などのミシンを使った仕事のウエイトが高いためと考えられる。

　職業別の就業者比率は、2010年の「労働力と児童労働調査」（Lao Statistics Bureau（2012））により見ることができる[38]。この調査が、ラオスで最初の労働力調査である。当然のことながら、熟練した農林水産業従事者が圧倒的に多く70.11％を占めており、次に初歩的な仕事が8.78％で続く。サービスや店・市場での販売従事者が5.78％、専門家4.81％、手工芸および関連職業3.23％、プラント・機械オペレーター2.63％となっている。プラント・機械オペレーターや手工芸および関連職業、国会議員・上級公務員・管理者は圧倒的に男性の仕事である。女性は、サービス・販売従事者に多い。

　第2回目の労働力調査は2017年に行われていて、その結果はLao Statis-

38　Lao Statistics Bureau, 2012, *Lao PDR Labour Force and Using Child Labour Survey, Year 2010.*

tics Bureau (2018) にまとめられている[39]。しかし、この統計では、主に自己消費のための生産にかかわっている人が就業者ではなく、労働力外として分類されており、これまでの統計とは比較ができない。自給自足型の農業従事者は全て労働力外へと分類替えをされたことになる。したがって、これまで300万人以上あった労働力は194万人に減少し、就業者も176万人になっている。労働参加率も2010年では79.2％であったものが、40.8％にまで下がっている。2010年の計測方法での労働参加率が2017年でも変わらないとすると、自給自足型の労働力は15歳以上人口の40％に達し、人数も190万人いることになる。産業分類においても、農林水産業に従事する人の比率は最も高いものの、35.8％にまで減少した。次に多いのが、卸売小売・自動車修理で21.9％、公共管理・軍・社会保障10.2％、工業9.1％、教育5.5％、建設5.4％と続いている。職業分類で見ると、熟練した農林水産業者が41.1％で圧倒的に多く、次に、手工芸とその関連職業11.7％、マネジャー11.2％、サービスと販売職10.6％、専門職8.2％、初歩的な仕事が8.0％と続いている。マネジャーや専門職では女性が多く、プラントや機械のオペレーターや初歩的な仕事では男性が多い。2010年調査に比べると、初歩的な仕事に従事する人が13万人程度減っている。

(4) 失業率

　2015年国勢調査による失業者数は男性37,494人、女性35,776人、合計73,270人で、失業率は2.1％である[40]。性別にみても、男性2.1％、女性2.1％と同じ率となっている。ただし、失業率の定義は国際的に標準であるものとは異なっていることに注意する必要がある。国勢調査によっているため、過去12カ月の経済活動について聞いており、自分を失業者と申告した者を失業者としている。国際基準に重要な、いつでも仕事に就けるかどうか、実際に仕事を探したかどうかという点は質問されていない。

　2010年「労働力と児童労働調査」も失業率に関する情報を提供している。

39　Lao Statistics Bureau, 2018, *Survey Finding Report: Lao PDR Labour Force Survey 2017*.
40　Lao Statistics Bureau, 2015, *op. cit. supra* note 32, p. 77.

このデータによると、ラオス全体の失業率は1.9%、男性の失業率は1.8%で女性の失業率は2.0%で国勢調査の値とほぼ同じである[41]。この調査も経済活動に関しては過去12カ月の状況を聞いているが、調査前1週間に仕事を探したかどうか、仕事にすぐ就けるかどうかを聞いている。しかしながら、こういった質問に関してはほとんど回答されていないので、失業者数の計測には考慮されておらず、自分を失業者であると選択した者を失業者としている。

　2010年の「労働力と児童労働調査」ではより詳細な失業率が発表されている。失業者数は男性28,399人、女性30,241人、合計58,640人となり、2015年の国勢調査より少ない[42]。農民の多い地方の失業率は道路ありの地方が1.4%、道路なしの地方が0.7%と極めて低いが、都市の失業率は3.2%であり、女性3.5%、男性3.0%で女性の方が高い。首都ビエンチャンの失業率は5.5%で、女性6.2%、男性4.8%と女性の方がかなり高くなっている。首都ビエンチャン以外では、理由は不明であるが、シェンクアーン県（北部）は6.3%、ボーリカムサイ県（中部）は3.6%と飛びぬけて高い。資産の5分位と失業率の関係を調べて見ると、最も資産家である層の失業率がとびぬけて高く、3.8%となっている。最も資産のある家計では女性の失業率が男性より高くなっている。年齢別に見ると、若年者と高齢者の失業率が高くなっている。これも職探しと仕事にすぐに就けるかどうかを考慮していないので、高齢者の失業率が高くなってしまう。都市で20-24歳の失業率は7.0%と中年層に比べて高くなっていて、国際社会で見られる傾向と同じになっている。

　2017年の労働力調査では、失業者は調査の前の7日間仕事がなく、いつでも仕事に就くことができて、実際に求職活動をしている人と定義している[43]。その結果、失業者は男性11.3万人、女性6.9万人、合計18.2万人である。この数字は、2010年の労働力調査や2015年の国勢調査に比べて非常に大きく、倍近くになっている。地域別に見ると、都市に4.4万人、地方に13.9万人と圧倒的に地方が多い。前述したように就業者から自給自足農民が外されたため、労働力人口は減少し、失業率は、男性10.7%、女性7.8%、男女計

41　Lao Statistics Bureau, 2012, *op. cit. supra* note 38, p. 103.
42　Lao Statistics Bureau, 2012, *op. cit. supra* note 38, p. 103.
43　Lao Statistics Bureau, 2018, *op. cit. supra* note 39, p. 71.

で9.4%とこれまでの率に比べ格段に高い数字になった。都市と地方を比べると、都市が5.4%、地方が12.4%と地方が高く、男女別では男性が高い。15歳から24歳までの若年者失業者を見ると、全国で6.6万人（女性2.8万人）おり、地域別には都市には1.7万人、地方には5万人存在している。若年失業率は、男女計で18.2%、男性20.7%、女性15.6%となっていて、15歳以上失業率の倍ほどの高さになっている。地域別に見ると、都市14.3%、地方20.3%となっていて地方の方がはるかに高く、地方に若年失業者が多く存在していることがわかる。男女別では男性の方が高い。

　2017年の労働力調査では、「時間に関する不完全就業」と「潜在的な労働力」を推計している[44]。「時間に関する不完全就業」はもっと長い時間働くことを希望し、もっと働くことができ、週に35時間以下しか働いていない人のことである。「潜在的労働力」は、労働力外にあり、働くことが可能であるが実際には仕事を探していない人、あるいは労働力外にいるが、実際に求職活動をしているが仕事が見つからない人のことである。15歳以上人口では、「時間に関する不完全就業」は2.1万人（女性8千人）、「潜在的労働力」は40.1万人（女性16.1万人）存在する。これに失業者を加えると合計60.4万人の「不充分にしか就労していない労働者」が存在することになる。都市で12.8万人、地方で47.6万人であり、地方の方が仕事の需要の少ないことを反映している。このうち15歳から24歳までの若年者に関しては、「時間に関する不完全就業」が6千人（女性3千人）、「潜在的労働力」は15万人（女性6.8万人）である。これに失業者を加えた「不充分にしか就労していない労働者」は22.2万人（女性12.3万人）になる。都市に4.1万人、地方に18.1万人で、地方に多くの若者が十分に活用されていない労働力として滞留していることがわかる。

（5）労働生産性

　世界銀行のWorld Development Indicators のデータを使用して、農林水産業、鉱工業、サービスの実質付加価値（2010年のUSドルで計測）を就業者で割って労働生産性を計算すると図表2-12のようになる[45]。2015年の労働生

44　Lao Statistics Bureau, 2018, *op. cit. supra* note 39, p. 71.

45　World Bank, World Development Indicators.

図表2-12　産業別労働生産性（USドル）

	全産業	（変化率%）	農業	（変化率%）	鉱工業	（変化率%）	サービス	（変化率%）
2005	1,814		627		7,834		5,608	
2010	2,311	27.4	731	16.5	8,467	8.1	5,363	−4.4
2015	3,024	30.9	852	16.6	10,872	28.4	5,311	−1.0

（出所）　World Bank, World Development Indicators より計算。

産性は、農業852USドル、鉱工業10,872USドル、サービス5,311USドルとなって、鉱工業やサービスに比べて農業の生産性は、それぞれ7.8％、16％に過ぎず、大きな格差がある。農業は労働生産性を、2005年から2010年で16.5％、2010年から2015年で16.6％と着実に上昇させているが、他セクターとの格差はまだ大きい。鉱工業は各5年間で8.1％、28.4％と生産性は上昇しているが、サービスではむしろ生産性は下がっている。農業生産性を上昇させて農業生産物を確保し、余った労働力を他のセクターに移動させて経済を発展させる余地は十分にあることがわかる。ただし、鉱工業には、生産性が極めて高い鉱山業と発電業が含まれており、サービス業には費用（給料）で付加価値を図る政府サービスが含まれていることに注意がいる。

　JETRO（2016）によると、進出日系企業への聞き取り調査の結果、ラオスのワーカーの平均生産性は中国の約60～70％程度という回答が得られている[46]。なお、製造業における離職率は、月5～10％程度である。製造業で働くことがどのようなものか情報が少なく、実際にいくつかの会社で働いてみて各社の様子を見ているという状況なので、離職率は高くなっているが、徐々に情報が広まると落ち着いてくると考えられる。

(6)　賃金

　中国およびASEAN諸国は最低賃金が近年急速に上昇する傾向にあり、ラオスも最低賃金が上昇している。ラオスの最低賃金は月額で決められており、2012年には62万6,000キープに引き上げられ、2015年には90万キープに、2018年5月には110万キープ（1USドル＝8,500キープとして、約130USドル）に

46　JETRO（2016）「ラオス概況」。

22.2％引き上げられた。ラオスの最低賃金は地域別に差はなく全国一律であり、業種も問わない。この最低賃金が、時間外賃金、各種手当などの福利厚生分を除く基礎給与である。2012年以前は、最低賃金は2005年29万キープ、2009年56万9,000キープと改定されているので、大体3年程度に1回引き上げられるパターンとなっている。タイは2013年に時間当たり最低賃金を300バーツに引き上げ、2018年では318バーツ（バンコクなど7県対象）になっている。月額に直すために、25日をかけると7,950バーツ（1USドル＝33バーツとして240USドル）となり、ラオスより相当高い。カンボジアは170USドル（衣料・履物製造業対象の最低賃金）、ベトナムは398万ドン（1USドル＝23,000ドンとすると173USドル、ハノイ、ホーチミンなど先進地域対象）である。ミャンマーは一日4,800チャットで25日をかけると月額12万チャット（1USドル＝1,500チャットとすると80USドル）と安い。ミャンマーを除く近隣諸国に比べるとラオスの最低賃金は安くなっている。しかし、ラオスの場合、海に面しておらず、輸送費が近隣諸国に比べて高いので、賃金が上昇すると競争力がなくなる恐れがある。また、タイに比べて安すぎるとタイに出稼ぎが増加することになる。

　2017年労働力調査によると、賃金・俸給稼得者の平均月所得（副業からの所得も含む）は248万1,000キープ（1USドル＝8,200キープとすると、約300USドル）、メディアン値は180万キープ（220USドル）である[47]。ただし、所得分布の上位値は極端な外れ値を含んでいるという理由で、上位5％は除外して分析をしている。5％もの観察値を除外しているのは、やや疑問の残る点である。所得には、賃金・俸給（現金と現物支給）と副業からの賃金・俸給を含んでいるが、送金、レンタル所得、銀行利子などのその他の種類の所得は含んでいない。月額100万キープ（122USドル）から200万キープ（244USドル）の間に約半数（50.1％）が含まれる。11.8％は100万キープ以下である。男女間の差は50万キープ男性が高く、都市と地方間では都市の方が高くなっている。年齢別に見ると、年齢が高い方が所得は高いという傾向がはっきりと表れていて、男女計で45〜49歳が最も所得が高い。女性は最も所得の高い年齢層

47　Lao Statistics Bureau, 2018, *op. cit. supra* note 39, pp. 58-63.

が少し若くなっている。

 小括

　ラオスの経済は公的対外債務の多さ、貿易赤字などの問題は抱えつつも着実な経済成長を遂げている。産業構造を多様化して安定的な経済を作るには、技術のなさや資本の少なさから言って、外国から直接投資を受け入れて、製造業など非農業部門を発展させてゆくことが重要であろう。直接投資の受け入れに関して最も大きな問題は、技術のある労働力が少ないことである。農村には十分に就労していない労働力が存在するが、これまで非農業部門での民間の仕事が少なかったために、仕事の経験がなく技能は不足しており教育水準も十分ではない。こうした課題について考える意味合いを含めて、次の章では、人的資源に関する取り組みについて論述する。

●●● 第3章 ●●●

人的資源に関する取り組み

教育・スポーツ省庁舎

パクパサック技術短期大学キャンパス

　はじめに

　前章でラオスの産業別人口を確認したが、農業に従事する人口の割合が72％になっている。ラオスの非農業部門を発達させてゆくためには、農業の生産性を上昇させるとともに、農業部門に生じる余剰労働力を非農業部門に移動させることが必要となってくる。この移動をスムーズに行うには、求職者と求人をうまくマッチングさせる機能が欠かせない。また高度な技能を持つ労働者が国内で育っていない場合には、外国から労働者を補ってゆくことも必要になる。非農業部門に労働力を送り込むためには中学校卒業以上の労働力が要求され、学校教育の充実が必要となってくる。今後のラオスの発展のためには現在の低人的資源国から脱出し、高人的資源国へと変貌することが不可欠である。

　このような観点から、この章では求人求職の調整、失業保険制度、外国人雇用、ラオス人の外国での就業などの雇用・失業対策と初期教育訓練と継続教育・高等教育などの人材育成について現状と今後の発展について概説する。

1　雇用・失業対策

(1) 求人求職と公共職業安定制度

　ラオスにおいて従業員の採用は、親類や友人による縁故、工場や事務所前の貼り紙による募集が一般であり、無料の求人雑誌もビエンチャンでは活用されている[1]。その他、ラジオ、新聞、企業のホームページ、フェイスブックなどのSNS等の利用もある。徐々にホームページやフェイスブックがよく活用されるようになり、効果も大きくなっている。聞き取り調査では公的なジョブ・センターがあるという説明を受けることや、公的な職業安定制度を構築して活用しようとする計画などについて聞くことがあるが、現状では実質的に機能している公的な制度は存在していない[2]。操業開始当初は従業員を集めるときには、近隣の村に頼みに行ったりすることもあるが、いったん従業員が集まると、親類や友人による口伝えの情報で応募してくるようだ。

1　本書、第8章、第2節(2)募集・採用、207ページ参照。
2　2018年2月および2018年9月に実施した現地調査における労働・社会福祉省での聞き取りに基づく。

経済特区では宣伝しなくても、工場ができると求職に集まってくるケースもあるとのことである[3]。地方の人の場合、親類や友人が都市に働きに行っている場合を除くと、求人に関する情報を集めることはかなり難しい。無料の求人雑誌として、「108ジョブ」という雑誌がビエンチャンではよく使われている(写真参照)。また、「108ジョブ」はWEBによる求人情報も提供している[4]。しかし、全体として、求人、求職の情報は十

(108ジョブ18年9月号)

分とは言えない。特に、地方では不足している。また、マッチングの機能を果たす機関も不十分である。自分の経験や適性を考えて、仕事のキャリアを形成していくためのカウンセリングの機能も不足している。

　日本と違って、一般に学校は就職を支援することをほとんどしていない。したがって、卒業をした後に求職活動をして仕事を見つけることが多い。ただし、ラオス国立大学ではジョブ・フェアを年に20回ほど開いており、インターンシップの制度も存在している。

　Onphanhdala and Thongsavath (2015) はビエンチャンにある職業技術短期大学としては最大のパクパサック技術短期大学(Pakpasak Technical College)(第3章の扉の写真参照)の卒業生について2014年の半ばにアンケート調査を実施している[5]。対象者は2011/12年に卒業した者であるので、卒業後2年から2年半ぐらい経っていると考えられる。82人はディプロマ・レベル、94人は上級ディプロマ・レベルを卒業している。また、30人が技術教育を、146

3　本書、第8章、第2節(2)募集・採用、207ページ参照。

4　108ジョブURLは、「https://108.jobs」である。なお、本章におけるウェブサイト参照の最終閲覧日は特に断りのない限り、2020年1月23日である。

5　Onphanhdala, P. and A. Thongsavath, 2015, "An Analysis on Job Matching of TVET Graduates in Lao PDR: The Case of Pakpasak Technical College," *LJI Business Management Journal*, Vol. 6, pp. 10–14.

人が職業教育を受けていた。176人のうち、雇用されている者が91人（51.7％）、雇用されかつ勉学をしている者が49人（27.8％）、進学者22人（12.5％）、仕事をしていない者14人（7.9％）となっている。仕事の獲得方法としては、親類の助けを借りた32.1％、友人のような社会的ネットワークを利用している者が22.9％であり、両方を合わせると55.0％となる。直接企業への応募が29.3％であり、人材紹介会社を活用している者はほとんどいない。就職先としては、民間会社が50.7％、政府関係機関が29.3％、国有企業8.6％、自営業10.7％となっていて、公的部門への就職のウエイトがかなり高い。仕事を探す期間は、在学中に仕事が決まっていた者が30.0％、卒業後3カ月以内が39.3％、4カ月から6カ月が24.3％、7カ月以上が6.4％となっている。月給は、約半数が100万から200万キープの間（1USドル＝8,000キープとすると125USドルから250USドル）、3分の1が200万から300万キープの間（250USドルから375USドル）、7％は300万キープ以上となっていた。

（2）失業保険制度

　社会保障基金は、医療・健康基金、労災および職業病基金、短期給付基金、年金、失業給付基金を集めて管理しており、失業保険はこの社会保障基金により管理されている。民間の場合、使用者と従業員は合計で給料の11.5％（使用者6％、従業員5.5％）の保険料を社会基金に支払っている。11.5％の保険料のうち失業給付基金に支払われるのは、2.0％（使用者1％、従業員1％）である。政府部門や自営業者は失業保険を払っていない。失業給付額は、失業する前の6カ月の平均賃金の60％である。失業給付を受け取れる期間は、保険料支払い期間が12カ月から36カ月の場合は3カ月間、37カ月から144カ月間の場合6カ月間、145カ月以上の場合は12カ月間給付となっている[6]。労働・社会福祉省の回答によると、2017年失業保険を受け取っている人数は、1,032人である。

6　国際労働財団（JILAF）（2017）「2017年ラオスの労働事情」。

(3) 外国人雇用

　ラオス政府はラオス人雇用を促進するために、法律上(労働法68条)は外国人雇用の上限を設けている。ラオス人雇用が優先するが、使用者は十分なラオス人労働者を確保できない等、必要のあるときには外国人労働者を雇用できる。外国人労働者の上限は、肉体労働において専門技能を有している者の場合は、従業員数の15%、頭脳労働において専門技能を有している者の場合は25%となっている。しかし、この上限が徹底されているようには見えない[7]。

　ラオスは農業国であり教育も広くいきわたっていなかった事情もあり、製造業などの専門技能を持つ労働者の数が限られているため、専門技能を持つ労働者は外国人労働に頼らざるを得ない面がある。タイ人とラオス人は同じ民族に属し、文化や言語の面で障壁が低くコミュニケーションがとれ、またタイは製造業などが発達して職業経験を持ち合わせているため、製造業などの専門技能を持つ者として雇用されている。また、建設・土木の分野では生産性を上げるためには、外国人労働者に依存せざるをえず、ベトナム人や中国人の雇用が多い。現在進行中の鉄道建設やダム建設のプロジェクトには多数の外国人労働者が必要となっている。山田(2018)はラオス・中国高速鉄道において、2017年末の労働者数は8,483人でその内、ラオス人労働者は1,520人であったというラオス語新聞の記事を紹介している[8]。また2019年2月22日のVientiane Timesは、ラオス・中国鉄道の建設において4,000人以上のラオスの労働者が働いているのに対し、14,000人以上の中国人労働者が働いていると報道している[9]。したがって建設労働者の4分の3は中国人ということになる。しかし、ラオス人に経験がないからと言って、外国人に頼っていたのではいつまでたってもラオス人は仕事を経験して技能を身に着けることができない。独立系発電会社や製造業でも操業開始当初は外国人がマネジャーを独占しているが、徐々にラオス人に切り替えて成功している例がみ

7　2018年2月と9月に実施した現地での聞き取り調査に基づく。

8　山田紀彦(2018)「ラオス・中国高速鉄道プロジェクト－これまでの経緯、進捗状況、問題点」『IDEスクエア』(海外研究員レポート) 2018年8月。

9　"Laos-China railway creating thousands of jobs for Lao workers," *Vientiane Times*, Feb. 22, 2019.

られる[10]。また外国人の使用は、外国から連れてくるため現地での給料に上乗せが必要であり、コストが高くつくという問題がある。

　ラオスにおいても不法に働いている外国人労働者の数は多いと予想されるが、その数は把握できていない。労働・社会福祉省は不法労働者の管理対策として、2016年に不法労働者が登録すると一時的労働許可書を発行するという制度を実施した。このときに一時的労働許可書の発行数は、24,000であったと発表している[11]。そのほとんどは、近隣国のベトナム人、中国人、タイ人であった。

　2018年2月に発表された労働・社会福祉省の2017年年次報告書によると、2017年のラオスにいる正規の手続きを経た外国人労働者の数は、新規17,285人(内女性2,477人)、更新3,920人(内女性88人)であった[12]。

　必ずしも労働力とは限らないが、外国からの移民の数が2015年の国勢調査でわかる[13]。これは2005年から2015年の間に外国からラオスに来て、現在ラオスに居住している人の数である。合計人数は42,078人である。やはり、タイ、ベトナム、中国の近隣3国からの移民が多く、タイ15,497人、ベトナム10,880人、中国9,798人となり、この3国で全移民の86%を占めている。ただし、この3国からの移民の居住地域は異なっている。タイからの移民は圧倒的にサワンナケートが多く5,366人(34.6%)、次いでチャンパーサック2,679 (17.3%)となり、サーラワン、ボーリカムサイでも首都ビエンチャンよりも人数が多く、中南部のタイと県境を接している各県とのつながりの深さを示している。ベトナムからの移民は、首都ビエンチャンが2,327人(21.4%)と最も多いが、サワンナケート1,627人(14.9%)、ボーリカムサイ(中部) 1,237人(11.4%)、アッタプー(南部) 1,181人(10.9%)と首都と中南部のベトナムと県

10　2018年3月28日、発電会社での聞き取り調査に基づく。

11　"Govt toughens up on foreign worker registration," *Vientiane Times*, March 15, 2017.

12　ラオス労働・社会福祉省(2018)『2017年における労働と社会福祉事業実施および2018年の計画に関する報告書』(ສາທາລະນະລັດ ປະຊາທິປະໄຕ ປະຊາຊົນລາວ ສັນຕິພາບ ເອກະລາດ ປະຊາທິປະໄຕ ເອກະພາບ ວັດທະນະຖາວອນ ກະຊວງແຮງງານ ແລະ ສະຫວັດດີການສັງຄົມ ບົດສະຫຼຸບ ການຈັດຕັ້ງປະຕິບັດວຽກງານແຮງງານ ແລະ ສະຫວັດດີການສັງຄົມ ປີ2017 ແລະ ແຜນການປີ2018 ນະຄອນຫຼວງວຽງຈັນ, ກຸມພາ 2018)参照。

13　Lao Statistics Bureau, 2015, *Results of Population and Housing Census 2015*, Vientiane.

境を接している各県への移民が多い。中国は首都ビエンチャンへの移民が圧倒的に多く2,252人（23.0％）を占めるが、ボーケーオ、サイニャブーリー、ルアンナムター、ポンサーリーといった北部の県にも多く移民している。

(4) 外国で就労するラオス人

　ラオス政府はタイ、日本など諸外国と労働者派遣について2国間覚書を結んでいる。タイは隣接しており、文化や言語の障壁も低く、賃金も高いため、多くの人がタイに働きに行っている。タイへの正式の派遣の場合には認可された人材派遣会社が数社あり、これらの会社を通じてタイの企業への就職をあっせんする。これが正規の労働派遣ルートであるが、正規の手続きのためには費用がかかり、また時間もかかるため、多くの人が不法にタイに行って働いているのが現状である。

　タイでは正規の手続きをしておらず法的書類なしで働いている労働者について、登録をしたのち国籍証明をしてタイ国内で働く許可書を発行するという手続きをしている。大友（2018）によると2016年12月時点で2国間覚書によるラオス人労働者数は4.4万人、国籍証明手続きによる労働者数は6.1万人、合わせて10.6万人が就労許可書を持って働いている。タイ国内に登録のためのワンストップ・センターが何カ所かあり、登録した労働者は一時的な就労許可書が与えられる。正規の許可書にするためには国籍証明をする必要があるが、時間がかかるなどの理由で国籍証明手続きをしない人もいる。正規の手続きも国籍証明の手続きもしていない労働者も相当の数いると考えられる。ラオス人がタイで主に就業する業種は家事労働、農業、飲食、工業労働者、建設作業員などで、言語の壁が低くコミュニケーションがしやすいことが家事労働に多くの人が従事する要因となっていると考えられる。タイは不法外国人労働者を取り締まりたい反面、単純労働者が不足しているという現実があり、政策の方向性は定まっていない[14]。

14　大友有（2018）「タイにおける非熟練外国人労働者の雇用の実態と課題」『アジア太平洋研究』早稲田大学アジア太平洋研究センター、33巻、109～151ページ。
　（https://waseda.repo.nii.ac.jp/?action=pages_view_main&active_action=repository_view_main_item_detail&item_id=41184&item_no=1&page_id=13&block_id=21）

　労働・社会福祉省の2017年の年次報告書によると、ラオス人で正規に外国にて就労する労働者数は、タイへの新規は40,769人（内女性22,002人）、更新8,704人（内女性4,391人）、その他の国8,617人（内女性4,408人）、合計で58,090人（内女性30,801人）となっている。比率としては女性の方が多い[15]。

　ラオスの労働力調査2017（Lao Statistics Bureau(2018)）によると、ラオス人の全人口のうち12.7万人が外国に6カ月以上滞在している[16]。そのうち、11万人が就業事由（仕事を探すため、ビジネスを立ち上げるため、新しい仕事を始めるため）で外国に行っており、男性が4.6万人、女性が6.3万人である。やはり女性の方が多い。就業の理由で外国に行っている人の中で8.4万人が現金や物品を自宅に送っており、その比率は76.3％になる。就業の理由で外国に滞在している人の数は正規に外国で就業する人の数を大きく上回る。ASEANの統合が進展すれば、教育水準を高め、また経験により技能を蓄積することにより外国で就業する機会が広がり、外国から本国に送金するということがより重要になってくるだろう。

● 2　人材育成

(1) 初期教育訓練（学校教育制度）

(a) 識字率

　ラオスはこれまで5年間の初等教育において、修了率が低く、留年率や中退率が高いという問題があり、読み書きや算数の能力が十分でない人が多くいる。図表3-1に2015年の国勢調査（Lao Statistics Bureau(2015)）による25歳から59歳までの人々の学歴をまとめてある[17]。これによると、教育を受けたことがない人が15.4％、小学校中退16.2％、小学校修了24.6％となっており合計56.2％が小学校卒以下の学歴となっている。加えて、前期中等教育（日本の中学校にあたる）中退という人も15.8％おり、前期中等教育を終えていない人は、72％にも及ぶ。若くなるほど教育水準は改善されているが、それで

　　Harkins, B. ed., 2019, *Thailand Migration Report 2019*, United Nations Thematic Working Group on Migration in Thailand.

15　前掲注12、労働・社会福祉省の2017年年次報告書参照。

16　Lao Statistics Bureau, 2018, *Survey Finding Report: Lao PDR Labour Force Survey 2017*, Vientiane.

17　Lao Statistics Bureau, 2015, *op. cit. supra* note 13.

図表3-1　25歳から59歳までの年齢別最高学歴分布（2015年）

年齢	人口 （人）	教育無し （%）	初等教育 （%）		前期中等教育 （%）		後期中等教育 （%）		1年以上の 高等教育 （%）	回答無し （%）
			未修了	修了	未修了	修了	未修了	修了		
合計	2,637,107	15.4	16.2	24.6	15.8	3.2	7.2	3.5	12.0	2.2
25-29	615,988	10.3	12.2	21.6	17.3	4.4	10.2	5.8	16.0	2.1
30-34	496,234	12.4	14.2	24.6	17.2	3.9	8.6	3.7	13.3	2.2
35-39	420,083	15.6	16.1	25.4	17.5	3.3	7.1	3.0	9.7	2.1
40-44	343,870	17.5	17.0	24.6	17.2	2.7	6.6	3.0	9.2	2.1
45-49	295,907	17.8	18.0	25.3	15.1	2.2	5.7	2.5	11.2	2.1
50-54	267,418	21.1	21.0	26.7	11.5	1.7	3.7	1.7	10.5	2.2
55-59	197,607	23.4	23.4	27.8	7.9	1.3	3.0	1.3	9.6	2.4

（出所）　Lao Statistics Bureau, 2015, *Results of Population and Housing Census 2015.*

　も25歳から29歳においても、小学校卒以下の学歴の人は、44.1%におよび、前期中等教育を終えていない人は、61.4%も存在する。後述の通り、ラオスの義務教育は2015年から初等教育と前期中等教育の9年間である。

　15歳以上人口の識字率は国勢調査による統計では、1995年60%、2005年73%、2015年84.7%と着実に上昇している[18]。ただし、国勢調査による識字率の調査は、各家計に「あなたは理解して読み書きができますか」という質問に、「はい」「いいえ」で答えるようになっていて、あまり客観的な調査にはなっていない。先に述べた学歴達成度からみても読み書きの水準が不十分であることが推測できる。もちろん、政府も読み書きや算数の普及のために成人教育を行っているが十分なものとは言えない。日系企業でも縫製系の工場のワーカーには、かなりの比率の読み書きのできない人を雇用している。

　識字率は、男女間、地域間、年齢間、エスニック集団間でかなりの差がある。15歳以上人口全体で見ると男性の識字率は90%であるのに対し、女性は79%とかなり低くなっている。都市に住む男性の識字率は96%、女性は91%であるのに対し、道路のある地方では、男性87%、女性74%、道路のない地方（過疎地）では、男性81%、女性62%となっていて、都市から遠い地方ほど識字率は低くなるとともに、男女間の識字率の格差が広がり女性の識字率が下がってくることがわかる。次のページの図表3-2に県別の識字率を

18　Lao Statistics Bureau, 2015, *op. cit. supra* note 13.

図表3-2　県別性別識字率（%）

県		男女計	女性	男性
ラオス全体		84.7	79.4	90.0
北部				
	ポンサーリー	62.6	54.3	70.6
	ルアンナムター	64.9	54.7	75.3
	ウドムサイ	72.8	61.8	83.8
	ボーケーオ	71.8	61.8	81.6
	ルアンパバーン	82.6	75.9	89.2
	フアパン	81.3	73.1	89.1
	サイニャブーリー	92.5	89.7	95.1
	シェンクアーン	88.5	83.5	93.4
中部				
	首都ビエンチャン	97.2	96.1	98.4
	ビエンチャン県	90.5	86.3	94.7
	ボーリカムサイ	89.2	84.9	93.4
	カムアン	85.4	80.3	90.6
	サワンナケート	78.6	72.8	84.5
	サイソンブーン	80.9	70.4	89.9
南部				
	サーラワン	79.3	72.7	86.2
	セーコーン	77.5	68.4	86.7
	チャンパーサック	91.1	87.9	94.3
	アッタプー	78.9	71.4	86.6

（出所）　図表3-1と同じ。

まとめている。最も識字率の高いのは首都ビエンチャンで97.2％であるのに対し、北部の山がちなポンサーリー県は62.6％、ルアンナムター県は64.9％となっていて、地域間の格差は大きい。図表3-3は年齢間の識字率を示しているが、年齢間では若くなるほど識字率が高くなってきており、男女間の格差も小さくなってきている。15歳から19歳では男女計で93.3％になりかつ男性94.8％、女性91.7％と男女間格差も縮小している。それに対し、55歳から59歳を見ると男女計の識字率は76.6％と低く、男性86.7％、女性66.4％となっていて20％を超える男女間格差がある。

　言語により4区分されたエスニック集団別に識字率を見ると、ラオ・タイ系語族が男性95％、女性92％、モン・クメール系語族（先住民系でクム族など）男性81％、女性71％、モン・ミエン系語族（後でラオスに来たモン族など）男性81％、女性70％、シナ・チベット系語族の男性57％、女性47％となって

図表3-3　年齢別性別識字率（%）

年齢	男女計	女性	男性
合計	84.7	79.4	90.0
15-19	93.3	91.7	94.8
20-24	91.6	89.2	94.0
25-29	89.2	85.5	92.8
30-34	87.0	82.7	91.3
35-39	83.9	78.5	89.2
40-44	82.1	76.9	87.3
45-49	81.9	76.5	87.2
50-54	78.7	71.5	86.7
55-59	76.6	66.4	86.7
60-64	70.2	57.2	83.1
65-69	65.2	51.6	79.9
70-74	58.3	44.1	75.0
75以上	52.5	38.9	69.1

（出所）　図表3-1と同じ。

いて、ラオ・タイの男女間格差が小さいのに対し他の3つのエスニック集団は有意な男女間格差がうかがえる。言語による民族分類は居住地による3分類と重なる点が多い。

図表3-4　ラオスの教育制度

年齢（歳）				
	大学院			
18〜21	高等教育（大学）（4年）（医学系は6年）	高等教育（短期大学、職業技術校）（2〜3年）		
15〜17	後期中等教育（高等学校）（3年）	職業技術校（2〜3年）		
11〜14	前期中等学校（中学校）（4年）		職業技術校（6カ月〜1年）	
6〜10	初等教育（小学校）（5年）			
3〜5	就学前教育（3年）			

(b)　学校教育制度

　ラオスの学校教育は、2007年の改定教育法以降、73ページの図表3-4のように就学前教育が3年間(3歳から5歳)、初等教育が5年間(6歳から10歳)、前期中等教育が4年間(11歳から14歳)、後期中等教育が3年間(15歳から17歳)、医学以外の大学教育が4年間(18歳から21歳)、これに加えて、職業技術学校や短期大学、大学院(修士課程と博士課程)からなっている。このうち、2015年から初等教育と前期中等教育の9年間が義務教育となった。それ以前は初等教育の5年間だけが義務教育であった。また、2007年以前は前期中等教育が3年間でその代わりに大学教育が5年間となっていた。2013年までは私立大学があり学士号を出すことができたが、教育の質に問題があり、2013年より公立の6つの高等教育機関だけが学士号を出すことができる制度に変わり、私立大学は募集を停止した。そういった私立大学は、現在、短期大学となってディプロマや上級ディプロマしか出すことができない。

　一般教育における就学率については、岩品(2018)が教育・スポーツ省統計センターの年報をもとに統計をまとめている[19]。各教育レベルの就学率は図表3-5のようになっている。男女別の統計は載せていないが、男女間の格差は非常に小さい。ラオスにおける学校の年度は9月に始まり8月に終わる。図表3-5を見ると、2005/06年から2015/16年にかけて就学率は全ての教育レベルで改善されてきていることがわかる。初等教育の純就学率は2015/16年で98.8%となり、集計した就学率に関しては問題がなくなってきている。就学前教育が急速に伸びてきていること、義務教育化に合わせて前期中等教育の就学率も急速に伸びてきていることが見て取れる。ただし、後述するように所得間や地域間、エスニック間での格差が大きい面は残っている。全体として量的には急速に発展しているが、教育の質に関しては問題が指摘されるケースが多い。

　World Bank(2014)によると、成人の読む能力に関する評価調査の結果では、ベトナム、ボリビア、スリランカ、中国の雲南省の人々と比べても極端

19　岩品雅子(2018)「ラオスの基礎教育開発の進展と『学校教育に基盤を置いた教育行政』に向けたJICAの取り組み」鈴木基義編著『アセアン共同体とラオス』JICAラオス事務所、第10章、177〜192ページ。

図表3-5　教育レベル別就学率（%）

就学率など	2005/06 男女計	2010/11 男女計	女子	2015/16 男女計	女子
就学前教育就学率(3-5歳)	10.6	24.5	24.8	49.1	49.2
就学前教育就学率(5歳)	NA	40.3	40.1	70.9	70.7
初等教育純就学率	83.9	94.1	93.3	98.8	98.5
5年生残存率	62.0	70.0	69.2	79.6	80.7
前期中等教育粗就学率	51.7	62.9	58.4	82.2	80.0
後期中等教育粗就学率	34.5	33.5	30.0	47.8	45.2

（出所）　岩品（2018）。

に点数が低い[20]。読解力の試験で不合格であったのは、ラオスの地方では66%、都市では33%であったのに対し、ベトナムや雲南省では10%以下であった。またラオスの中等教育修了より上級の学校を修了した人の読解力の水準は、ベトナムの初等教育しか受けていない人と大体同じ水準であるという結果となっている。ラオスの高等教育修了者の学力の低さは、日系企業の聞き取り調査においても採用試験をしたマネジャーから指摘されていた[21]。

(c)　就学前教育

　就学前教育は、小学校にスムーズに通うことができるようになるには重要なコースである。後述するように小学校1年生の退学率や留年率が高いことを考えると、今後充実させることが必要となってくるだろう。就学前教育の開発が進められてきたのは最近のことであることが、図表3-5からでも見て取れる。2005/06年では3から5歳の就学前教育の就学率はわずかに10.6%に過ぎなかったものが、2015/16年では49.1%にまで増えている。しかし、教育サービスの提供が都市部に集中していることもあり、都市と地方では就学率に大きな差がみられる。また高所得層と低所得層間の違いも大きい[22]。

20　World Bank, 2014, *Lao Development Report 2014*, World Bank.
21　本書、第8章第2節、日系企業調査、209ページなど参照。
22　United Nations Development Programme(UNDP), 2017, *National Human Development Report: Graduation From Least Developed Country Status Lao PDR 2017*, Vientiane.

(d) 初等教育(小学校)

　初等教育の就学率は全体として見ると100％に近づいており、県別の格差も小さいものになっている。しかし、所得別、都市・地方、エスニック間の格差はまだ残っている。また、中退率の高さ(卒業率の低さ)、遅れての就学、留年といった問題がよく指摘されており、年々改善されているものの、まだ問題が残っている。こういった問題と密接な関係があるのが不完全校の存在である。不完全校とは5年生までなく、例えば3年生までしかない小学校のことである。それ以上小学校を続けるためには近隣の村の学校に通うしかなく、遠方にある場合には通学が困難になり中退につながっていた。不完全校は徐々に減少し2005/06年には44.2％もあったのが、2013/14年には22.8％にまで減少している[23]。

　UNDP(2017)は2012/13年の6〜10歳合計の初等教育就学率を、LECS5(ラオス支出消費調査2012/13)を使って所得階層別に調べているが、豊かな階層ほど就学率は高くなる。最も貧困な20％の層は就学率が77.96％であるのに対し、最も豊かな20％の層は95.95％と18％ポイント程度の差があった。都市の就学率は94.32％、地方は83.80％であり、エスニック集団別では、ラオ・タイが91.50％に対し、シナ・チベットは68.15％に過ぎなかった。中退率は就学率と相関を持っており、豊かな階層ほど中退率も低い傾向にある。

　学年別の留年率の推移や中退率の推移については、岩品(2018)が教育・スポーツ省のデータでまとめている[24]。ラオスにおいて留年は、学業成績と欠席日数により決められる。岩品(2018)によると、留年率は2008/09年以降どの学年でも着実に減少していて、全学年の平均では1学年当たり15.9％(2008/09年)であったものが2015/16年では4.8％にまで下がった[25]。学年別では1年生の留年率が突出して高く、学年が上がるにつれて下がる傾向にある。2015/16年の1年生の留年率は11.5％であり、全学年平均4.8％より相当高い。中退率も留年率ほど明確ではないが、どの学年でも年々下がる傾向にあり、1年生の中退率が突出して高く、学年が高くなるにつれ下がってくる。全学

23　UNDP, 2017, *op. cit. supra* note 22.

24　前掲注19、岩品(2018)、181ページ。

25　前掲注19、岩品(2018)、181ページ。

年の平均では1学年当たり2008/09年では7.5％であった中退率が、2015/16年では4.7％にまで下がっている。ただし、1年生の中退率は7.2％となっている。1年生の留年率や中退率を下げるためにも、就学前教育の充実が重要となってくる。図表3-5の5年残存率は「今の1年生が5年後何％5年生として引き続き通学しているか」を表している。以前からラオスの低い5年生残存率が指摘されていたが、2005/06年では62％に過ぎなかった残存率が2015/16年には79.6％にまで上昇していて改善されてきていることがわかる。5年生まで残っているとほとんどの生徒が修了することができる。

　駿河・オンパンダラ（2010）はLECS3（ラオス支出消費調査2002/03）を使用して、就学の遅れ、留年、中退の要因分析を計量経済モデルにより行っている[26]。その結果、就学の遅れには、両親の教育水準、村に完全小学校があるかどうか、家計の所得、通学時間、エスニック集団、農業などが、留年には、小さい子供の存在、母親の教育水準、農業、家計の所得などが影響を与えていた。また、中退には、両親の教育水準、小さい子供の存在、エスニック集団、家計の所得などが影響を与えていた。エスニック集団の場合、日常生活ではラオス語を使用していない民族もあり、ラオス語での授業についていけないために中退につながるケースがある。家族に就学前の小さい子供がいる場合には、子守のために学校に行けないケースが出てくる。親の教育水準では、特に母親の教育水準が子供の就学継続に大きな影響を持ってくる。

　World Bank（2019）はLECS4と5（ラオス支出消費調査2007/08と2012/13）を使用して農業における教育の労働生産性に与える効果を計測している[27]。これによると、土壌環境の違いを一定だと仮定すれば、初等教育を卒業した世帯主家計は、教育を全く受けていない世帯主家計に比べて31％、1人当たりコメの収穫高（生産性）が多く、初等教育を受けたが卒業していない世帯主家計に比べて14％生産性が高かった。またコメの販売についても初等教育を修了した世帯主家計は56％が販売しているのに対して、教育を受けたことのない世帯主家計は40％しか販売していなかった。中学卒業以上の学歴を

26　駿河輝和／オンパンダラ・パンパキット（2010）「ラオスの地方社会における基礎教育開発への障害」『国民経済雑誌』神戸大学経済経営学会、第202巻第3号、74〜78ページ。
27　World Bank, 2019, *Lao PDR Economic Monitor*, World Bank, pp. 34-36.

もつ世帯主家計の生産性は、小学校卒業の世帯家計と生産性はほとんど変わらなかった。農業部門においては、初等教育を卒業している程度で十分であるということが一般に言われるが、ラオスでもこのことが成り立つことを示している。ラオスの教育の質は低いと言われているが、それでもその教育の効果は大きいことがわかる。

　ラオスにおいて農業部門では初等教育修了が十分効果があるとはいえ、国際的な視点からは教育の質に改善すべき問題があり、子供の学習達成度は非常に低い。World Bank（2014）は、2012年10月に行った低学年の基本的な読む技能の評価を行っている[28]。その結果、2年生（2年生に9月に進学したばかりの生徒）の3分の1はたった1つの言葉さえも読むことができなかった。4年生（すなわち3年生の課程を終えている）になってやっと63％がスムーズに読むことができるようになっている。また読解力においては、2年生の57％が0点であった。岩品（2018）も学習達成度評価（ASLO II）において、前期中等教育レベルの内容を学習することのできる水準に達している小学5年生が、ラオス語で19.13％、算数で0.16％に過ぎなかったと述べている[29]。

(e) 前期中等教育（中学校）

　前述したように、図表3-5から前期中等教育の粗就学率は急速に伸びて、2015/16年には82.2％にまで伸び、10年前と比べると30.5％ポイント、5年前と比べると19.3％ポイント上昇している。2015/16年から義務教育となったので、今後も上昇すると期待される。一般に、製造業の発展には中学卒業程度のきちんとした教育を受けた労働者が必要と考えられる。日本の場合でも、日本の戦後高度成長を支えた製造業労働者の主力は中学校卒であり、農村から都会へ中学新卒者が集団就職をした。ラオスでも製造業の継続的な進展のためには、9年間程度の質の高い教育を受け、卒業後に仕事を通じて技能を蓄積していく労働層が必要である。そういった意味で、一定レベルの質の前期中等教育卒業生を充実させることは緊急に必要となっている。

　農業にとどまるのであれば、初等教育の修了で十分であるが、中学校以上

28　World Bank, 2014, *Lao Development Report 2014*, World Bank. Lao PDR. p. 50.
29　前掲注19、岩品（2018）、182ページ。

のより高い教育を受けることが非農業部門での就業可能性を高める。またより高い教育を受けて非農業部門で働くことは、所得を上昇させることにつながる。World Bank（2019）はLECS4と5を使用して、教育水準の非農業部門への就業の確率への影響を調べている[30]。それによると、初等教育修了者が非農業部門に就業できる可能性が27％であるのに対し、中学修了者は45％であった。職業訓練校修了者、大学修了者の確率（就業可能性）は、それぞれ82％、91.5％である。

　2015/16年における初等教育修了から前期中等教育への進学率は平均で90.4％であるが、県別に格差が見られる。首都ビエンチャンは100.4％と100％を超えているが、これは他の県から進学してくるためである。サイソンブーン県（中部）が97.2％と高く、ポンサーリー県（北部）83.2％、サーラワン県（南部）83.5％と低くなっている。また、男子の進学率が92.0％であるのに対し、女子は88.7％と低く、県別で見ると、サワンナケート県（中部）とサイソンブーン県（中部）以外の16県において男子の進学率が高くなっている[31]。

（f）後期中等教育（高等学校）

　後期中等教育の粗就学率は47.8％に過ぎず、前期中等教育に比べると34.4％ポイントも低い。また、2005/06年の34.5％から13.3％ポイント伸びたにとどまっている。前期中等教育修了者の後期中等教育への進学率は全国平均で93.8％となり、初等教育卒業から前期中等教育への進学者に比べると多くなっている。県別に見ると、チャンパーサック県が123.0％であり他県からの流入が非常に多い。首都ビエンチャンが99.8％であるが、男子は102.0％で他県からの流入が起こっている。低い県は、ボーケーオ87.8％、ルアンパバーン87.9％である。ボーケーオ、チャンパーサック、アッタプーの3県を除く15県で男子の進学率が女子を上回っている[32]。

30　World Bank, 2019, *op. cit. supra* note 27, pp. 35-36.
31　前掲注19、岩品（2018）、179ページ。
32　前掲注19、岩品（2018）、179ページ。

(2) 高等教育・継続教育

(a) 大学教育

　現在、高等教育機関としては、5つの国立大学、23ほどの教育・スポーツ省管轄の公立短期大学、69の私立の短期大学、それに加えて、保健省下の看護学校を始め、財務省、中央銀行、司法省、農林省、情報文化省がそれぞれ訓練機関を持っている。ここでは国立大学だけに焦点を当て、そのほかの短期大学や訓練機関は職業技術教育の項目で説明をする。

　1995年に単科大学や高等教育機関を統合して、ラオス国立大学は創設され、翌1996年より学生を受け入れ始めた。2002年にはパークセーにチャンパーサック大学、2003年にはルアンパバーンにスパヌボン大学、2009年にはサワンナケート大学が設立されている。学部レベルの学生数は、2005/06年で25,322人が2009/10年には42,704人となるが徐々に減少して、2014/15年には33,035人位まで減少している[33]。減少の理由は、2009/10年に実施された学士課程の5年間から4年間への短縮、2011/12年より夜間コースや特別コースが廃止されたことによる。大学の各学部は、夜間コースや特別コースを作って学生を集めて授業料をとり、一部を大学本部に収め残りを学部の運営費や教員の授業手当として使っていた。

　国立大学卒業生の質については、日系の現地企業からも疑問視する声がよく聞かれる[34]。教育の質を測る代理変数として教員の学位水準が考えられるが、教員の学位取得に関して、教育・スポーツ省の目標は博士号取得者、修士号取得者、学士号取得者の比率を1：6：3というバランスにすることである。廣里(2018)が2014/15年の教員の学位取得状況を教育・スポーツ省のデータを使ってまとめている[35]。これによると、博士号取得者156人、修士号取得者1,131人、学士号取得者1,871人、他の学位取得者277人である。学士号取得者が54.5％を占めており修士号取得者が32.9％、博士号取得者は4.5％だけとなっており、学士号取得者を30％に減らす、修士号取得者を60％に、

33　廣里恭史(2018)「岐路に立つラオスの高等教育改革」『カレッジマネジメント』リクルート、209巻、56ページ。

34　本書、第8章第2節(2)募集・採用、209ページ等参照。

35　前掲注33、廣里(2018)、56ページ。

博士号取得者を10％に増やすという目標にはほど遠いことがわかる。

(b)　職業技術教育訓練機関

　職業技術訓練については、2015年末のASEAN経済共同体設立に伴い、高技能労働者の共同体内部での自由な移動の構想があり、それに答えるために職業技術教育訓練（以後TVET：Technical and Vocational Education and Training）の強化が図られた。従来、職業技術教育訓練は後期中等教育修了者に対する高等教育に焦点が当てられていたが、前期中等教育修了者や初等教育修了者といった教育水準の低い層もカバーするようになってきている。

　職業訓練の中心は教育・スポーツ省が担っており、数多くの公立職業訓練学校と私立の短期大学などを管轄している。これに対して大学や職業技術学校で学んだことはなく修了証は持っていないが、その職業に従事している人を主な対象として、労働・社会福祉省が11の職業訓練センターを管轄している。先述したように、保健省の看護学校など、農林省、財務省、情報文化省、司法省、中央銀行の各関連分野に特化した職業技術教育訓練機関がある。須田(2018)によると、それ以外にも、ラオス女性同盟、ラオス青年同盟、全国商工会議所、業界団体、市民団体(NPO)などがTVETを実施している[36]。

　労働・社会福祉省のTVETは短期の訓練に重点を置いているが、その分野に教育・スポーツ省も参入してきており、両者が重複しているケースも多い。今後、両者で調整を図っていく計画である。

　従来、教育・スポーツ省下の一般教育システムとTVETは、次のような関係になっていた。前期中等教育修了者は2年以上TVET教育機関で課程を修了すると修了証（現在のC3レベル）を取得でき、3年以上でディプロマを取得できる（次のページの図表3-6参照）。後期中等教育を修了した者は、2年以上でディプロマを取得でき、3年以上で上級ディプロマが取得できる。2013年12月にTVET（職業技術教育訓練）法が成立し、初等教育修了者が学べる修了証(C1,C2レベル)が導入され、それとフォーマル教育とを結びつける改革が行われた。初等教育修了者が3〜6カ月の訓練期間で修了証C1を取得する

36　須田裕美(2018)「ラオスにおける職業技術教育訓練の現状と課題」鈴木基義編著『アセアン共同体とラオス』JICAラオス事務所、第9章、133〜176ページ。

図表3-6　TVET資格システム（教育・スポーツ省）

レベル	学位	入学基準	訓練期間
レベル1	修了証1（C1）	初等教育修了相当以上	3〜6カ月
レベル2	修了証2（C2）	初等教育修了相当以上	C1取得者6カ月 1年
レベル3	修了証3（C3）	前期中等教育修了相当以上	C2取得者1年 前期中等教育修了者最低2年
レベル4	ディプロマ	前期中等教育修了相当以上	C3取得者最低1年 前期中等教育修了者最低3年 後期中等教育修了者最低2年
レベル5	上級ディプロマ	後期中等教育修了相当以上	C3取得者最低3年 ディプロマ取得者1〜3年 後期中等教育修了者最低3年

（出所）　Ministry of Education and Sports, 2016, *Technical and Vocational Education and Training Development Plan 2016-2020*, Vientiane.

ことができる。あるいは1年の学習期間でC2が取得できる。C1取得者は6カ月でC2が取得できる。ただし前期中等教育が義務教育となったため、C3レベルのコースに進学するためには、前期中等教育修了と同等の資格が必要である。C3取得者は1年以上学習することによりディプロマが取得可能となり、3年以上学習することにより上級ディプロマが取得できることになった。これにより、学歴の低い層が学歴を上げて、職業能力を開発できるルートが確保された。現在の各修了証とディプロマの関係は図表3-6にまとめている[37]。

　図表3-7に2010/11年から2014/15年までのMinistry of Education and Sports（MoES）（2016）による公立TVET教育機関の教員数と就学者数、図表3-8に私立TVET教育機関の就学者数の推移がまとめてある。2014/15年で就学者は公立が2.6万人、私立が3.6万人となっている。2013/14年から6つの公立教育機関にのみ学士号の授与が認められたため、公立TVET校でも私立TVET校でも学士号コースの就学者数が減少している。それに代わっ

37　Ministry of Education and Sports, 2016, *Technical and Vocational Education and Training Development Plan 2016-2020*, Vientiane.

図表3-7　公立TVET機関の教員と就学者の数（人）

	2010/11	2011/12	2012/13	2013/14	2014/15
教員（合計）	1,692	1,884	1,954	2,036	2,190
就学者（合計）	18,121	18,496	20,886	23,567	26,264
学士号	807	1,737	2,216	1,042	55
上級ディプロマ	7,883	8,077	7,302	9,129	10,195
ディプロマ	8,522	7,324	11,886	10,350	13,081
修了証	909	1,358	2,029	3,046	2,933

（出所）　図表3-6と同じ。

図表3-8　私立TVET機関の教員と就学者数（人）

	2010/11	2011/12	2012/13	2013/14	2014/15
教員（合計）	2,954	2,913	3,342	3,027	2,848
就学者（合計）	33,012	35,375	40,198	41,342	36,405
修士号	500	512	806	778	595
学士号	14,502	18,710	23,469	18,693	11,696
上級ディプロマ	17,345	15,833	15,745	21,785	23,766
ディプロマ	865	320	78	86	88
修了証	–	–	100	0	260

（出所）　図表3-6と同じ

　て、上級ディプロマコースの就学者が、公立と私立のTVET校で増加する傾向になっている。

　2014/15年における就学生の在籍する分野について見ると、公立TVETはサービスが45.1％、工業が40.2％、農業が13.9％となっているのに対し、私立TVETではサービス95.4％、工業4.6％、農業0％となっており、私立TVETが英語、IT、ビジネスに偏っていることを示している。公立のTVETにおいて、低い学位ほど工業分野の就学生の比率が高くなっている。私立のTVETでは修了証（C1、C2、C3）やディプロマコースの就学者は少なく、減少していく学士号コースの就学者を除くと、上級ディプロマコースの就学者がほとんどである。一方、公立TVETでは、修了証レベルの就学者が、2010/11年から2013/14年まで毎年50％の上昇を示している。2014/15年ではやや減少しているが、この拡大は、就学者への公的財政的支援のためである。公的財政支援がなければ、一般的にはTVETは魅力的には見られてい

ない。

　公立TVETはサービス関係では26プログラム、農業関係では3プログラム、工業関係では25プログラム提供しているが、15％以上の4,414人は会計を学んでおり、1,363人はビジネス経営、4,443人は電気エンジニアリングを学んでいる。それに対し、配管、水力発電、バイク修理を学んでいる学生は少なく、分野に偏りがある。

　公立TVET卒業生は、その分野の勉強をしていない者より役に立つという評価もあるが、専門家としては質の面で問題がある。大きな原因は教員の質にある。教員は、理論的な面は国立大学卒業生を採用し、実務面では主として職業技術専門学校の自校出身者を教員にしている。そのため実際の職業経験を持っていないという問題が生じている。MoES(2016)に2014年における教員の教育水準を載せている。それによると、博士号2人、修士号107人、学士号989人、上級ディプロマ865人、ディプロマ186人、修了証135人、その他6人となっている。半数以上の教員が上級ディプロマ以下の学位にとどまっている。第2の問題は、ほとんどの国の職業技術専門学校が抱える問題であるが、機械設備が古いという点である。地方の職業技術専門学校では足ふみミシンしかなく、一般的な縫製工場が電動ミシンを使用しているのに対応できていないという問題があった。ビエンチャンのラオ・ジャーマン技術短期大学はエリートの技術系専門学校であるが、トヨタや大手のプービア鉱山といった企業とタイアップしており、企業から機械を寄付してもらって設備の問題に対応している。

　先に紹介したOnphanhdala and Thongasavath(2015)のパクパサック技術短期大学の卒業生調査では、80％が就職し、8％が未就職のままにとどまり、残りの12％が進学していた[38]。進学者を除くと就職希望者のうち90％が就職できていることになる。就職先と専門との関係を見ると、自動車関係エンジニアリング、メカニック、溶接、家具製造、建築など技術系を専門にしていた卒業生は96.3％が自身の専門と関係のある仕事についていたのに対し、会計、ビジネス、マーケティング、ロジスティックなどを専門にしていた卒業

38　Onphanhdala, P. and A. Thongsavath, 2015, *op. cit. supra* note 5, pp. 10–14.

生は49.6％だけが専門と関係のある仕事に就いていた。Chounlamany and Douangngeune（2016）はラオ・ジャーマン技術短期大学を2014年に卒業した学生102人を対象として就職状況について聞いている[39]。専攻は、自動車技術、電気、金属、溶接である。その結果、69.6％が就職、未就職が10.8％、進学が19.6％であった。進学者を除くと就職希望者の86.6％が就職していて、パクパサック技術短期大学の結果とかなり近い。学んだ専門と仕事との関係は、85.9％が関係があると答えている。就職した人の36.6％は公務員の仕事であり、やはり公務員のウエイトが高い。技術訓練に対する卒業生の評価は、技術訓練が役に立っているかという点に関しては、1から5段階の評価で、平均3.56の評価であり、技術訓練の質に関しては3.10という評価であった。

　労働・社会福祉省は、教育の機会に恵まれなかった者、貧困者、身体障がい者、専門技術を持たない者、失業者、実務経験を持つが資格を持っていない者、職業技術を高めたいと考えている者などを対象に（改定労働法第9条[40]）、職業技術を開発するために11の職業訓練センターを持っている。公的なセンターが7カ所、特定のニーズに対応した民間の小さなセンターが4カ所である。労働・社会福祉省は独自の職業資格を2013年12月に施行された改正労働法に定めている。改正労働法13条によると、職業資格は次のようになっている。職業技術1級は基本的専門職であり、6カ月未満の研修を受けていること。職業技術2級は半熟練的専門職であり、6カ月の研修を受けていること。職業技術3級は、熟練的専門職であり、2級を取得した者が6カ月の研修を受けていて、関連する業務経験が1年以上あること。職業技術4級はエンジニア職であり、3級を取得した者が6カ月の研修を受けていて、関連する業務経験が1年以上あること。職業技術職5級は監督職であり、3級を取得した者が6カ月間研修を受けていて、関連する業務経験が2年以上あること。各資格の取得のためには試験に合格する必要がある。また、職業技術2級以上は各資格を得るために6カ月以上の研修が必要となっている。

39　Chounlamany, M. and B. Douangngeune, 2016, "Employment Situation of Lao-German Technical School Graduates in the year 2014," *LJI Business Management Journal*, Vol. 7, pp. 1-9.

40　本書第4章第4節(7)「障がい者をめぐる問題」(128ページ)参照。

ただし、研修を受けなくても、試験に合格すれば資格が取れて、次の資格に挑戦できる。

　この職業資格と82ページの図表3-6に示した教育・スポーツ省の認定している修了証(C1、C2、C3)、ディプロマ、上級ディプロマとの関連付けが明らかになっていない。うまく関連付けられると職業資格の社会認知度が上昇すると考えられる。問題は同じような職種の訓練でも、両者でカリキュラムが異なり、提供する単位も異なっている点である。労働・社会福祉省の資格のための研修は70％実技、30％講義であるのに対し、教育・スポーツ省の場合は実技と講義の比率が50％、50％となっている。上級の資格になるほど調整は難しい。

　職業訓練センターの受講者は年間4,000人から5,000人である。公立の職業訓練センターは、北部は、ウドムサイとボーケーオ、中部が技術開発研究所(SDI)、首都ビエンチャン、サワンナケート、南部がチャンパーサック、アッタプーに設立されている。SDIは、韓国国際協力機構(KOICA)が設立したラオ・コリア職業訓練センターが労働・社会福祉省に譲渡されたものである。北部、中部、南部の地域によりニーズが異なるので、提供する訓練の内容が異なっている。全体としては、2015/16年のデータで見ると、研修を受けた人の数は工業部門2,353人(45.6％)、農業部門587人(11.4％)、サービス部門2,223人(43.1％)、合計5,163人である。職業訓練センターも教員の数が少ない、設備が古い、蔵書数が少ないといった問題を抱えている[41]。

(c)　教育への需要

　これまでは、教育の供給側の事情を説明してきた。教育には需要側の要因もあり、教育への需要が低いために教育の水準が低いという可能性もある。教育への需要の水準を調べるには教育の収益率を計算して確かめることがよく行われている。すなわち、教育をもう一年追加することにより何％収入が増えるかを計算する方法である。この率が高ければ、教育への投資は十分な収益を生むことを意味し、教育への需要は高いことになる。この教育の収益

41　現地での聞き取り調査(労働・社会福祉省、2018年9月10日)に基づく。

率を計測した実証研究に、Onphanhdala and Suruga(2007)とOnphandala and Suruga(2010)がある[42]。両研究とともにラオス統計局のラオス支出消費調査2002/2003を使用して計測を行っているが、前者は賃金・俸給をもらっている者について、後者は零細・小企業の経営者の事業収入に関する分析である。

　賃金・俸給に関する推定では、民間部門において教育の収益率は5.23%であり、公的部門では2.17%であった。民間部門の収益率は首都ビエンチャンでは6.23%、地方では4.90%となっていて、発展途上国平均の9.3%[43]と比べると低いが、かなり高く十分な需要があると考えられる。一般的には移行経済期には教育投資の収益率は低くなる傾向がある[44]。残念ながら、データの制約のために前期中等教育の収益率は計算されていない。また、若年層と中高年層を比べると若年層の収益率が高く、7%となっていて今後民間部門が発展するにつれて教育への需要が上昇してくると予想される。

　零細・小企業の経営者に関しても、教育の収益率は4.87%であり、若年者の収益率は5.58と中高年者よりも高くなっていて、教育への需要は十分高く、民間部門が発展してくればより高くなることが予想される。また、初等教育の収益率は10%を超えていて、極めて高い需要のあることがわかる。

● 小括

　ラオスでは農業従事者が多く、それ以外では自営業者や公務員・国有企業勤務者が主であり、民間の企業に勤務する人はあまり多くない。こういった事情もあり、求人と求職のマッチングやキャリアのカウンセリングをする公共職業安定制度は確立されていない。今後、民間企業での仕事が増えてくる

42　Onphanhdala, P. and T. Suruga, 2007, "Education and Earnings in Transition: The Case of Lao," *Asian Economic Journal*, Vol. 21, No. 4, pp. 405-424.
　　Onphanhdala, P. and T. Suruga, 2010, "Entrepreneurial Human Capital and Micro and Small Business in Lao PDR," *Developing Economics*, Vol. 48, No. 2, pp. 181-202.
43　Psacharopoulos, G. and Patrins, H. G., 2018, "Returns to Investment in Educations: A Decimal Review of the global literature," *Education Economics*, Vol. 26, No. 5, pp. 445-458.
44　駿河輝和／ダイリー・アマルジャルガル(2009)「モンゴルにおける教育と労働市場」『国際協力論集』第16巻第3号、51～67ページ。

ことを考えると、信頼のおける公的職業安定制度の確立は欠かせないだろう。

　人材育成では、識字率、就学率など量的には顕著な上昇がみられる。特に、初等教育の就学率は98.8％までになり、前期中等教育（中学校）は2015年から義務教育になり就学率が大幅に上昇している。しかし、教育の質には問題が残り、国際的にみて生徒の学習の達成度は非常に低い。今後の、非農業部門の拡大を支えるためにもほぼ全員が質の高い前期中等教育を修了することが重要となってくる。

　次の章では、民間部門で働く上で欠かせない労働をとりまく法制度について紹介する。

●●● 第4章 ●●●

労働法令

ラオス国立大学法学政治学部キャンパス

メコン川対岸のタイを見つめるアヌウォン王像

● はじめに

　本章は、ラオスの現行の労働法令の内容のうち、個別的労働関係にかかわる部分の現行制度を概観することを目的としている。集団的労働関係にかかわる部分は、第5章労使関係に譲る。

　労働法令はフランスの植民地時代から存在していたが、1975年ラオス人民民主共和国が成立したことによって全て破棄された。その後十数年のブランクの後、1990年に現行労働法の基本となる法律が制定され、その後1994年、2006年、2013年に改正されている。本章では現行法である2013年労働法の規定をもとに、労働法制の内容を整理する。

● 1　労働法令の歴史

(1) 保護領時代の労働法令

　ラオスは1893年フランスの保護領となって仏領インドシナ連邦に編入され、植民地支配を受けた。インドシナでは、フランス人および外国人にはフランス国内法を適用し、ラオスに住む原住民には原住民に適用する法律を制定しており、二元構造になっていた。原住民に適用になる法源は慣習であったが、それだけでは不十分なためにフランスが法整備を行った[1]。1908年には刑法、民法、訴訟法が制定され、1922年には裁判所組織法の制定、刑法と刑事訴訟法の改正等を行った。それらの中で最も重要な労働に関する法令としては、現地の人々を対象とする1936年労働に関する総督令が制定された。強制労働の禁止、徒弟、雇用契約、請負労働、最低賃金、賃金支払、児童労働、労働時間、休日、健康・労働災害補償、労働監督、労使紛争処理が定められ、主に個別労働関係についての規定が設けられていた[2]。そこで取り扱われている論点は現在でも同じである。

　労使紛争の調整のために、まず集団紛争の調停と仲裁制度を定めた1932年総督令[3]、個別紛争の調整を定めた1937年総督令[4]が制定されている。集団紛

1　瀬戸裕之(2009)「ラオス」鯨京正訓編『アジア法ガイドブック』名古屋大学出版会、269ページ。

2　International Labour Organization (ILO) India Office ed., 1951, *Asian Labour Laws*, pp. 707-715.

3　ILO India Office ed., 1951, *op. cit. supra* note 2, pp. 699-706.

争と個別紛争で異なる制度を採用していることが、この段階で既にみられる。

(2) 独立から社会主義国樹立までの労働法令

　1945年8月、日本の占領が終わった後、再びフランスがラオスを植民地としたが、1949年フランスはフランス連合内でのラオス王国の独立を認めた。このラオス王国のもとで、1951年1月19日の法律83号の基本的労働立法が制定され、1947年ラオス王国憲法発布前に有効であった労働に関する総督令、命令、規則を引き継いだ。この法律が1953年10月、フランスから完全独立後も適用された。それまで手薄だった集団的労働関係法として、1955年6月28日発布の法律201号が労働組合の結成を認めた。それを受けて、1956年10月17日発布の王室令290/88が政府職員を含む専門職の労働組合の権利と義務を定めた[5]。それらを含めて労働組合、労使紛争処理手続、賃金、安全衛生等の労働条件を定めた230条からなる労働法を1971年に制定し、1972年から施行した[6]。

　1975年12月2日、ラオス人民革命党が政権を掌握して、立憲君主制から人民共和制に移行した。このとき、王国時代に制定された憲法や法律は全て廃止された。立法機関である最高人民議会が組織されたが、社会主義に即した法律が制定された。憲法が公布されたのが1991年8月15日であった。16年間も憲法がないまま統治が行われることになる。その間、党の決議や行政機関の命令によって国の行政が実施されてきた[7]。

(3) 社会主義市場経済下での労働法令

　憲法が公布されたのは、1986年11月、市場経済導入のためのラオス人民革命党第4回大会で「チンタナカーン・マイ（新思考）」が決議され、「新経済管理メカニズム」の制度化が始まった後である。この経済政策の転換を受けて1988年

4　ILO India Office ed., 1951, *op. cit. supra* note 2, pp. 736-742.

5　United States Department of Labor ed., 1965, *Labor Law and Practice in the Kingdom of Laos*, BLS Report No. 290,

6　日本貿易振興会東南アジア貿易・投資・観光・促進センター（1974）『ラオスの労働関係法』日本貿易振興会。

7　瀬戸裕之（2004）「ラオス人民民主共和国」萩野芳夫・畑博行・畑中和夫編『アジア憲法集』明石書店、336ページ。

外国投資奨励・管理法が制定され、1990年に最初の労働法が制定された。この労働法が改正されることによって、その後の労働法が制定されていったことから、これ以降の労働法を形成する基盤となった。特徴としては労働法の主要な事項を網羅していて、さらに社会保障の領域をも取り込んでいる。社会主義的要素として国、使用者の責任、労働組合と労働者代表の労働者保護だけでなく、大衆団体として労働者の連帯や動員、労働単位での生産性向上のための規律の強化に責任を負うことが定められている。労働法は1994年に改正[8]され、改正労働法を施行するために労働・社会福祉省が設置されたのは1993年であった。

　その後、憲法上の労働法の基本原則を定めた規定が設けられた。2003年の憲法改正によって、憲法39条に「ラオス市民は、法律に違反しないかぎりで、労働し、就労する権利を有する。労働者は、休息する権利、疾病治療を受ける権利を有し、労働能力を失っている場合、また障がい者になった場合、高齢者の場合、法律に定めるその他の場合に、扶助を受ける権利を有する」と定められている。憲法39条は労働法だけでなく社会保障法の領域も含めて規定していることがわかる。この規定は2015年憲法でも引き継がれている。

　2006年には労働法が改正され[9]、2007年には労働組合法が制定された。2006年労働法では労働契約終了をきびしく規制したことと、労働争議調整中の就業停止（ストライキ）の禁止規定を設けている。さらに、2013年に労働法の全面改正がなされた。2013年労働法[10]では、労働者の技能向上のための人材育成、就職あっせん機関の整備、労働組合や労働者代表の団体交渉や労働協約についての規定が追加されている点に特徴がある。

　なお、労働法は、ラオス人民革命党、国家機関、大衆団体に勤務する公務

8　この改正の日本語訳は長渕満男（2000）「ラオス労働法（和訳）」『甲南法学』甲南大学法学会、41巻1・2号、151～182ページ、鈴木基義訳（1996）『改正ラオス労働法（日本語訳）』日本ラオス協会を参照。

9　2006年労働法の日本語訳は、日本アセアンセンターウェブサイトの中村信太郎・鈴木基義共訳「2006年ラオス人民民主共和国労働法」参照。
　（https://www.asean.or.jp/ja/invest/country_info/laos/guide/appendix02/）
　　なお、本章におけるウェブサイト参照の最終閲覧日は特に断りのない限り、2020年1月23日である。

10　2013年労働法の日本語訳は瀬戸裕之（2016）「ラオス労働に関する法律（改正）」（国際労働財団・アジア労働法データ・ベース）参照。
　（http://www.jilaf.or.jp/asia_laborlaw/data/laos_001.pdf）

員、軍人警察官、家事使用人には適用されない(労働法6条、以下本章における条文番号は特に断りのない限り労働法である)。

(4) 最近の動き

　国際協力機構(JICA)の法整備支援事業のプロジェクト「法律人材育成強化プロジェクトフェーズ2」[11](2014年7月から2018年7月)の中の民事経済関連法の分科会によって、2006年労働法のラオス語による解説書が出版された。出版にいたる過程では、労働法の内容をどう解説していくかの検討が繰り返され、日本での労働法の研修も実施された。この解説書で述べられた労働法の内容が解釈の指針となる可能性がある。これまでラオス語による労働法の教科書は出版されていなかったので、画期的な支援事業となった[12]。出版の後も、その普及活動が全国で実施されている。

　2007年労働組合法は2017年12月に改正された。これについては第5章で触れている。上記の解説書には労働組合法についての解説や労働争議調整に関する首相令の内容には触れていない。

　労働法と関連を持つ民法が2018年12月6日に国会で成立した。ラオスではこれまで民事関係のテーマ毎に個別に法律が制定されてきた。財産法、相続法、契約内外債務法、担保取引法、土地法がその代表的な単行法であった。日本はラオスで1998年から法整備支援を開始し、2002年ごろから民法への支援を開始し、民法ハンドブックや民法Q＆A集の作成を行った。単行法を体系的にまとめて民法を制定する方針が示されたのは2012年であった。日本は、民法起草支援の要請を受けて、起草作業に従事して2017年1月に民法草案が司法省から内閣に提出され、国会の審議を経て成立に至った[13]。民法は2019年5月施行された。

11　国際協力機構ウェブサイト「事業・プロジェクト」参照。
　　(https://www.jica.go.jp/project/laos/016/outline/index.html)
12　入江克典(2019)「ラオス労働法ハンドブック作成支援」『季刊労働法』265号(2019／夏季)アジアの労働法と労働問題(第37回)、158〜169ページ)、労働開発研究会。
13　伊藤淳(2017)「ラオス民法典制定」『ICD NEWS』(法務総合研究所国際協力部報)、71号、2017年6月、58〜62ページおよび独立行政法人国際協力機構編(2018)『世界を変える日本式法づくり』文藝春秋、161〜182ページ。

● 2　賃金・労働時間、解雇法制等労働条件

(1)　労働契約と就業規則

　労働契約は口頭または書面によって締結することができる（77条1項）。ただし一方または両当事者が法人または組織の場合は、書面によって締結しなければならない（77条2項）。

　法人または組織ではなく、個人としての使用者の場合は、労働者と口頭で労働契約を締結することができる。特に文字の読めない労働者にとっては口頭での労働契約が必要になる場合がありうる。口頭で労働契約を締結する場合、その内容を明らかにするために、録音しておくことが認められている。労働契約内容について紛争が生じた場合に、その録音が証拠として用いられる。

　労働契約の締結に際して、両当事者は平等な立場で労働契約の成立の可否を決定することができ、もし契約の内容に誤解、強迫、虚偽があった場合は、労働契約は無効となる。書面で労働契約を締結する場合、締結する場所、日付、署名または拇印が必要であり、さらに村長および信頼できる双方の立ち合い人による最低3名の署名または拇印が必要となる。労働契約書を公証役場に登録することができる（契約内および契約外の債権法15条）。公証役場は公証法の規定を受けて、契約書や文言の正当性を証明するために司法省の監督のもとに設けられた機関であるので、労働契約書の内容を明確にする役割を担っている。認証は全てラオス語でなされるので、それ以外の言語が使われる場合は、翻訳宣誓書を添付したラオス語訳文を提出しなければならない[14]。ただし、労働契約書の何割が公証役場で認証を受けているかは不明である。

　未成年者が労働契約を締結する際には、父母または後見人の同意が必要である（民法74条）。

　ラオス語が公用語になってはいるが、ラオスでは複数の言語が使われており、労働契約を締結する際にどの言語を使うかを決める必要がある。複数の労働契約書を作成する場合には、同じ言語を統一して使わなければならない。

　民法に定める労働契約において、契約当事者である使用者と労働者の権利

14　タイプラスワンの法務（藪本雄登）のウェブサイト「ラオスの公証制度」参照。
　（https://ameblo.jp/y-yabumoto/entry-12193170231.html）

義務の内容を以下のように定めている（民法457条、458条）。

- ・使用者の権利として、労働者の能力をテストすること、労働者に労務提供を請求すること、労働契約を解約できること、関係する法律に定められたその他の権利を行使すること、
- ・使用者の義務として、給与、賃金を支払い、福利厚生を提供すること、
- ・労働安全を確保すること、
- ・関係する法律が定める義務を履行すること、
- ・労働者の権利として、給与、賃金を請求し、福利厚生を受け取ること、
- ・労働安全や健康管理を享受し、それらについての苦情を申し立てる権利を有すること、
- ・労働契約を解約して退職すること、
- ・関係する法律が定める権利を行使する権利を有すること、
- ・労働者の義務として、労務を提供する義務を負うこと、
- ・誠実義務を負うこと、関係する法律に定める義務を負うこと

　使用者の権利義務、労働者の権利義務に定めている関係する法律に定める権利や義務のうち、最も重要なのは労働法に定められている権利義務である。

　労働契約には以下の事項を定めなければならない（78条）。

- ・使用者と労働者の氏名
- ・労働者の仕事、権利と義務、責任および専門性の範囲
- ・労働者の給料または賃金
- ・労働契約の期間、契約の開始日および終了日
- ・使用者と労働者の現住所
- ・給料および賃金の支払方法
- ・試用期間
- ・福利厚生制度
- ・労働日、週休日、休日
- ・労働契約終了時に労働者の受け取る給料や追加の報酬
- ・その他の労使双方で法律上必要と認める事項

　以上の項目の中には、労働法によって規制を加えられているものも含まれ

ており解釈上の論点となっているものもある。

(a) 試用期間

　使用者は、労働者が業務を遂行するに足る能力を持っているかどうかを評価するために、試用期間を設けることができる。未熟練労働者の試用期間は30日を超えることはできない。熟練労働者の試用期間は60日を超えることができない（79条2項）。試用期間中は、止むを得ない理由があれば10日間までは欠勤することができる。その期間は試用期間に含まれない。試用期間終了日の少なくとも7日前に本採用するかどうかの通知を書面でしなければならない。試用期間中の賃金は本採用後の賃金の90％を下回ってはならないとされている（79条5項）。

　試用期間中であっても、未熟練労働者の場合には3日、熟練労働者の場合には5日の予告期間を設ければ、使用者は労働契約を解約することができる。試用期間中の労働者も、この使用者のもとで働くことが望ましくないと判断した場合、上記の予告期間を遵守すれば、労働契約を解約、つまり退職することができる。

(b) 契約の期間

　期間の定めのある労働契約の場合、両当事者が更新を希望するときは、15日前に相手に予告し、60日以内に書面の労働契約書を作成して延長の手続を行わなければならない（94条）。手続が行われない場合、労働契約は期間の定めのない契約となる。労働契約の期間は3年を超えることができない。3年を超える場合は、期間の定めのない労働契約に転換される（76条2項）。

(c) 就業規則

　使用者は、事業所の内部規則として労働者の保護に関する就業規則を制定することが義務づけられている。

　就業規則は、使用者と労働組合、労働者代表または事業所の労働者の過半数との協議を経て、さらに労働管理局の承認を得る必要がある（63条2項）。就業規則はラオス語で作成され、外国人がいる場合には、その母国語で翻訳

されなければならない(63条5項)。就業規則は労働者に周知する必要があり、掲示板や特定の場所に掲示、印刷して配布しなければならない(65条)。

　ラオス語以外の少数民族言語での作成については、労働法上の明文の規定はないが、周知の必要性から少数民族言語での作成が必要となる場合があろう。非識字者への配慮を求める規定は労働法上にはない。

　就業規則に定めるべき内容は以下である(64条)。
・事業所の開始および終業時間、事業所の所在地、業務の内容
・休憩時間、食事時間
・週休日
・病気休暇およびその他の必要な休暇の日数
・装具や道具、保護器具の使用法を含む職場の労働安全対策、業務上疾病を予防するための規制や安全衛生基準
・労働紛争解決の手続、懲戒処分の手続
・労働者への福利厚生および遵守すべき義務

　就業規則を普及させるために労働・社会福祉省は「モデル就業規則」を作成している。それに基づいて作成されれば、労働管理局の承認を得やすくなる。

(2) 最低賃金制度

　最低賃金の定義は2015年2月9日に公布された「ラオスの労働者の最低賃金の改正に関するガイドライン」(No.808/LSW)で、「最大月26日、週6日、1日8時間以下の労働における金額とし、時間外手当、一時金、奨励金、食事補助、住宅補助、通勤補助、その他の補助などの福利厚生分を除く基礎給与とする」と明記された。したがって、諸手当は含まないため、最低賃金は基本給だけを規制することになっている。ラオスの最低賃金は全国一律であり、月額単位で決められている。首都であるビエンチャンと地方との生活水準の格差は大きいが、地域によって差をつける最低賃金は設定していない。労働・社会福祉省、ラオス労働連盟、ラオス全国商工会議所の三者による審議会(国家労働委員会)での話し合いで最低賃金の引き上げ額が首相府に提出され、首相が最終的に決定する仕組みになっている。

　ラオスの最低賃金の歴史をみてみよう。ラオスで最初の最低賃金が施行されたのは1991年である。月26,000キープで当時のレートでUSドルに換算すると26USドルである。ラオスは1975年12月ラオス人民民主共和国として成立して以降、社会主義経済体制の構築を目指してきたが、その直後から工業や農業生産が停滞し、1979年から市場経済原理を導入し始めた。1986年11月のラオス人民革命党第4回大会で、チンタナカーン・マイ（新思考）が提起されて、市場経済が本格的に導入された。隣国ベトナムのドイモイ政策に追随した改革である。

　1991年に最低賃金制度が導入されたが、経済は順調に推移して、1997年に36,400キープ（36USドル）に増額された。この年にはラオスはASEANに加盟できたが、同年7月アジア通貨危機が発生し経済が落ち込んだ。しかし、ラオスには農業従事者が多く、現金に依存する割合が低く、自給自足生活がなされ、貧しくとも飢えない環境にあったため、都市部を除き小さな落ち込みですんだ。2000年以降経済が回復し、2000年には最低賃金を93,600キープに上げた。しかし、USドル換算では12USドルに低下した。これは通貨がUSドルとの関係で大幅に下落したためである（アジア通貨危機の前には、1USドルが約1,000キープであったが、1998年には約3,000キープ、1999年には約8,000キープまで下がった。2018年には約8,260キープになっている）。2005年以降年間7～8％を超える経済成長率を受け、2005年に最低賃金を29万キープ（36USドル）と一気に3倍に上げた。2009年に34万8,000キープ（78USドル）、2015年4月に90万キープ（110USドル）に上げた（図表4-1参照）。

　次いで8回目になる最低賃金の改定が2017年7月から議論され始めた。2015年4月からは、7回目の改定によって、最低賃金は90万キープとなっていたが、賃金実態調査を受けて、ラオス労働連盟は120万キープに上げることを主張していた。

　一方、ラオス全国商工会議所は100万キープを主張していた。使用者側は、組合側が主張する120万キープに引き上げることに反対した理由として次の4つの点を挙げている。①食料品や物価の値上げを招き、労働者の生活の向上につながらない。②最低賃金の上昇は中小企業の経営に大きな影響を与える。③生産性を向上させることが困難であり、場合によっては最低賃金を支

図表4-1　最低賃金引き上げの推移

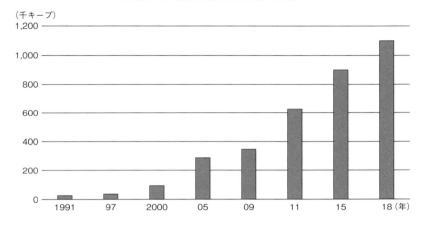

（千キープ）

払えないとして人員整理を行い、失業者が増加する可能性がある。④最低賃金の上昇によって外国資本がラオスへの投資を控えたり、他のASEAN諸国に流れていく可能性があることである。さらに最低賃金を施行する場合に、一定の準備期間を設けて欲しいという要望を述べていた[15]。

　労働・社会福祉省は、労使の主張の間をとって110万キープ（129USドル）を提示し、この段階で110万キープ前後になるというのが大凡の見方となっていた。2018年4月の下旬になって、5月1日から最賃が110万キープに引き上げられることが首相によって決定された[16]。従来の最賃額と比べると22%の引き上げ率だが、USドルでASEAN諸国と比較すると、ミャンマーに次いで低い額である。

　業務の内容によっては最賃額の上乗せが義務づけられている。労働環境の厳しい業務、健康にリスクのある業務や困難な業務に従事する場合、例えば

15　"Minimum wage hike may hurt everyone: official," *Vientiane Times*, February 2, 2018, p. 8.

16　Somsack Pongkhao, 2018, "Govt approves minimum wage increase", *Vientiane Times*, April 24, 2018.
　（https://laotiantimes.com/2018/04/24/laos-government-approves-minimum-wage-increase/）

有害物や化学物質を扱う業務、放射線や感染症にさらされる業務、ガスや煙を吸い込む業務、地下や水中、高所での業務、非常な高温や低温での業務、恒常的に振動する道具を使う業務、へき地での業務、宿泊や飲食が困難な場所での業務などの場合には、最低賃金に15％を上乗せした額を支払うことが義務づけられている（108条）。

　日給、時間給、出来高給、成功報酬によって支払われる場合であっても、1カ月の給与は最低賃金額を下回ることはできない。

(3) 賃金に関する法律上の規制
(a) 時間外労働手当

　労働日の午後5時から午後10時までの間で働く時間外労働の場合には150％、午後10時から午前6時までの間で働く時間外労働には200％の割増を払う義務がある。基礎となる1時間の単価は、月26日分の給与を計上して、計算することになっている（114条）。労働日数は月によって異なるが、月の給与を26日働いたとみなして計算することになる。これは計算が簡易になるが、労働者に有利になる月と不利になる月が生じることを意味する。とはいえ、割増率が日本より高く、有利と不利が相殺されるので、妥当な解決方法と考えられている[17]。

　ところが、ラオス全国商工会議所の解釈では、週休2日制を採用している場合は、月22日勤務したことになり、労働契約なり就業規則にその旨を明記していれば、時間外手当を算定する基礎となる1時間の単価は、月22日で計算することを認めている[18]。これは法律には書いてない方法であるが、法律は週休1日制を前提としており、週休2日制の場合は法律が想定してないケースのため、月22日で計算するという解釈をとっても違法ではないという解釈を全国商工会議所は採用している。たしかに、週休2日制の場合に、月26日を基礎に時間外手当算定の1時間当たりの単価を計算すると労働者は

17　2018年2月および2018年9月に実施した現地調査における労働・社会福祉省での聞き取り調査に基づく。
18　Lao National Chamber of Commerce and Industry（LNCCI）ed., 2016, *Guide to the 2013 Labour Law for LNCCI's members*, p. 35.

不利になる。時間外手当は基本給の2倍や3倍になるので、不利益の程度が
より大きくなってしまう。このような問題が起きないように計算方法を改め
る必要がある。日本のように最低賃金額を時間給で表示する方法や、計算が
煩雑になるが、それぞれの月毎に1時間当たりに単価を計算していく方法を
採用することが考えられる。

　週休日や公休日の勤務の場合には、午前6時から午後4時までの勤務には
250％、午後4時から午後10時までの勤務には300％、午後6時から午前6時
までの勤務には350％の割増率になっている（115条）。

　管理職になっても、使用者の管理のもとで働いているかぎり、時間外手当
の支払いを受けることができる[19]。労働法3条の定義によれば、「労働者」とは、
「法令や労働契約によって、給料、賃金または労働の対価を得ることにより、
使用者の管理および庇護のもとで業務を行う者」とされている。

　この残業割増率の遵守については、遵守しているという説とそうでない説
が存在する。前者についてはFair Wear Foundation ed.(2007)が、外資系企
業は100％が遵守、合弁企業は83.3％が遵守、ラオス地元企業は80％が遵守
していると指摘している[20]。後者についてはThe World Bank ed.(2012)が
指摘しているように、労働法が定める残業割増率は実際にはいかなる場合で
も遵守されているとは限らない。このように残業割増率が労働法に定める率
より低い率で支払われることもあり、徹夜で夜勤した場合でも翌朝出勤して
働かない場合には懲戒処分を受けるケースもあると指摘されている。割増率
が低い企業では従業員が退職して別の企業に移動していくかどうかを判断す
るポイントになっているという[21]。

19　弁護士法人One Asia編／藪本雄登編著（2017）『ラオス進出・展開・撤退の実務』同文館
　　出版、96ページ参照。

20　Fair Wear Foundation ed., 2007, *Background Study on Laos-Basic Information on
　　Labour Conditions and Social Auditing in the Lao Garment Industry*, p. 27.
　　(http://www.fairwear.nl/ul/cums/fck-uploaded/documents/countrystudies/othercountries/
　　Laos/countrystudieslaos200.pdf)
　　このウェブサイト参照の最終閲覧日は2019年6月12日である。

21　World Bank ed., 2012, *Lao PDR, Labour Standards and productivity in the garments
　　export sector-A survey of managers and workers*, p. 29.

(b) 夜間勤務や夜間交代勤務手当

通常の勤務が午後10時から翌日の午前6時に及んでいる場合、通常の勤務時間帯の時給の15%の割増率を支払わなければならない(116条)。

(c) ボーナス

ボーナスについての労働法上の定めはないが、労使が合意して就業規則にボーナスの支払いについての規定を設けた場合、ボーナスの支払い義務が生じる。1カ月分のボーナスが年末に支払われる場合がある。13カ月目の給与という位置づけである。これはベトナムでもみられる慣行である。

(d) 賃金支払いの原則

賃金は月に最低1回定められた日に支払われなければならない。手当やボーナスやその他の給付の場合には、労働単位(企業)が定める規則によって支払われる。出来高払いの場合には、2カ月に1回以上支払われなければならない(110条)。

賃金は通貨または現物で支払うことができる。現物で支給する場合には、適切な換算割合で計算された額が表示されなければならない(109条1項、3項)。

賃金の支払いにおいて、使用者は賃金台帳に記入し、労働者の受領の署名を得なければならない(109条2項)。

労働者の出産、死産、流産、疾病、事故によって、期日前に賃金の支払いを求める場合、つまり賃金の前払いを請求した場合、使用者はそれが適切であるかどうかを判断して、適切と判断すれば、それに応じることができる。ただし、前払い分を賃金から控除する場合、1回分の支払い賃金額の2割を超えてはならない(110条)。

(http://documents.worldbank.org/curated/en/695111468045568160/Lao-PDR-Labor-standards-and-productivity-in-the-garments-export-sector-a-survey-of-managers-and-workers)

(e) 休業手当

　使用者の過失によって操業できない場合、または自然災害や停電によって操業ができない場合、賃金の少なくとも50％の休業手当を労働者に支払わなければならない(111条)。

　自然災害は不可抗力によって発生する場合が多く、使用者の責めに帰すべき事由ではないが、使用者に休業手当の支払いを義務づけている。停電の場合は2通りがある。企業の業績が悪く電気料を支払えないために停電になる場合と、そもそも電力不足で停電になる場合である。前者は企業の業績悪化は使用者の責めに帰すべき事由と考えられるが、後者は使用者の責めに帰すべき事由ではない。しかし、どちらの場合も、使用者に休業手当の支払い義務を課している。休業によって労働者が労務提供できなくなるが、せめて50％の休業手当の支払いによって、労働者の生活の安定を図ろうとする意図が読み取れる。

(f) 賃金の優先債権

　事業所が解散や倒産した場合、労働者の賃金は他の債権者の債権より優先して支払いを受ける権利を有する(112条)。

(g) 賃金からの控除

　労働者の責任によって損害が発生した場合、その賠償額を賃金から控除することができる。ただし、その20％を超えることはできない(113条)。

　賃金から所得税、労働基金[22]、社会保障基金への掛け金を控除することが認められている。

22　労働基金は労働法136条から138条に定められており、労働者の技能向上や、外国で働くラオス人労働者やラオスで働く外国人の支援のために設けられた基金である。労働者の給与の1％、使用者は労働者に支給する給与総額の1％、外国で就労する労働者の給与の5％、ラオスで就労する外国人の給与の5％、法人や国際機関からの寄付が財源となっている。

(4)　労働時間制度

(a)　所定労働時間

　所定労働時間は1日8時間、1週間48時間で、週6日制である(51条1項)。例外として以下の業務に従事し、許可を受ければ1日6時間、週36時間を所定労働時間とすることができる(51条5項)。

- ・放射能や感染症にさらされる業務
- ・健康に有害なガスや煙を吸引する業務
- ・爆発物のような危険な化学物質を扱う業務
- ・坑内や地下での業務、水中や高所での業務
- ・非常な高温や低温での業務
- ・常時振動する機械を扱う業務

　さらに、これ以外に特殊な労働時間制を定めることができる。管理が困難で危険性の高い業務の場合には、所定労働時間をさらに短縮することができる。その場合には、労働単位(企業)は三者機関(労働・社会福祉省、県および首都ビエンチャン市の労働社会福祉局、県および市の労働社会福祉課を指す)と協議し、労働管理局の許可を取得する必要がある(51条4項)。

　労働時間の中に算定しなければならない時間として、以下の時間が挙げられている(52条)。

- ・始業直後および終了直前における技術的な準備時間
- ・交代勤務を行うために、シフト間で取得される15分を超えない休憩時間
- ・交代勤務者が取得する45分の食事時間

(b)　深夜勤務

　午後10時から午前6時までの勤務を、夜間勤務としている。医師の診断書によって健康上の問題があって深夜勤務ができない場合は、臨時に他の適切な業務に配置転換させなければならない(61条)。その場合、91条2項によって賃金が高い業務に配転させた場合はその高い賃金を支払わなければならない。逆に賃金が低い業務に配転させた場合には、従前の賃金を支払わなければならない。

(c)　交代勤務

　生産やサービス提供の必要性から、活動を停止すると事業に損害が発生する場合には、交代勤務が可能となっている。1交代当たり8時間または6時間を超えてはならない。危険有害な業務の場合に6時間に制限される。午後10時から午前6時までの深夜勤務に従事する場合、最低11時間のインターバルを置かなければ次の交代勤務ができない(62条)。

　深夜に交代勤務を所定の労働時間として働く場合には、通常の賃金の少なくとも15%増の賃金が支払われる。

　以上のほかに、特別な業種や経済部門で必要な場合には、労働単位は三者機関と協議して、さらに労働管理局の許可を得れば、特別な労働時間による交代勤務を導入することができる(51条)。

(d)　時間外労働

　時間外労働が可能になるためには、使用者が事前に労働者にその必要性を説明して合意を得るほかに、労働組合または従業員代表の事前の合意がなければならない。この合意が具体的に時間外労働が必要になる毎に合意を取り付けなければならないのか、事前に包括的に時間外労働の合意を取り付けておけばいいのかという問題がある。解釈としては前者が採用されているように思われる。

　大規模な災害や緊急事態を除き、時間外労働は1カ月45時間、1日3時間を超えることはできない。連続4日以上の時間外労働を禁止している。1カ月45時間を超える場合は、労働管理局の許可が必要となる(53条)。

(e)　休憩時間

　労働者は60分の昼食時間を取ることができる(51条3項)。それ以外に使用者は労働者が2時間働いた後、5分から10分間の休憩ができるように、適切に労働時間を配分しなければならない。この規定に基づき、事業運営上の必要のために連続して労働しなければならない場合には、交代要員を配置しなければならない(52条2項)。

(f)　休日

週休日として、少なくとも週1日または1カ月4日の休日を認められている。日曜日以外の曜日が休日でも構わない(54条)。

公休日として、以下の公休日は有給で休むことができる(55条)。

建国記念日	12月2日
新正月	1月1日
国際女性の日	3月8日　（女性のみ）
ラオスの正月	4月中の3日休み
メーデー	5月1日
教師の日	10月7日(教師および学校経営者のみ休み)

　　　外国人労働者にはそれぞれの建国の日が1日休み

公休日が週休日にあたる場合には代休を取得することができる。サービス業、ホテル業、病院、旅行業のように、祝日に休業できない業種の場合には、代休を取得するか、割増賃金を受け取ることができる。

伝統的慣習による休日は、労使の合意によって休日とすることができる。例えば、オークパンサー(雨安居明け)、ビエンチャン・ボートレース、タートルアン祭がある。オークパンサーは、旧暦11月満月の日に、僧侶の安居期間が終わったことを祝う祭祀で、夜の境内でローソクを灯す。その翌日、ビエンチャンでは、村対抗のボートレースがメコン川で行われる。タートルアンは、ビエンチャンにある黄金の仏塔であり、仏舎利が納められているという。ラオスの人々にとってラオスの象徴である。旧暦12月の上弦の第13夜から15夜にかけて3日間お祭祀が行われる。この祭祀の1週間前からタートルアン広場で夜の祭祀が繰り広げられる。いろいろな屋台が立ち並ぶ[23]。

これらは宗教にかかわる祭祀であるが、ラオスでは社会主義国が成立した直後は、仏教を弾圧する政策を採用していた。だが、国民の反発にあって、宗教に寛容な政策に転換し、むしろ仏教を保護して国家としての安定を確保しようとしている。伝統的慣習に基づく休日を認めるのは、そのあらわれと言えよう。

23　菊池陽子・阿部健一編(2010)「コラム8　タートルアン祭」『ラオスを知るための60章』明石書店、252ページ参照。

（g）休暇

（ア）疾病休暇

　医師の診断書を添えて使用者に申請すれば疾病休暇を有給でとることができる。使用者に申請せずに休暇を取った場合は欠勤となる。

　月給制の場合には、疾病休暇は年間30日を超えることはできない（56条1項）。日給・時給・出来高払いの場合には、同じ使用者のもとで勤務日数が90日以上の場合にのみ、疾病休暇を取得することができる。

　業務上の疾病や負傷で休む場合は、疾病休暇は適用されない。

（イ）個人的事情による休暇

　家族の事情や個人的事情によって休暇を申請できる場合がある。その理由を証明できる書類を添付し、労働組合または従業員代表の合意を得た上で申請すれば、有給で少なくとも3日の休暇をとることができる（58条）。

・労働者の父母、配偶者、子どもが入院して看護する者がいない場合
・労働者の父母、配偶者、子どもが死亡した場合
・労働者が結婚する場合
・配偶者が出産あるいは流産してしまった場合
・災害によって甚大な被害を受けた場合

　1年間の間に、上記の事由で休暇をとる場合、それぞれの事由で3日の休暇を取得することができる。したがって、2つの事由が1年間に発生した場合、3プラス3で6日の休暇を取得することができる[24]とされている。

　「少なくとも3日以上の休暇」を取得できるという意味の解釈が問題になる。つまり、4日目以降も有給の休暇を取得できるかという問題である。労働・社会福祉省の見解では、4日目以降は、使用者がその可否を判断できるとしている[25]。しかし、条文の規定から文理解釈をすれば、3日以降有給の休暇を個人的理由で取得できるので、労働者は4日目以降も取得を申請すれば、付与すべきではないかと思われる。ただ、その解釈に従うと上限の歯止めがないことになる。これは規定の仕方に問題があり、改正が必要な条文である

24　LNCCI ed., 2016, *op. cit. supra* note 18, p. 16.
25　前掲注19、弁護士法人One Asia編／藪本雄登編著（2017）、102ページ。

と言える。この問題への対処として上限の歯止めをかけるため、労働・社会福祉省の立法的解釈が生まれたものと思われる。

　この条文の解釈をめぐり問題が起こりうる背景がある。普段は都市に住んでいる労働者の中には、山間部の農村に住む両親や親せきの元を冠婚葬祭のために訪れる場合、3日間で往復することが困難だという者が多くいる。ラオスの交通インフラは地域によっては整備されておらず、現実的に個人的な事情による休暇が3日では足りないためである。

　なお、この個人的事情による休暇は、年次有給休暇には含まれない。

（ウ）年次有給休暇

　1年勤務した労働者は15日間の有給休暇を取得する権利を有する。放射線や感染症にさらされる業務、有害なガスや煙を吸引する業務、化学物質を扱う業務、坑内や地下の業務、非常な高温や低温での業務、振動する機械を扱う業務などの健康を害する恐れのある業務の場合には、18日間の有給休暇を取得する権利を有する（57条1項）。

　有給休暇を取得する場合、事前に使用者と合意の上で休暇日を設定する。週休日、公休日、祝日、私用による休日は年次休暇に含めることはできない。使用者側の理由によって有給休暇を取得できなかった場合、使用者は未消化の年休日数分を100％で買い上げなければならない（57条4項）。

　労働者側の事情で、年次有給休暇の取得を申請しなかったために、未消化で残った場合どうするかについては規定がない。労働・社会福祉省の見解では、使用者と労働者の合意のもとで、どのように扱うかを規定することが望ましいとされている。就業規則の中で、どのように取り扱うかを規定することが望ましいとされている[26]。

　例えば、①1年のうちに消化できなかった休暇は繰り越せない、または②繰り越しを認める、または③未消化分は別途補償するという3つの案が考えられている[27]。

　②の繰り越しを認める規定には、いつまで繰り越しを認めるかという問題

26　前掲注19、弁護士法人One Asia編／藪本雄登編著（2017）、101ページ。

27　前掲注19、弁護士法人One Asia編／藪本雄登編著（2017）、101ページ。

がある。ラオス現行法では日本のような消滅時効の制度がない。裁判所に提訴できる期間を制限する提訴時効の制度がある。建物に関する契約は10年、その他の契約や損害賠償請求権は3年である。これを適用すれば3年間の繰り越しを認めることができる。

　③の別途補償するという制度も考えられうる。使用者の都合による未消化の場合と同様に、100％で買い上げるという制度を導入することはありえよう。

　このような問題が起きてくるのは、年次有給休暇を全労働者が100％消化しているわけではないからである。個人的な事情による休暇制度はあるが、それだけでは足りず、子どもや両親が病気になって看護が必要な場合もありうるので、年次有給休暇を残しておこうとする傾向がラオスでも見られるからである[28]。

(5)　女性および年少者

　職場における男女平等の取り扱いについて定めると同時に、女性の生殖機能の保護について規定を設けている(96条)。

　妊娠中または1歳未満の幼児を育てている女性に一定の業務に従事することを禁止している(97条)。例えば、店内の高さ2メートル以上での業務、10キログラム以上の重さの取り扱い、深夜および休日業務、連続して2時間以上の立ち仕事、その他危険業務が挙げられている。これらの業務に従事している上記の女性を、賃金を変更することなく臨時に他の業務に移動させなければならない。

(a)　出産休暇

　産前産後合わせて105日以上の休暇を取ることができる。そのうち産後は42日以上取らなければならない。双子の場合には120日以上の休暇を取らなければならない。流産や死産の場合でも有給の休暇をとる権利を有する(98条)。

　出産後、体力の回復のために上記の出産休暇の日数を超えて休暇を取得した場合、社会保障上に決められた給付金を受ける権利を有する。

28　2018年2月および9月に実施した現地調査における日系企業での聞き取り調査の結果に基づく。

(b) 育児時間

　出産後1年以内の女性労働者は、1日1時間の授乳時間、子どもの予防接種のための休暇をとることができる(98条3項)。育児休業制度は取り入れられていない。

(c) 女性に対して禁止される行為

　採用手続き中に妊娠の検査をすること、婚姻や妊娠中の女性に差別的な勤務条件を設定すること、婚姻や妊娠を理由に解雇することが禁止されている(100条)。使用者団体によると、女性の採用を嫌って、従業員を募集する際に、男性のみを募集するという書き方は直接差別の事例とされている[29]。

(d) 年少者の採用

　12歳以上14歳未満の者を軽易な業務に採用できる。14歳以上18歳未満の者を採用することはできるが、残業は禁止されている(101条)。年少者の勤務記録を作成しておかなければならず、労働管理局に提出しなければならない(103条)。

(e) 年少者に対して禁止される業務

　危険な業務、精神的身体的に健康に有害な業務、強制労働、債務労働、人身売買、買春やポルノ、覚せい剤や中毒性物質を売買、生産、運搬の業務が禁止されている(102条)。

　なお、女性と子どもについての特別法が制定されている。2004年女性の発展と地位向上法と2007年子どもの権利および利益擁護法である。これらは後述する[30]。

(6) 外国人の雇用

　ラオスにおける外国人の雇用は労働・社会福祉省の許可によって割り当てられる。この割り当ては技能開発就労あっせん局の調査を受けて大臣によっ

29　LNCCI ed., 2016, *op. cit. supra* note 18, p. 10.
30　本章第4節(5)「子どもをめぐる問題」124ページ参照。

て許可される。ラオス人の雇用を優先することが原則であるが、肉体労働者の場合には全労働者の15％、頭脳労働者の場合は全労働者の25％を限度に外国人の雇用が認められる(68条)。政府による5年以下の大規模事業または重点事業を行う場合には、政府と事業主との契約に従って実施するので、この割合にこだわらなくてよい。ASEAN諸国の域内を移動可能な職種の労働者の場合には、ASEAN内の協定に基づいて決められる。

外国人は年齢が20歳以上、適切な技術と専門レベルを有すること、犯罪歴がなく、健康であることが求められている(43条)。雇用期間は12カ月以下の期間であるが、延長も可能でであり、最大5年までである。経営者や専門家は別途考慮される(45条)。

許可を得た企業は、許可を得た日から1カ月以内に労働管理局から労働許可証を取得する。労働者ビザを取得すれば、労働契約の定めに従って、労働管理局から労働許可証が発行される(44条)。ただ試用期間、季節的労働および臨時的労働の場合には、労働許可証の期間は3カ月を超えてはならない(44条3項)。

外国人はラオス人労働者と同等の取り扱いを受ける権利を有する(69条1項)が、ラオスの法令や伝統的慣習を遵守し、ラオス労働者に技術移転を図る義務、納税の義務、期間終了後ラオスから退去する義務を負う(69条2項)。

外国人を受け入れる企業は、外国人にラオスの伝統尊重を助言し、ラオス人労働者の育成計画書を労働管理局に提出し、外国人の労働契約終了後労働許可証を労働管理局に返納しなければならない(70条)。

(7) 労働契約の終了
(a) 期間の定めのない労働契約の場合

一方当事者(労使とも)は期間の定めのない労働契約を解約できる(80条)。この場合、予告期間として頭脳労働の場合45日、肉体労働の場合30日が求められている。この解雇の予告期間中に、労働者が1週間のうち1日を有給で再就職先を探すことを使用者は認めなければならない。その間に事故や負傷を負った場合、回復に要する時間は予告期間として換算されない(85条)。

以下の解雇理由にあたる場合に、使用者側は労働契約を解約できる(82条)。

　1つは、労働者が専門的技能を有しない、または健康診断書があっても健康な状態にない、または能力と健康に合ったより適切な別の仕事に従事することが認められた後に、労働者がその別の仕事で働くことができない場合。

　もう1つの場合は、労働単位内で仕事を改善するために労働者の数を減らすことが必要と使用者が判断し、労働組合や従業員代表、過半数以上の従業員と協議した上で労働監督官に報告といった手続を経た場合に、労働契約を解約できる。だがその場合、解雇予告や人員整理の理由を労働者に対して事前に説明しなければならない。整理解雇の場合に、労働組合が関与することが認められている。

　さらに、以上2つの理由以外に、労働契約、就業規則、労働者と使用者の合意によって定められる解雇理由に該当する場合、使用者側は労働契約を解約できる。

　労働者の責めに帰すべき事由で使用者が解雇する場合は、労働監督官の許可なく解雇することができる（86条）。その事由として以下が定められている。

1. 故意に使用者に損害を与えた場合
2. 使用者から警告を受けながらも、労働単位の就業規則、労働契約に違反した場合
3. 正当な理由なく、連続4日間以上仕事をしない場合
4. 労働単位に対して故意に行った行為で、裁判所から禁固刑を受けた場合、ただし、不注意な過失で行った場合はこのかぎりではない。
5. 他の労働者、特に女性の権利に違反し、警告を受けた場合

　しかし、以上の場合であっても、労働者は賃金を受ける権利を失わないとされている。つまり、労働契約の解約が効力を有するまで、賃金請求権を労働者が有するということである。

　87条では、解雇できない場合を例示している。

1. 妊娠や1歳以下の子どもを持っている女性
2. 治療中でリハビリを受け、診断書を持っている労働者
3. 労働単位の従業員代表や組合役員である労働者
4. 法廷手続中の者または裁判所の決定を待っている労働者
5. 負傷して治療を受け、診断書を持っている労働者または自然災害の被

害を受けた労働者
6. 年休や使用者の許可を受けて休暇を取得している労働者
7. 使用者の要請によって別の場所で仕事する労働者
8. 使用者に苦情を申し立て、または訴訟提起をしている労働者または労働単位内で、労働法や労働紛争に関して政府職員に協力する労働者

使用者が以上のケースで解雇する場合には、労働監督官の許可が必要になる。以下の場合には解雇が不当と判断される（88条）。
1. 正当な理由のない労働契約の解約
2. 直接または間接に権限を濫用して労働契約を使用者が解約する場合、または労働者の基本的権利が侵害されて、仕事ができない状態に追い込まれる場合
3. 労働者または従業員代表から事前に抗議を受けた後に労働契約を使用者が解約する場合、あるいは、問題を処理せず、変更も行わないまま労働者を辞職に追い込む場合

89条では、不当な解約の法的効果を定めている。
1. 労働者は以前の地位への復職、またはその他の適切な仕事に配置することを求める権利を有する。
2. 使用者が労働者を復職させず、または労働者が仕事を中止した場合、使用者は労働契約や法に従って補償金やその他の給付を支払わなければならない。

90条では、補償金の額について定めている。解雇された月に直近の月の給与の10%に仕事を行った月数をかけた額である。88条に基づき不当な解約の場合には、解雇された月に直近の月額の給与の15%に月数をかけた額である。本法に定められていない理由で労働契約を解約する場合、使用者は労働契約、労働単位の就業規則、労働協約に従って補償金が支払われなければならない。この補償金は失業中の生活費の一部になる。

93条では、労働契約が終了する場合を定めている。
1. 労働契約が完全に実施された場合
2. 期間の定めのある労働契約で、期間が満了した場合
3. 両当事者が解約に合意した場合

4.　使用者または労働者が死亡した場合
5.　労働者が使用者に事前に知らせることなく、裁判所から禁固刑の判決
　　を得た場合

　労働者の死亡による解約の場合、使用者は、90条に基づき計算される補
償金額の50％を支払わなければならない(93条2項)。本人は死亡しているの
で、その遺族に支払われることになる。それは労働者本人への退職金であり、
遺族の生活費になる。

(b)　期間の定めのある労働契約の場合

　期間の定めのある労働契約の場合、両当事者の合意または一方当事者が契
約違反をした場合に、取り消すことができる。違反者は、契約違反によって
生じる損害賠償責任を負う。使用者が違反した場合、使用者は残りの契約期
間の給与や手当を労働者に支払う義務が生じると同時に、損害賠償責任も生
じることになる。

　93条1項2号によって、期間の定めのある労働契約で、期間満了すれば労
働契約を解約できる。

(c)　労働契約終了後の扱い

　契約終了後7日以内に申し出があれば、使用者は雇用証明書を発行しなけ
ればならない。証明書には、勤務開始日、終了日、仕事の地位の記載がなけ
ればならない。労働者は賃金や勤務評価の証明を求めることができる(95条)。

(d)　労働者側からの退職

　以下の場合に、労働者側から労働契約を解約、つまり退職できる。使用者
の解雇の場合と同様な予告期間が必要である(83条)。①労働者が治療を受け
たにもかかわらず健康状態が回復しない場合、健康診断書があって、使用者
が当該労働者を新しい地位に異動したが、それでも労働者が働くことができ
ない場合、②労働者が労働契約に基づき、複数回使用者に抗議しても、解決
されない場合、③労働者が仕事のできない理由として職場の異動が挙げられ、
それを労働組合、従業員代表および(当該事業所が所在する村の)村長が書面で

証明する場合、④使用者の脅迫、嫌がらせ、セクハラがあり、使用者がそれに善処しない場合、である。

(e) 軍隊勤務の場合の取り扱い

　労働者が国の任務(軍隊)に就く場合には、労働契約は停止または延期される(81条)。その期間は1年を超えないが、賃金や手当は支払われない。国の任務期間が終わったならば停止または延期以前に就いていたのと同じ地位に労働者を受け入れなければならない。それができない場合は、使用者は損害賠償を支払う義務が生じる。労働者が仕事に復帰することや以前に就いていたのとは違う新しい仕事に就くことを拒否する場合には、損害賠償を請求する権利はない。

(f) 使用者が変更する場合の取り扱い

　事業の売却、譲渡、企業合併等によって使用者が変わる場合、旧使用者は労働者に対して事前通知を、頭脳労働の場合は45日前、肉体労働の場合は30日前にしなければならない(84条)。労働者の地位が引き継がれるかどうかは旧使用者と新使用者との話し合いの結果、合意された内容によって決まる。この予告期間中に、再就職先を探すために、労働者は1週間に1日の有給を取得する権利がある(85条)。

(8) 強制労働の禁止

　2013年労働法は明文で強制労働を禁止している(59条)。労働者の意思に反して、労働することを強制してはならない。ただし、国防や治安維持のために勤務する場合、裁判所の決定によって国家の関係機関の管理のもとで労働しなければならない場合、火災、自然災害、感染症等によって、国家の緊急事態が発生して労働しなければならない場合、労働者が居住あるいは所属している地方行政機関や団体の決定によって労働しなければならない場合は、例外として労働者の意思に反しても労働に従事しなければならない。

3　労働法違反の場合の罰則

　労働法に違反した場合、違反した個人、法人および組織に教育処分、注意処分、懲戒処分、罰金、業務停止、事業許可証の没収など、その違反の程度や内容に応じて罰則が科せられる。さらに民事上の損害賠償が義務づけられる場合もある（179条）。禁固刑がないことに特徴がある。その内容や手続が労働法ではなく、労働監督官の組織および業務について政令（No.4277/LSW, 2016年12月5日）によって定められている。

　軽微な違反行為であって、労働者の権利や利益に大きな影響を与えない場合には、労働監督官は情報を提供して、使用者や労働者に教育を行う。

　労働法に違反する行為があって、労働者の権利や利益に影響を与える場合には、労働監督官は文書で使用者に改善するよう指導し、指導に従わない場合の措置について通知する。改善されたか否かの結果を報告させ、改善されたという報告があった場合には、それを確認するために再調査を行う。

　重大な違反行為がある場合には、一時的に工場内の機械設備を停止する措置や労働者を一時的に休業させる措置を講じることができる。

　停止や休業の期限が過ぎても改善がなされない場合、労働監督官は、罰金を科す命令書を発することができる。日本のように裁判手続を経て罰金刑が確定する仕組みになっておらず、労働監督官の権限で罰金を命じることができる。この仕組みは労働監督官に腐敗が起きる可能性を否定できない。使用者からのわいろによって手心を加える可能性があるからである。罰金の金額については以下のように定められている。

　労働監督官が使用者に事前に通知していても、事業所への立ち入りを拒否する場合、1回につき150万キープの罰金となる。使用者が労働監督の妨害をしたり、賃金帳簿、労働者リスト、源泉徴収証明書などの書類の隠ぺいを行った場合、1回につき100万キープの罰金となる。労働契約を締結していない場合、労働者1人につき1回、5万キープの罰金となる。就業規則制定手続に不正があったり、有効期限が過ぎている場合、労働者100人以下の場合、1回につき100万キープ、労働者101人以上の場合、1回につき200万キープの罰金となる。社会保険に加入していない場合、1回につき150万キープの罰金である。改善命令、変更命令および業務停止命令、労災や業務上の疾病

の原因となる機械・設備の使用停止命令に違反する場合、1回につき100万キープの罰金となる。労働者の死亡が労働環境によるものと証明された場合、死者1人につき100万キープの罰金となる。労働管理局から認定を受けた安全および健康責任者が不在の場合、1回につき100万キープの罰金である。

　以下の場合の罰金は教育処分や改善命令の手続なく、即時に労働監督官が罰金を科すことができる。

　14歳以下の児童を危険な業務、学業に支障をきたす業務、指導的立場での業務に従事させた場合、1回につき100万キープの罰金となる。14歳以上18歳未満の年少者、妊産婦または12カ月以下の乳幼児を育児中の女性に時間外労働や禁止されている業務に従事させた場合、1回につき200万キープの罰金となる。労働法の規定以上の時間外労働をさせた場合、1回につき200万キープの罰金となる。最低賃金を下回る賃金しか支払っていない場合、1人1回につき200万キープの罰金となる。さらに、労働者に支払うべき賃金を支払うよう命じられる。労働管理局の許可なく外国人を雇用している場合、1人1回につき250万キープの罰金となる。外国人を就労許可書とは別の場所で就労させた場合、1人1回につき200万キープの罰金であり、外国人を許可された期間を超えて雇用した場合、1人の超過で1日につき5万キープの罰金となる。外国人がラオスに入国後、労働管理局に登録をしないまま雇用した場合、1人の超過で1日につき5万キープの罰金であり外国人を労働管理局の許可なく働かせた場合、使用者は1人1回につき100万キープの罰金となる。

● 4　国際的な動きとのかかわり

(1)　国際労働機関(ILO)とのかかわり

　ラオスがILOに加盟したのは1964年1月23日である。ビエンチャンにはILOの国別コーディネイターが配置されている。2019年10月現在批准しているILO条約は10である。しかし、そのうちの1つはILO総会で廃棄が決議されたので、実質的に有効な批准は9である。これはASEAN後発加盟国であるベトナム、カンボジア、ミャンマーより少ない。

　批准したILO条約は以下の通りである。

　・4号条約（女性の深夜勤務）　　　　　（1964年1月23日批准、ただし、2017
　　年ILO総会の決議によって廃棄された。）
　・6号条約（年少者の深夜勤務）　　　　（1964年1月23日批准）
　・13号条約（塗装における白鉛の使用）　（1964年1月23日批准）
　・29号条約（強制労働）　　　　　　　　（1964年1月23日批准）
　・100号条約（同一労働同一賃金）　　　　（2008年6月13日批准）
　・111号条約（差別禁止）　　　　　　　　（2008年6月13日批准）
　・139号条約（就労最低年齢）　　　　　　（2005年1月13批准）
　・144号条約（三者制の協議）　　　　　　（2010年10月29日批准）
　・171号条約（深夜勤務）　　　　　　　　（2014年6月4日批准）
　・182号条約（最悪な形態の児童労働）　　（2005年6月13日批准）

　ILO条約の中で基本的な条約とされている8つのILO条約のうち、5つは
批准している。社会主義国に共通にみられる特徴であるが、結社の自由を定
めるILO87号および98号条約を批准していない。社会主義国では労働組合
を選択する自由が認められていないからである。その一方で2016年現在
ILO81号条約（労働監督）の批准が予定されているいという[31]。この背景には、
オーストラリア、EU、ドイツ、アイルランド、アメリカ、世界銀行が財政
支援している多数国間の基金を活用してラオスの縫製産業の労働監督行政プ
ロジェクトが進んでいることが挙げられる。労働監督行政の整備が批准され
たILO条約を国内で実施する上での重要な条件である。

(2) 国連での国際権利条約
　ラオスが国連に加盟したのは1955年12月である。国際権利条約の批准状
況は以下の通りである。
　・あらゆる形態の人種差別の撤廃に関する条約　　　　　　　（1974年批准）
　・女性に対するあらゆる形態の差別の撤廃に関する条約　　　（1981年批准）

31　吾郷眞一（2016）「ラオスと国際労働基準」『ICD NEWS』（法務総合研究所国際協力部
　　報）、69号、2016年12月、85ページ。2020年1月段階でまだ批准されていない。
　　（http://www.moj.go.jp/content/001212531.pdf）

・子ども権利条約　　　　　　　　　　　　　　　　　　　（1990年批准）
・児童売買、児童買春および児童ポルノにかかわる児童の権利保護に関す
　る条約の議定書　　　　　　　　　　　　　　　　　　　（2006年批准）
・児童兵士にかかわる児童の権利保護に関する条約の議定書（2006年批准）
・経済的、社会的および文化的権利に関する国際規約　　　（2007年批准）
・市民的および政治的権利に関する国際規約　　　　　　　（2009年批准）
・障がい者の権利に関する条約　　　　　　　　　　　　　（2009年批准）
・拷問および残虐、非人道的、品性を傷つける扱いや刑罰に関する条約
　　　　　　　　　　　　　　　　　　　　　　　　　　　（2012年批准）

　国連人権理事会は、国連加盟国に4〜5年毎に普遍的定期審査を実施して
いるが、ラオスは2010年5月と2015年1月に審査を受けた（2020年1月に3回
目の審査を受ける予定）。その中で303件の勧告を受けたが、そのうちの101
件しか受諾しなかった[32]。

(3)　グローバル・コンパクト、SA8000、ISO26000

　国連グローバル・コンパクト事務局によると、グローバル・コンパクトに
署名をしたラオスの企業は現段階では存在しない。しかし、国際的NGOで
あるソーシャル・アカウンタビリティー・インターナショナル（Social Ac-
countability International）が認証を進めているSA8000には3社が加入してい
る。2社の社名は判明しているが、もう1社は不明である[33]。SA8000は労働
条件の遵守を促進する目的に定められた国際規格であるが、加入している上
記2社は外国からラオスに進出した縫製業の企業である。社会主義国の中国
やベトナムと比較してSA8000の認証を受ける企業の数が少ない。その理由
は、ラオスの地元企業では、企業の社会的責任についての認識が広がってい
ないからではないかと思われる。しかし、ラオスで設立されているヨーロッ

32　国連人権理事会（普遍的・定期的レビュー、UPR（Universal Periodical Review）ウェブ
　　サイト参照。
　　(http://www.upr-info.org/en/review/Laos-People%27s-Democratic-Republic)
33　MASCOT と Venture International (Laos) Co., Ltd.

パ商工会議所が企業の社会的責任についてのセミナーを開催しており、徐々に企業の社会的責任についての認識を普及する取り組みがなされている[34]。

　組織の社会的責任に関する国際規格ISO26000についてもラオスでは広く認識されるに至っていない。2008年に設立されたフェアトレード・ラオスは、フェアトレード国際基準、国連グローバル・コンパクト、ISO26000等の国際規格を遵守することを宣言している[35]。今後の活動が期待される。特に外国からの進出企業がラオスでCSR運動を促進することに対する期待が大きい。さらに、2009年10月開設されたラオス証券取引所に上場する企業は6社であるが、2017年の株式売買額が前年度の約3倍の約4,100万USドル（3,430億キープ）であり、取引株数は2.3倍の5,100万株である。投資は約半分が外国籍であった[36]。今後、ラオスでも社会的責任投資であるCSR投資やESG投資[37]が行われるようになるのかどうかは、今後の動向を注視する必要がある。

(4) ジェンダーをめぐる問題

　女性に対するあらゆる形態の差別に関する条約を批准した後、その実施状況の報告が女性差別撤廃委員会に提出され、2005年、2009年、2014年に審査を受けた。委員会からは条約の内容が遵守されていないことが指摘されてきた。例えば、農村部における女性の教育機会の欠如、妊産婦・乳幼児の死亡率の高さ、人身売買、少数民族女性のケシ栽培、焼き畑農業に代わる生活

34　Dutch-Lao seminar on Corporate Social Responsibility in Laos.
　（https://eccil.org/news/eccil-news/dutch-lao-seminar-on-corporate-social-responsi
　bility-csr-in-laos/）
35　Fair Trade Laos.
　（http://www.laosfairtrade.org/）
　このウェブサイト参照の最終閲覧日は2019年6月12日である。
36　NNA ASIA：アジアの経済ニュース・ビジネス情報「証取の売買額3倍、17年は4,100
　万ドル」参照。
　（https://www.nna.jp/news/show/1765823）
37　CRS投資は、社会的責任投資（SRI：Socially responsible investment）のことであり、
　企業の社会的責任（CSR：Corporate Social Responsibility）を考慮して行う投資のこと。
　ESG投資は、環境（Environment）、社会（Social）、ガバナンス（Governance）に配慮して
　いる企業を重視・選別して行う投資のこと。

手段の欠如等々が挙げられてきた。

　最初の審査を受ける前に1991年憲法を制定して、29条に女性の発展および進歩を奨励する政策を実施し、女性と子どもの権利および利益の保護に配慮するという規定が設けられた。同35条では、性別、社会的地位、教育水準、信仰および民族による差別を禁止すること、同37条では、ラオス市民は、性別にかかわらず、政治、経済、文化および社会、家族において、平等な権利を有することを定められた。

　先の委員会の指摘もあって、2004年「女性の発展と地位向上に関する法律」が制定された。この法律は女性が男性と同等の権利を政治、経済、文化、社会、家族関係において有することを定めており、それをより明確にするために、雇用、安全な環境での労働、社会保障の分野において女性が権利や利益を有することを定めている（同法19条）、また、妊娠中の女性や、1歳未満の子どもを有する場合、男性側からの離婚の申し出を禁止したり（同法20条）、離婚の場合、子どもの親権の優先権を女性に認めたり、妊娠中の女性に対する刑の執行の軽減を定めている（同法21条）。さらに、女性と子どもへの家庭内暴力と人身売買の被害からの救済が定められている（同法24条、25条）。

　この法律はラオス人民革命党を支える大衆団体としてのラオス女性同盟が、女性の発展と地位向上のための取り組みを行う役割と位置づけている。ラオス女性同盟の前身は1955年7月設立された「ラオス愛国婦人会」であるが、1975年のラオス人民民主共和国の成立とともに「ラオス女性同盟」が大衆団体の1つとして設立された。18歳以上のラオス人女性であれば、参加することができる。女性の地位向上を目指して活動し、全国規模でアクセスできる組織力を有している。2003年には、政府は女性政策の立案および実施機関として、女性の地位向上全国審議会（Lao National Commission for the Advancement of Women）が設置された。

　2014年には「女性および子どもに対する暴力をなくすための法律」（Law on Preventing and Combating Violence against Women and Children）が公布されている。ラオスで家庭内暴力についての最初の調査は、国連人口基金（UNFPA：United Nations Population Fund）と政府が国連女性機関や世界保健機構の支援を受けて2014年に行われた。約3,000名にインタビューした結果、3分の1

の女性が夫から身体的精神的暴力を受けていたという調査結果が明らかと
なった[38]。このような現状に対応するために、この法律では、女性および子
どもへの暴力をなくすための政府の対策と、現実に暴力を受けた女性と子ど
もを保護する対策が定められている。

　さらに、ラオス女性同盟は2019年11月、国会に「男女平等法案」を提出した。
2004年「女性の発展と地位向上に関する法律」よりも一層男女平等を目指す
ことを目的としている。2020年中には成立することが見込まれる。

　ラオスのラオ族は母系制が維持され、夫が妻の家に入る慣習（婿入り婚）があ
り、家の中では妻が家事の実権を握っている割合が高いが、外の公的分野で
は夫が儀式や行事に参加して、女性より優越的な地位を占める傾向にある[39]。

　この背景には上座仏教の教えがみられる。出家できるのは男性であり、女
性が功徳を積む方法の1つは、男子を生んで仏門に差し出すことである。そ
こで女性は家庭の中での働きや家庭を支えるための経済活動に重点を置くこ
とになり、男性は一歩家を出れば自由を謳歌できる仕組みが作られてきた。
この役割分業がなされた結果、女性は家庭の外の公的分野で男性より不利な
地位に置かれることになるため、法律でそれを是正しようとしている[40]。

　ラオスの少数民族の中には、モン族のように家父長制を維持している民族
もある。中国南部の山地からラオスの山地に移り住んできても、従来の家父
長制を維持し続けている。同じ姓を名乗る父系の男性親族とその家族から構
成され、家族内の問題は最も年長の男性が決定権を有する[41]。

　世界経済フォーラム（World Economic Forum）による2017年版のジェン
ダー格差指数を見てみると、ラオスは144カ国の中で64番である。2018年

38　United Nations Population Fund（UNFPA）ed., 2016, *Landmark Report: Violence
　　against women a 'hidden scourge' in Lao PDR.*
　　（http://asiapacific.unfpa.org/news/landmark-report-violence-against-women-'hidden-
　　scourge'-lao-pdr）
　　（http://la.one.un.org/189-landmark-report-violence-against-women-a-hidden-
　　scourge-in-lao-pdr）
39　風野寿美子（2007）『明日を紡ぐラオスの女性―暮らしの実態と変化のゆくえ』めこん、
　　81〜95ページ。
40　前掲注39、風野（2007）、68〜73ページ。
41　吉川太惠子（2013）『ディアスポラの民―モン』めこん、85ページ。

版では149カ国の中で26位に急激に上昇しており、日本より高いランクに位置づけられている。その中身を見てみると、政治分野への女性の参加度は89位で、男女の格差が大きい。これは国会議員、大臣の中の女性の割合が低い上に、国のトップに女性がついたことがないためである。つまり公的分野に男性が優位な地位にあることを示している。次に経済分野への女性の参加度を見てみると、驚くことに世界1位である。女性の管理職や専門職の占める割合は低いが、注目されるのは、労働力参加率は女性の方が高いことである（女性が81.2%、男性79.3%）。特に注目されるのは、女性の年齢別の労働力参加率を見ると、M字ではなく台形型になっており、女性の結婚、妊娠、子育ての時期に労働力参加率が下がらないことを示している[42]。さらに男女の賃金格差を見ると、女性は男性の85%であり、日本と比べても格差が小さいと言えよう。専門職や技術職の領域では女性の割合が男性より高く（女性50.4%、男性49.6%）、管理職の領域でも女性の割合が高い（女性59%、男性41%）。女性の労働参加率の高さと賃金格差の小ささが、女性の経済分野への参加における評価を世界1位に押し上げる要因になっていると思われる。これが現実を反映しているのか否か諸外国と比較して検討してみる必要があるかもしれない。

　教育の達成度は105位と低い位置にいるが、男性よりも女性の識字率が低い（男性99%、女性79.4%）という問題があり、教育制度の充実を図る必要性が極めて高い。健康分野でも98位と低い位置にある。これは平均寿命が低いことが大きく影響している（女性58.8歳、男性56.9歳）[43]。

　2020年版のジェンダー格差指数を見ると、153カ国中43位であり、アジアの中ではフィリピン（16位）に次いで2番目になっている。

　ラオスでは家庭内で女性が優位な地位を有している場合が多いが、ジェンダー格差指数で用いられている指標ではそれが反映されていない。それでも日本より高いランクにあるということは男女の格差が日本より小さいことを

42　Yves Bourdet, 1996, "Labour Market Adjustment under Transition in Laos," *Journal of Asian Economics*, Vol. 7, No. 4, pp. 651-675.

43　Global Gender Gap Index 2018は、原則として国際機関が公表した統計数値に基づいて指標を試算しており、平均余命に関しては原則として世界保健機関の2016年の数値を用いているため、若干古い数値になっている。

示している。

　しかし、一方、国連開発計画（UNDP）が2010年から発表しているジェンダー不平等指数（Gender Inequity Index, GII）によると、2015年段階で、日本は17位、ラオスは138位でジェンダー格差指数とは順位が逆転している。この理由として、使われている指標と計算方法が異なっていることが挙げられる。GIIでは3分野5つの指標が使われている。リプロダクティブ・ヘルス（妊産婦死亡率と若年出産率）、エンパワーメント（国会議員の女性割合と中等教育以上の修了率）、経済活動への参加（労働市場への参加率）のみに基づいて計算されており、ジェンダー格差指数の方が項目が多岐にわたっている。ラオスの順位がジェンダー平等指数で低いのは妊産婦死亡率と若年出生率が高いことと、中等教育以上の修了率が低いことが影響している。国会議員の女性割合はラオスが25％で、日本（11.6％）より高い上に、労働市場への参加率はラオスが77.7％であり、日本は49.1％でラオスの方が高い。男女間の格差そのものに着目すればジェンダー格差指数の方を利用するのが適切であるとされている[44]。

(5) 子どもをめぐる問題

　子どもに関する条約や議定書を批准しており、国内法の整備が求められていた。これを受けて「子どもの権利および利益擁護法」が2006年に成立した。この法律における子どもとは満18歳未満の者である。子どもが精神的肉体的に成長していくための基本法であるが、労働法上注目される点を指摘しておきたい。国、社会、両親や親権者の義務を明記し、子どもの健康と教育の向上について、以下のことが定められている。

　子どもに禁止される事項（同法48条）として、麻薬や酒の利用、ナイトクラブ、ホテル、レストランでの勤務、麻薬使用のためのホテル等の利用、ポルノグラフィへの出演、授業時間内外問わずゲーム、ギャンブルに携わること等が挙げられている。両親や親権者に対して責任をもってそれらを子どもに

44　北九州市立男女共同参画センター・ムーブのウェブサイト「国連開発計画が提唱する新しいジェンダー不平等指数（杉橋やよい）」参照。
　　（http://www.kitakyu-move.jp/wp-content/uploads/2013/10/230e81639fa71187bb1d3e781d75c423.pdf）

認めないことを求めている。罪を犯した年少者のための職業訓練センターを整備し、更生のために職業能力を習得させることを定めている。

　子どもをめぐる労働問題として児童労働に関する調査がラオスでは2010年に初めて実施された[45]。2017年に2回目の調査が実施されたが、まだ公表されていないので、2010年の調査結果をまとめておこう。

　2010年当時、5歳から17歳までの年齢層の人口が約176万7,000人であり、そのうち働いている子どもは26万5,500人で、全体の15％であった。そのうち男子は11万8,900人、女子が14万6,600人で、女子の方が多かった。ILO条約が禁止している13歳以下の児童で働いているのは7万5,231人、14歳から17歳までの者は11万9,394人であった。

　業種別に見ると労働に従事している子どもの9割は農業や林業さらに漁業に従事している。製造業には2.9％、商業には2.9％、建設業に1.1％、鉱山その他に2.9％が従事している。農業に従事する児童が多いのは、農業に従事する親の手助けとして働いている子どもが多いことを示している。

　26万5,500人の働いている子どもの中で、悲惨な労働条件のもとで搾取されて働かされている児童労働に分類できる子どもは、17万8,014人で、働いている子どもの67％である。この児童労働の中で、男子は8万1,646人、女子は9万6,368人となっており女子の方が多い。危険有害な業務に従事している子どもは13万137人で、働いている子どもの49％に相当する。

　この児童労働に分類される子どものうち、24.2％はまったく学校に通っておらず、71.5％は学校に通ったことがあるが、中退していた。就労する子どもの7割は週49時間以上働いており、43時間以上49時間未満働いていた子どもは12.9％もいるという結果であった。特に児童労働の中の1万2,000人は健康や身体の安全をおびやかす環境に働かされていた。重量物を扱う業務に6,000人ほどが従事していた。

　この実情を考慮して政府は、児童労働撲滅のための政策を打ち出している。第7次国家社会経済開発5カ年計画（2011-2015）の中で、児童労働撲滅計画の実施を定めている。ILOの児童労働撤廃国際計画（IPEC：International Pro-

---

45　International Labour Organization（ILO）and Lao Statistics Bureau ed., 2012, *Report on the National Child Labour Survey 2010 of Lao PDR*, August 2012.

gramme on the Elimination of Child Labour) と提携して実施する計画になっている。

(6) 人身売買をめぐる問題

　児童および女性をターゲットにした人身売買がラオスでもみられる。これはラオスから外国、特にタイに出稼ぎに行く際に、騙されて人身売買の犠牲者になっているケースが多いとされている[46]。さらに、ラオスの男性がタイで漁業や建設業に従事させられ強制的に働かされた事例に関する指摘もある。また中国や韓国に騙されて連れていかれて買春を強要される事例も報告されている。

　ラオス人がタイに出稼ぎに行く場合、多くが親戚や友人のネットワークを頼っている。しかし、そのネットワークを持たない場合、不法なブローカーに頼ってしまい、農村で教育を受ける機会がない若い女性や子どもが、その無知に付け込まれて被害を受けるケースが多いとされる。その背景には貧困がある。家族の生活を支えるために、ラオスの家族に送金する目的でタイに出稼ぎに行く者が多い。しかし、約束していた賃金が払われず、悲惨な労働条件、最悪の場合は買春を強要されるという被害が発生している[47]。

　国連児童基金(UNICEF)と労働・社会福祉省が2004年に実施した253名の犠牲者のインタビュー調査によると、35％が買春を強要され、32％が家事労働に従事、17％が工場勤務、12％が農作業、4％が漁業に従事していた[48]。

　小規模ではあるが、ベトナムや中国、ミャンマーの女性や子どもがラオス

46　United Nations Office on Drugs and Crime (UNODC) ed., 2017, *Trafficking in persons from Cambodia, Lao PDR and Myanmar to Thailand*, August 2017.
　　〈https://www.unodc.org/documents/southeastasiaandpacific/Publications/2017/Trafficking_in_persons_to_Thailand_report.pdf〉

47　World Vision ed., 2014, *The Vulnerability Report, Human Trafficking in the Greater Mekong Sub-region*, World Vision Australia 2014.
　　〈https://www.wvi.org/sites/default/files/WV%20Trafficking%20Report%20P1.pdf〉

48　Ministry of Labour and Social Welfare, Lao People's Democratic Republic: UNICEF ed., 2011, *Broken promises shattered dreams a profile of child trafficking in the Lao PDR*.

を中継して他の国（例えばタイ）に人身売買されるケースも報告されている[49]。

　人身売買撲滅の方針は第7次国家社会経済開発5カ年計画（2010-2015）や第8次国家社会経済開発5カ年計画（2016-2020）の中に提言されている。人身売買撲滅は公安省が主管し、そのもとに関係する省を含めた人身売買対策運営委員会が設置されている。委員会で対策作りのための審議が行われており、性的虐待をなくすための国内行動計画（2007-2011）が作成された。公安省内には刑法134条に基づいて人身売買防止局が設置されている。刑法134条によって刑罰が科せられた事例はあるが、警察の腐敗、司法機関の弱体のために訴追できず、もみ消された事例もあるとされている[50]。

　刑罰で取り締まったとしても、人身売買の犠牲者は救済されないのが実情である。2015年人身売買法が制定され、2016年1月28日から施行された。犠牲者に一時的なシェルター提供、法律相談、治療、教育や職業訓練の提供、経済的支援、社会的復帰を目指すことを明記している。実際の犠牲者を救済する機関としてラオス女性同盟がリハビリセンターを運営して医療、カウンセリング、職業訓練、職業紹介、シェルター等を提供している。ラオス青年同盟も協力し人身売買の被害を避けるための啓蒙活動を国際機関やNGOと提携して実施している[51]。その一例として、メコン川流域の6カ国によって国際組織（United Nations Action for Cooperation against Trafficking in Persons）が設立され人身売買撲滅のための国際協力を実施している。

　ラオスの人身売買対策についての評価をアメリカ国務省が実施しているが、第2ランクで監視対象国になっている。人身売買撲滅の努力はしているが、撲滅の最低基準を満たしていないという評価である[52]。

49　factsanddetails.comのウェブサイト参照（Human Rights and Human Trafficking in Laos, Jeffrey Hays, 2014）。
　　〈http://factsanddetails.com/southeast-asia/Laos/sub5_3d/entry-2980.html〉
50　Asian Development Bank, 2009, *Broken Lives: Trafficking in Human Beings in the Lao People's Democratic Republic*, December 2009, p. 21.
51　Zoe Meier, 2009, *A Critical Analysis of the Legal Framework for Human Trafficking in Laos PDR*, Village Focus International.
52　United States Department of State, *2017 Trafficking in Persons Report*.
　　〈https://www.state.gov/wp-content/uploads/2019/02/271339.pdf〉

(7) 障がい者をめぐる問題

　障がい者の権利を保護することは2003年憲法改正時に39条によって定められており、「ラオス国民は、労働し、法で禁止されていない職業に従事する権利を有する。労働者は、休息し、疾病時に医療処置を受け、就労不能、障がいを受けた場合、高齢その他法で定めるその他の場合には扶助を受ける権利を有する」と規定されている[53]。2006年改正労働法26条には、「労働単位（企業）は、障がい者をその能力や技能に応じて、優先的に雇用し、健常な労働者と同様に正規の賃金を受領できる適切なポストに配置しなければならない」と定められていた。ところが2013年労働法改正ではこれが削除されている。当時の実情では実施が困難との判断で削除された可能性がある。しかし、2013年労働法4条の国の労働政策の目標を定めた中では、「国家は、貧困者、機会に恵まれない者、身体障がい者、失業者および社会的に問題を抱えている者が、就労し、収入を得て、正当な扱いを受けることによって貧困状態から脱することができるように、これらの者の職業能力を開発させ、就職あっせんサービスを利用することができるよう配慮し、奨励する」と規定している。これを受けて、9条では、職業能力を開発する対象として、「機会に恵まれない者、貧困者、または身体障がい者」を挙げている。33条では、就労機会を形成する対象として、「自由な職業、在郷または在宅勤務、機会に恵まれない者、女性、身体障がい者および年長者の労働力の雇用を奨励する」と定め、身体障がい者の雇用促進を挙げている。しかし、2006年労働法改正26条のような具体的な規定は削除されている。

　2014年には2013年労働法の規定を実施するために、「障がい者の権利に関する政令」を公布した。この政令では、身体障がい者だけでなく、あらゆる原因で障がいを負う人々を対象としている。障がいを理由とするあらゆる差別を禁止し、健康の維持向上、リハビリテーション、教育、職業訓練の提供、就職の促進、情報・公共輸送や公共施設での配慮（バリアフリーの配慮）、社

53　法務省法務総合研究所国際協力部（2004）「改正ラオス人民民主共和国憲法（仮訳）」『ICD NEWS』（法務総合研究所国際協力部報）第13号（2004. 1）147〜154ページの日本語訳を参照。
　（http://www.moj.go.jp/content/000010380.pdf）

会福祉施設や介護の提供による生活保障を定めている。これらを実施するには多額の予算が不可欠であるが、ラオスは財政危機に陥っており、政府はILOやその他国際機関から金銭的支援を受けている。この政令に基づいて2018年12月国会で障がい者法が成立した。

　1997年の国勢調査によると、障がい者はおよそ4万人で、全人口の1％と推測されていた[54]。ところが、2015年実施の調査によると、障がい者の数が16万0,881人に増加している。調査が緻密に行われたためか、障がい者の定義が変わったためであろう[55]。この5歳以上の障がい者の調査によると、障がい者総数は16万0,881人で当時の人口581万0,245人の2.8％に相当する。そのうち男性が8万0,115人、女性が8万0,766人で、ほぼ男女同数である。障がいの種類で区別すると、視覚障がい者が7万8,175人、聴覚障がい者が7万1667人、歩行障がい者が7万5,506人、認知症6万9,743人、日常生活困難者6万3,665人、意思疎通困難者5万4,964人である。この数字は障がいの程度を重症、中程度、軽度、まったく障がいなしの4段階にわけて、重症、中程度、軽度の障がい者の合計数値である。人数が障がい者総数より多いのは重複する障がいを負う者を別々に計算しているためである。年齢で区分すると60歳以上が18.4％で最も高い割合になっている。地域で見ると、道路が整備されていない農村で割合が高くなっており（3.3％）、次に道路が整備されている農村（2.9％）、都市（2.5％）の順になっている。これは医療施設の整備されていない地域ほど障がい者の割合が高いことを示している。

　障がい者の介護は農村ほど家庭内で行われている。これは公的施設がないために家庭で面倒を見ざるを得ないという状況にあるからであろう。障がい者が自立して生活できることが目標とされているが、そのための訓練施設や予算が不十分であるため、外国のNGOが障がい者の職業訓練や就職のあっせんを世話するプロジェクトを実施している。

　例えば、「アジアの障害者活動を支援する会」は、ラオスの障がい者の就労

54　国際協力事業団企画・評価部（2002）『国別障害関連情報―ラオス人民民主共和国』4ページ。

55　Lao Statistics Bureau, 2015, *Results of Population and Housing Census 2015*, Lao Statistics Bureau, pp. 67-72.

ロールモデルの促進を目的として「ラオス障がい者就労支援事業」を実施している。美容やベーカリーの技術を習得して、小規模ビジネスとして起業することを支援している[56]。

　障がい者の健康を維持するために2001年衛生・疾病防止および健康増進法が制定された。同法32条では「高齢者と障がい者の健康ケア」というタイトルのもとに、家族、組織、社会に高齢者、障がい者や知的障がい者の健康に留意することを求めている。障がい者が適切な生活を送り、さらに社会活動に貢献できるようになることを求めている。

● 小括

　2013年労働法の規定を見ると、労働法の諸規定が労働者の保護を目指していることがわかる。使用者側から見れば規制が強化されている。特に解雇の規制が使用者に厳しくなっている上に、残業の割増率も高く改正されている。全国一律の最低賃金制度の設定において労働者の要求に近い額が設定されるところにもそれがうかがえる。

　労働者保護の法制度が実際に機能しているかを評価するためには、労働監督制度がどこまで機能しているのか、労働基準の規制が遵守されているのか検証が必要であろう。ラオスには民間企業が約10万社あるが、労働監督官は77名で、年間3,000件ぐらいしか監督していない[57]。現行制度の強い規制が今後、実効性のあるものになっていくのか、あるいは緩和される方向に動いていくのか、引き続き動向を追っていく必要がある。

　次章では集団的労働関係に関する制度と実態についてみていく。

56　障がい分野NGO連絡会（JANNET）ウェブサイト「会員／関連団体からの報告（ラオス障がい者就労支援事業（2011-2014）から見えてきたもの）（平成26年7月24日、アジアの障害者活動を支援する会 会長 八代富子）」。
　　（https://www.normanet.ne.jp/~jannet/kaiin_hashin/houkoku140729_ml132_01.html）
57　民事経済SGW第2回労働法ハンドブック普及会議、2018年6月22日議事録から。

●●● 第5章 ●●●

労使関係

ラオス労働連盟本部

はじめに

　本章では、ラオスの労使関係をめぐる法制やその実態を紹介する。ラオス
は社会主義国であることが労使関係を特徴づけている。特に労働組合の組織
構造や役割にそれが示されている。労働組合が組織されていない労働単位（事
業所）で、労働者の利益を代表するために従業員代表制が導入されている。
団体交渉によって締結される労働協約は労働・社会福祉省に登録することが
義務づけられている上に、団交が行き詰まった場合でも、ストライキやロッ
クアウトが禁止されていることもあって、労使紛争が起きにくい状況となっ
ている。これらは社会主義国体制維持のために政府が労使を統制する仕組み
を作り上げているためである。民主国家における労使関係とは異なっている
ことに注意が必要である。

1　労働組合

(1) 労働組合の歴史

　ラオスにおいて労働組合は大衆組織の1つに位置づけられている。1956年
にはラオス愛国戦線が組織され、その中に女性、青年、労働者等による大衆
組織がラオス人民党を支援するために結成された。1956年2月1日にラオス
労働連盟（ສະຫະພັນກຳມະບານລາວ、ラオス労働組合総連盟、Lao Federation of
Trade Unions）が大衆組織の1つとして設立された。

　ラオス労働連盟は、主たる産業が農業であり、実質的にまだ労働者が育っ
ていない段階で労働者を代表する組織として設立された。フアパン県（北部）
に正式に労働組合（現在であれば基礎労働組合に相当する組織であるが、当時は
そのような名称は使われていなかったと思われる）が結成されたのは1966年で、
組合員は35名であった。ラオス労働連盟はアメリカの支援を受けるラオス
王国政府が支配する地域で共産主義者の活動を支援し、ストライキや抗議行
動を1975年の革命時まで継続していた[1]。

　ラオス愛国戦線は1975年以降ラオス国家建設戦線と名称を変更し、それ

1　Fry, Simon and Mees, Bernard, 2016, "Industrial Relations in Asian socialist-transi-
tion economies: China, Vietnam and Laos," *Post-Communist Economies*, Vol. 28, No. 4,
p. 453.

を支援する大衆組織であるラオス労働連盟が唯一のナショナル・センターとして存在するという位置づけは、現在も継続されている。毎年2月1日はラオス労働組合設立の日として祝典が挙げられている（労働組合法50条、以下本章における条文番号は特に断りのない限り労働組合法である）。ラオス労働連盟が最初の大会を開催したのは1983年である。このとき組合員総数は約5万人であった。

　2007年12月25日に公布され、2008年2月1日から施行された労働組合法が労働組合の権利義務やその役割について定めている。この改正労働組合法が2017年11月15日国会で成立し、2018年3月12日に公布された。この労働組合法の法案を作成し、国会に提出したのはラオス労働連盟であって、労働・社会福祉省は担当していない。ラオスではラオス労働連盟に立法案を国会に提出する権限が与えられている。

(2)　労働組合の構造

　ラオスの労働組合は4層の構造になっている（11条）。ラオス労働連盟が全国レベルの組合、その下に県・首都ビエンチャン市レベルの組織、さらに、その下に郡・市レベルの組織、最末端に労働単位レベル＝事業所レベルの基礎労働組合が存在する（36条）。基礎労働組合は組合員数100人未満に限定されている（3条3号）。したがって労働単位において組合員数100人以上の組合は、基礎労働組合より上位の郡・市レベルの組合として位置づけられている（3条4号）。労働単位に10人以上の労働者が雇用されている場合は、組合の結成が義務づけられている（24条）。

　基礎労働組合は基本的に企業別組合であり、事業を開始してから6カ月たった企業では単位労働組合を設立することが義務づけられている（労働法166条）。既述の通り改正労働組合法では従業員規模が10人以上の企業では単位労働組合の設立または労働者代表の選出が義務づけられている。10人未満の場合には、複数の労働単位で基礎労働組合を組織することができる。さらに労働単位に属さないフリーランサーやサービス業従事者、農業、学生等で労働組合を結成することも認められている。

　後段で詳述するように労働組合がない場合に従業員代表が選任されるが、

従業員代表にも団体交渉する権限が付与されており、両者の区分けがなされていない。これは社会主義体制の労働組合の特徴と言えるのか、中国の工会（労働組合）と従業員代表制との関係と対比して検討することにより明らかになることがあるかもしれない。

　労働組合と政府が一体化しているという特徴もある。東南アジアの資本主義国の多くにおいては強制的労働組合登録制度が導入され、登録制度を利用して政府が労働組合の運営に介入できる仕組みを設けている。しかし、社会主義市場経済を目指すラオスでは、登録制度を取り入れていない。そこで政府と労働組合との一体化を促進するための規定を労働組合法に設けている（4条、35条）。

　政府は以下の義務を負っている。労働組合が組織され活動するための整備と支援を行うこと、ラオス労働連盟の活動の原則と規律ある活動を尊重すること、その傘下にあるそれぞれのレベルの組合執行委員の選挙結果の報告を受けること、国の経済・社会・文化の発展に労働組合員が貢献し、主体的にかかわっていくことを支援すること、組合活動に必要な予算・事務所・会議室・車両の提供を行うこと、である。政府が組合活動に予算をつけるという規定が、組合役員に政府が給与を支払う根拠となっている（4条）。さらに、政府は、労働組合が外国の組織と情報交換、人材育成、研修のために交流することを支援することになっている（7条）。

　それぞれのレベルの労働組合の役割をみてみよう。それには労働組合としての役割と社会・大衆組織としての役割が含まれている。

(a)　ラオス労働連盟のナショナル・センターの場合

　ラオス労働連盟のナショナル・センターの活動の柱は、6つある（12条）。第1は広報・教育業務であり、労働組合員に規律のある労働をするための思想教育や労働安全教育、各地に相談室を設けて相談に応じている。ラオス労働連盟は、2017年7月から、いかなる者も労働条件についての相談を電話で受け付けるホットラインを午前8時から午後4時まで開設して、相談を受け付けている[2]。

　第2は、組織拡大の活動である。JILAFの国別情報によれば2010年組合

組織率は15.5％だった。これが2014年には、組合員数21万0,419人（男性11万6,133人、女性9万4,286人）で、組織率が28％となっている[3]。ラオスの労働者は転職を繰り返すことで知られているが、ラオス労働連盟に加盟した労働者の情報を管理して転職をしても追跡ができる仕組みを作っている。労働者の氏名、住所、勤務先、写真付きの登録証を組合が発行するという方法により転職しても労働者の情報が組合よって把握されており、追跡することが可能になる[4]。組織拡大は労働単位の労働者だけでなく、労働単位に入らない学生、フリーランサー、サービス業従事者、職人、農民等をも対象としている。

　第3は、労働法制の遵守を促進させることである。ラオス労働連盟はナショナル・センターとして国会に労働法に関する法案を提出する権限が認められているが、これまでは政府案に対する意見を提出して法案に反映させる努力を積み重ねてきている。労働契約や労働協約の締結を促進する活動を進めている。労使紛争の調停にも関与している[5]。労働法制や労働政策の立案に三者制の国家労働委員会が活用され、政労使3名ずつ合計9名で構成され、少なくとも年3回の会合が開催されているが、それに参加する委員を選出する。

　第4は、下部の組織にラオス労働連盟の議決、助言、通知、規約を実施させ、それに違反する議決等を停止させて、労働組合活動の統制を図る役割を担っている。

　第5は、友好国の労働組合、国際労働組織、国内外の非政府組織との協力関係を維持して、活動を拡大することである。

　第6は、大衆組織としての活動として、国家、県人民会議の活動やそこでの議員の活動を監視する活動に参加することである。

2　国際労働財団ウェブサイト「JILAFタイ事務所だより（6，7月）」「労働相談ホットラインの開設（ラオス7月14日）」。
　（http://www.jilaf.or.jp/thailand_news/2017/06-07.html）
　なお、本章におけるウェブサイト参照の最終閲覧日は特に断りのない限り、2020年1月23日である。
3　国際労働財団編「2015年ラオスの労働事情」。
　（http://www.jilaf.or.jp/rodojijyo/asia/southeast_asia/laosu2015.html）
4　前掲注3、国際労働財団編。
5　国際労働財団「メールマガジン、バックナンバー、No.354（2015/11/4）」「ラオスの労働事情」。
　（http://www.jilaf.or.jp/mbn/2015/354.html）

　ラオス労働連盟のナショナル・センターの内部組織を見ると、委員長、副委員長(3名)の下に、総務、組織・人事・政策、国際、調査、労働保護、広報、表彰、訓練・情宣の8つの局、労働組合人材開発研究所が設立されている。中央執行委員は49名(うち女性7名)である。

　委員長、副委員長は大会で代議員によって選出される。5,000人の組合員につき1人の代議員が選出されて大会に参加し、そのうちから49名からなる中央執行委員会が構成され、そこで委員長、副委員長が選出されている。

　ラオス労働連盟は1983年第1回大会を開催し、これまで7回の大会を開催してきた(1989年第2回、1993年第3回、2000年第4回、2005年第5回、2010年第6回、2015年第7回、8回大会は2020年の予定)。大会は、原則5年毎に開催されているが、これはラオス人民革命党の大会に合わせているためである。

(b) 県レベルの労働組合の場合

　県レベルとは、県と首都ビエンチャンを含んでいる。県レベルの労働連盟の活動には、国会や県人民会議の活動やそこでの議員の活動を監視する活動が含まれている。県レベルの労働連盟の活動は全国レベルのラオス労働連盟とほぼ同じである。異なる点は、法律案を作成して国会に提出することが認められていないことである。

(c) 郡レベルの労働組合の場合

　郡レベルには郡と市の労働連盟と、組合員数100人以上の大企業グループの労働組合を含む。郡レベルの労働連盟の活動は、県レベルと違い、上部の組合の議決を把握して、末端部にその理解を浸透させることである。郡や市レベルでの三者制の諮問会議に参加して討議すること、労働単位以外での組織作りに努力することが含まれる。国会や県人民会議の活動やそこでの議員の活動を監視する活動は郡や市レベルの労働連盟の任務に含まれていない。

(d) 基礎労働組合の場合

　基礎労働組合は、企業と協力して生産計画を実施し、生産性向上に協力するとともに、構成員である組合員の働く権利を保障する義務を担っている。

組合員に対して情報提供をして、安全教育を実施する。団体交渉によって労働協約を締結する。労使紛争において組合員の代理として調停に参加する。組合員増強を図り、組合員が組合費を支払うよう指導する(15条)。郡レベルと異なるのは、三者制の諮問会議に参加して討議することがないこと、労働単位以外での組織作りに努力することがないことである。

　単位労働組合の組織率は、国有企業では100％、民間企業や外資系企業は5〜10％程度とされている。この数字は、統計によって得られた数字ではなく、ラオス労働連盟側の推測による数字である。民間企業や外資系企業での労働組合の組織化を進める活動の必要性をラオス労働連盟は認めている[6]。

　基礎労働組合の中で、上部団体に加盟しない組合が存在していると指摘する調査結果がある。非加盟の組合数に関する統計はないが、繊維産業、軽工業、農産物加工業に非加盟組合が見られるという指摘がラオス政府の報告に見られる[7]。それは今後上部団体に加盟する予定であるが、調査時点で加盟していなかったのか、将来も加盟しないままで存続するのかは不明である。そもそも上部団体に加盟することなく、単独で存続し活動しうるのかラオスの政治体制を考慮すると困難ではないかと思われる。

　外資系の企業でも事業を開始して6カ月経過すれば単位労働組合を設立する義務があり、それに違反する場合には罰則が科される(55条)が、外資系企業にはそれを厳格には遵守していない企業も見受けられる[8]。特に経済特区に立地する企業でその傾向が見られる。経済特区では労働組合の結成を認めないという政策が採用されているわけではないが、事実上労働組合が結成されていなくてもそれを黙認されているということであろう。このことは組合の組織化活動が十分でないことを示している。

6　2018年2月および9月に実施した現地での聞き取り調査(ラオス労働連盟ナショナル・センター)に基づく。

7　United States Department of State, Bureau of Democracy, Human Rights and Labour ed., *Lao 2017 Human Rights Report*, p.21.
　(https://www.state.gov/wp-content/uploads/2018/04/Laos.pdf)

8　2018年2月および9月に実施した現地での聞き取り調査(ラオス労働連盟ナショナル・センター)に基づく。

(3)　組合員の資格と権利・義務

　組合員は性別、宗教、政治的地位、社会経済的地位、教育レベル、民族を問わず、18歳以上のラオス国籍を有する者でなければならない(21条)。労働法によって、14歳以上から働くことができるが、組合員になるには18歳以上でなければならない。さらに、組合員になれるのはラオス国籍を持つ者に限られているので、外国人は組合に加入する資格がない(21条)。

　民間企業の労働単位では、労働者だけでなく管理職も労働組合に加入している上に、公務員組合の場合には、国家主席、首相をはじめ政府関係者のほとんどが労働組合員であり、政府と一体化している。職位や政治的地位に関係なく組合員資格が認められている。社会主義国の特色がここに表れている。

　組合員は労働組合の政策、規則に従い、役員選挙で投票権を行使し、立候補者になることができる。組合員はその職務能力向上を図り、その能力を生かして所属する企業の生産計画に積極的に参加する。さらに組合の運営に意見を述べ、組合からの支援を受ける権利を有する。疾病や負傷を負ったとき、その治療の支援を組合から受けることができる。自らの権利や義務が侵された場合、ラオス労働連盟にその救済を求めることができる(22条)。

　さらに政府の方針、憲法や法律を施行する場合に、組合員は良き見本となって、それらの方針や法令を遵守し、他の労働者に宣伝キャンペーンを行う。大衆組織の一員としてその政治活動に参加する。研修や修養を積んで良き組合員として規律ある行動をとることが求められている(22条)。

　組合員の利益として、党、政府組織、ラオス国家建設戦線、労働単位において昇進、配置、異動の際に適切に取り扱われること、権利や利益についての情報サービスを受けること、紛争が生じた場合に援助を受けられること、組合の活動に参加できることが定められている(23条)。組合員として良き見本となれば、人民革命党の党員になったり、労働単位の中で昇進していくことを明文の規定で定めていることになる。

　労働者はラオス労働連盟に加入しない組合を設立することは認められていない。つまり組合選択の自由は認められていない。さらに、民族間の団結や組合員の団結を分裂させる行為は禁止され、派閥化や反対運動は禁止されている(30条)。ラオスは1964年にILOに加盟しているが、ILO87号・98号条

1　労働組合　139

約をまだ批准していないのはこのためである[9]。

（4）組合役員

　労働組合の執行委員会を構成するのは、委員長、副委員長、業務監査委員会委員長、執行委員である(16条)。これらが組合役員となる。組合役員には、専従する役員と、専従ではない役員(半専従)が労働組合法3条の定義の中で区別されている。

　委員長は次の権限を有する(17条)。①組合の大会で決議やその実施計画の承認を取り付けること、②党、政府機関や国家建設戦線での活動に参加すること、③執行委員会や臨時大会を招集すること、④党や政府組織に組合員の昇進、昇給、表彰、懲罰に関して意見を述べること、⑤労働組合の業務内容を定期的に執行委員会や上部の組織に報告すること、⑥その他の法律で定める権利と義務を行使すること等である。

　副委員長は次の権限を有する(18条)。①委員長からの権限移譲を受けて、組合活動を指導すること、②委員長に組合業務についてアドバイスや支援、意見を述べること、③委員長が多忙な場合、委員長の代理を行うこと、④その他法律に定められた権利と義務を行うことである。

　業務監査委員会は、労働組合の活動、つまり、執行委員会、労働組合で働く職員、労働組合員の活動が議決、法律、規則、規約に基づいて実施されているか否かを評価するために組織される(45条)が、その委員長は執行委員会の委員とされている。業務監査委員会の委員長および委員の任期は、労働組合委員長の任期と同じであり、業務監査委員会委員長は執行委員会の選挙で選出され、その他の副委員長や委員は当該労働組合委員長が選任する(46条)。

　ラオス労働連盟で働いている者、県や郡レベルのラオス労働連盟で働いている者は公務員として国から給与が支払われている。2018年9月現在、総数で1,616名の者が国から給与を受けている[10]。ラオス労働連盟のナショナル・センターの委員長が大臣クラスの給与、副委員長は副大臣クラスの給与を政

9　87号条約は、1948年の結社の自由および団結権保護条約、98号条約は、1949年の団結権および団体交渉権条約である。
10　2018年9月7日のラオス労働連盟のナショナル・センターでの聞き取り調査に基づく。

府から支給されている。2018年9月現在の委員長はラオス人民革命党第10期中央執行委員会の中で35位のランクに位置づけられている。それまで55位であったが、2016年1月に開催の第10回党大会から35位にランクが上がった。同じ大衆組織であるラオス女性同盟委員長は44位、ラオス青年同盟書記が49位である。ラオス女性同盟とラオス青年同盟の代表は中央執行委員会の定員が増加したので、第10回党大会から中央執行委員に選ばれた。労働・社会福祉大臣は33位である[11]。

　ラオスの労働組合役員に関する重要な問題は経験やスキルが低いことである。財政面から専従役員の人数に制限を受けており、下位の組合になるほど訓練を受けた役員が少ない。労働組合の役割についての理解が不十分な役員が存在している。ラオス労働連盟のナショナル・センターからのサポートが及んでいないという問題がある[12]。

(5) 労働組合の大会

　労働組合による大会には3種類が定められている（28条）。大会、執行委員定例総会、特別総会である。

　大会は、全国、県、郡レベルの労働連盟での代議員による大会と、基礎労働組合での組合員全員出席の大会の2種類が定められている（29条）。代議員による大会は全国、県、郡レベルの労働連盟の代表が5年毎に開催される。委員会の開催はそれぞれのレベルの労働連盟の委員長が6カ月前に、傘下の労働組合執行委員会委員に開催実施を連絡しなければならない。開催を6カ月以上遅らせたり、早めてはならない。遅らせたり、早める場合には、その理由をそれぞれの労働組合執行委員会委員に2カ月前に連絡しなければならない。

　基礎労働組合の場合も5年毎に大会が開催されるが、開催の3カ月前までに基礎労働組合委員長が開催通知を連絡しなければならない。

　大会では、以下の議題が討議される（30条）。労働組合の政治活動について

11　山田紀彦(2017)「党と国家の新指導部─世代交代への過渡期」(第3章)山田紀彦編『ラオス人民革命党第10回大会と「ビジョン2030」』アジア経済研究所、59〜60ページ。

12　2018年2月および9月に実施した現地での聞き取り調査(ラオス労働連盟ナショナル・センター)に基づく。

の報告の承認、組合の活動方針の承認、組合規則の制定や改正の承認、執行委員会委員の選挙、委員長、副委員長、業務監査委員会委員長の選出の承認である。

　執行委員定例総会は、年に1回開催されなければならない。少なくとも3カ月前に、委員長は執行委員に開催通知を連絡しなければならない。この会議では、執行委員の3分の2が出席しなければならない(31条)。

　特別総会は、執行委員定例総会開催までに決めなければならない重要事項が発生し、委員長、執行委員の4分の1以上が開催を求め、かつ執行委員の3分の2以上が出席すれば開催することができる(33条)。

　上記の3種類の大会や総会では、出席する代議員や執行委員の過半数の賛成で決議が成立する(34条)。

(6)　労働組合の会計と監査

　労働組合は予算管理を公明正大に実施して、監査を受ける必要がある。そのために収入と支出の帳簿を整備し、その会計報告を関係部署に行うことが義務づけられている(38条)。

　労働組合は政府の予算、組合員が支払う組合費、共済基金への掛け金、企業側からの援助、国際組織からの援助、その他の合法的な収入で運営がなされる(37条)。上部の組合には単位労働組合から上納金が納められ、さらに地方および中央政府からの財政支援によって上部組合は運営されている。ラオス労働連盟は中央政府からの援助が約3割を占め、県・首都ビエンチャン市レベルと郡・市レベルの労働連盟からの上納金と外国からの支援金で運営されている。

　基礎労働組合では正規労働者の組合費は1カ月5,000キープであり、その6割が基礎労働組合に割り当てられ、残りの4割が郡レベルの労働連盟に上納される。さらにその6割は郡レベルの労働連盟に割り当てられ、残りの4割が県レベルの労働連盟に上納される。その6割が県レベルの労働連盟に割り当てられ、残りの4割が全国レベルのラオス労働連盟に上納される。以上の結果、1カ月5,000キープの組合費は基礎組合が3,000キープ、郡レベルの労働連盟が1,200キープ、県レベルの労働連盟が480キープ、全国レベルの労

働連盟に320キープが上納されることになる。非正規労働者や大学生の組合員の場合は、組合費は1カ月1,000キープになっている。これも同じ比率で分割されて上部団体に上納されている[13]。

　労働組合に共済基金が設けられ、病気や困難な状況のときに助け合うために組合員が掛け金を払う制度が導入された(40条)。利用目的や管理方法については別の規則で定められる。

　労働組合の会計やその活動について監査する制度が導入されている。労働組合の活動が法律の内容や大会の決議に従っているかを監査することが目的である。その監査を行うために、組合内に業務監査委員会が設置される。

　監査の対象として、①労働組合やその傘下にある組合の執行委員会、組合役員、一般組合員の仕事内容を監査すること、②法律、組合での会議の議決、組合規約の実施状況を監査すること、③執行委員会のルールの実施状況を監査すること、④組合員や労働者の権利義務が遵守されているかを監査すること、⑤共済基金や財政の管理や使用状況を監査することが挙げられている(47条)。

(7)　組合員・組合役員への禁止行為

　執行委員会メンバー、労働組合員および従業員代表は以下の行為が禁止されている(43条)。①市民としての義務を果たさないこと、②関係部署の許可を得ない行為をしたり、仕事を放棄すること、③職権を濫用したり、労働組合員カードを使って違法行為を行うこと、④集団を組織して集会や騒乱を起こしたり、治安を乱したり、政府や組織、個人の資産に損害を与えること、その他違法となる行為を行うこと、である。

　さらに、以下の行為を行うことも禁止されている(44条)。①組合役員の理由のない解任、②上位の労働組合からの書面による同意なくして代理を任命すること、③ラオス労働連盟の許可なく、組合の徽章、デザイン、印鑑の製造、販売、使用をしないこと、④労働組合員や労働者の正当な権利を侵害すること、⑤職務を濫用して労働組合の財産を横領すること、である。

　これらの禁止行為がなされた場合、労働組合法55条によって罰則が科せ

13　ラオス労働連盟ナショナル・センターでの聞き取り調査(2018年9月7日)に基づく。

られる。その罰則は、侵害や損害の程度に応じて、再教育処分、注意処分、懲戒処分、裁判所への訴追が含まれている。

(8) 労働単位と労働組合活動との関わり

中央および地方政府、労働単位は労働組合の活動のために、会議の場所、寮、車両その他の機材を提供してサポートする義務が課せられている(36条)。

(9) 従業員代表制度の導入

ラオスでは労働組合のほかに従業員代表制度が設けられている。従業員代表は、労働組合が組織化されていない労働単位において、労働者の意見を表明できる機関を設ける必要があると判断された場合に設置される。代表人数は従業員が10人から50人までは1名、51人から100人の場合は2名、それ以上は100人増加する毎に1名の従業員代表を追加する(労働法166条)。この従業員代表は、15日以内に労働単位や管轄する郡や市レベルの労働連盟の承認を得なければならない。さらに当該の労働単位に労働組合が組織された場合には従業員代表の義務は終了する(26条)。

この従業員代表は、①労働者が組合を結成できるように研修や動員を実施すること、②団体交渉に参加して労働協約を締結し、労働単位内の規則の制定に意見を述べること、③労使紛争において調停を申請し、その結果を労働組合連合会や関係組織に報告すること、④最低賃金の実施や労働環境の状況や社会保障制度の実施状況についてのモニタリング調査を実施すること、⑤労働組合設立のための運動を実施すること等がその任務とされている(27条)。

従業員代表は労働組合役員の任務と重なる部分を多く持っている。労働組合がある場合は、その組合役員、労働組合が組織されていない場合は従業員代表が組合役員と同じ役割を果たすことを目指している。違いは、従業員代表は労働組合を結成するための任務が追加されている点である。

● 2　外国の労働組合との関係

労働組合法7条では、労働組合が外国の組合と経験交流、情報交換、研修、人材育成を目的として関係を持つことを政府が支援することが定められてい

る。ラオスは国家建設には資金が必要であるために、イデオロギーに関係な
く、援助を受けることができれば、あらゆる国と関係をもつことを外交の方
針としており、全方位外交を実践している[14]。全方位外交は労働組合の国際
的活動にもみられる。

（1）世界労連との関係

　ラオスは社会主義国であるので、ナショナル・センターであるラオス労働
連盟は社会主義国の労働組合や共産党とかかわりのある労働組合によって結
成されている世界労連に加盟している。1990年代の旧ソ連の崩壊によって
東欧やソ連のナショナル・センターが脱退したことで世界労連は弱体化した
が、その組織は活動を継続している。現在はギリシャに本部があり、書記長
はギリシャのヨルゴス・マブリコスである。ラオス労働連盟は1977年に世
界労連に加盟し、それ以降世界労連本部を訪問して会合を開催しており[15]、
両者の共同活動の強化を定期的に話しあっている。また、南アフリカのダー
バンで開催された世界労連の第17回大会（2016年10月5〜8日）やそのアジア
太平洋会議にも代表団を繰り返し派遣している。隣国のベトナムの労働総同
盟のBui Van Cuong委員長は2011年世界労連の副議長となっており、ベト
ナムと関係の深いラオスとしても世界労連との関係を深めていかなければな
らないであろう。世界労連はアフリカ、ラテンアメリカやアジアなどの開発
途上国の組合との関わりを重視しており、ラオスとのつながりを強化してい
くであろうと考えられる。

　世界労連の加盟組織を中心とした対外関係がラオス労働連盟の対外活動の
中心であるが、以下に述べるように、市場経済化への移行後の1990年代以
降は、国際労働組合総連合（ITUC）ともかかわりを持ってきている。

14　山田紀彦（2018）『ラオスの基礎知識』めこん、260ページ。
15　A Delegation of Lao Federation of Trade Unions met with the WFTU General Sec-
retary in the WFTU Central Offices in Athens, Greece, 12 October, 2017.
（http://www.wftucentral.org/a-delegation-of-lao-federation-of-trade-unions-met-
the-wftu-general-secretary-in-the-wftu-central-offices）

(2)　ITUCとの関わり

　ITUCは、2007年に結成されたが、その前身である国際自由労連(ICFTU)は、1950年に組織され、共産党の支配下にある労働組合とは一切関係を持たないという方針であった。冷戦体制の崩壊、社会主義市場経済化の進展、APECの結成等によって共産党の支配下にある労働組合との関係構築の方向に切り替わってきた。1990年代後半から中国、ベトナム、ラオスの労働組合との関係はITUCの承認のもとで、ITUC-AP(アジア・太平洋地域組織)の主導で進められた。

　ラオスとの関係構築のきっかけとなったのが、1989年から1999年までICFTU-APRO(国際自由労連アジア太平洋地域組織、ITUC-APの前身組織)の書記長を務めた和泉孝によるラオス労働連盟本部訪問である。タイの加盟組織とタイとラオスの国境にあるノーンカーイで会合が開かれた際、和泉書記長(当時)は国境を越えてラオス・ビエンチャンに入り、ラオス労働連盟の本部の建物を発見して、挨拶するために訪問したというエピソードが記録されている。訪問の日時についての記録はない[16]。

　ラオス労働連盟はITUCには加盟していないが、ITUC-APROがベトナム労働総同盟とラオス労働連盟と会議の場を持っており、協力関係を促進するために情報や経験を共有する努力を積み重ねている。2017年9月28日、ベトナム北部のニンビンで第6回目の三者による会合が開催されている。労働組合活動に関する情報交換、ITUC-APROを通じて国際協力の促進が話し合われた。ラオス側は、労働安全衛生、組合員への法律相談、組合員の増加、特に外資系企業での組合員の増加を目指していることを述べている[17]。

　ベトナム労働総同盟も世界労連に加盟しているが、ITUCとのかかわりも持っている。イデオロギーに関係なく必要な援助を受けるために、双方の国際労働組織と関係を持ち、柔軟なスタンスをとっていることを示している。ラオス人民革命党や政府が社会主義国だけでなく西側諸国とも友好関係を歓

16　鈴木則之(2019)『アジア太平洋の労働運動―連帯と前進の記録』明石書店、208ページ。
17　"Vietnam, Laos, Asia-Pacific trade unions step up connections," *VietnamPlus*, September 28, 2017.
　　(https://en.vietnamplus.vn/vietnam-laos-asiapacific-trade-unions-step-up-connections/118673.vnp)

迎する外交政策を持ち、全方位外交を実践していることと一致している。ラオスはしたたかな外交を行っており、政府だけでなく労働組合にもそれがうかがえる[18]。

(3) 多国間ドナー調整会議

　ラオス労働連盟の活動を支援する国際組織や外国の組織は、定期的に多国間ドナー調整会議を開催して、国際組織がどのような分野で支援が可能かの調整を行っている。2008年に第1回が開催され、2年毎に開催されている。国際産業別労働組合組織(Global Union Federation)、国際労働組合支援組織(Trade Union Solidarity Support Organizations)が参加し、日本からは国際労働財団[19]が参加している。第5回の調整会議は2016年5月13〜14日にビエンチャンで開催された。過去2年間に取り組んだ活動として、民間企業や外資系企業での組織化、職場における労働協約の締結促進、職場の安全衛生、インフォーマル・セクター労働者や移民労働者の保護、労働法制や最低賃金の改善、人身売買や児童労働対策、女性や越境移民保護について報告された。これらが労働組合として取り組む課題であることを示している。次期の活動として労働法制、人権、労働組合役員や職員の人材育成、安全衛生、民間や外資系企業での組織化、インフォーマル・セクター労働者の保護が課題として挙げられている[20]。

　国際労働財団はインフォーマル・セクター労働者の生活改善情報の提供や職業能力の開発訓練、相互扶助の仕組み作りなどの活動(SGRA事業)[21]を現地の政労使、ILO等とともに2015年から実施している(厚生労働省補助事業)。例えばトゥクトゥク[22]運転手の英語能力向上や協同組合設立への働きかけ、

18　前掲注14、山田紀彦(2018)、260ページ。
19　国際労働財団(JILAF：Japan International Labour Foundation)は、内閣府所管の公益財団法人であり、開発途上国の労働組合の若手指導者の招聘と現地での教育・支援(アジア太平洋地域中心)、広報、研修などの事業を行っている。
20　国際労働財団ウェブサイト「ラオス、LFTU/GUF/TUSSO多国間ドナー調整会議が開催」参照。
　　(https://www.jilaf.or.jp/report_admin/basics/view/1175)
21　国際労使ネットワークなどを通じた組織化による草の根支援事業(Supporting Grass Roots Activities through the International Employer's and Worker's Network)のこと。

ラオス南部で野菜農家やバナナ農家やコーヒー栽培農家の技能向上、職業訓練や協同組合設立への働きかけ、タイへの出稼ぎを希望する若者に人身売買被害の未然防止の啓発活動等が行われた。さらに、ラオス労使関係・労働政策セミナーを開催して建設的労使関係や組合組織化のメリット、労働組合の役割についての啓発活動を行った[23]。都市部において移動手段となっている三輪タクシー運転手の組織化の支援がおこなわれた。

　その他、UNI（日本加盟組織連絡協議会：Union Network International-LCJapan）は、ラオス支援セミナーを2012年から3カ年計画に基づき開催した。テーマは団体交渉と組織化であった。これは国際労働財団のラオス労働運動支援を引き継ぎ実施したものである。良好な労使関係の普及を支援することが主たる目的であった[24]。

(4) ASEAN労働組合協議会との関係

　ASEAN労働組合協議会（ASEAN Trade Union Council（ATUC））は1994年マニラで結成された。その目的は①ASEAN加盟国の労働者の利益を代表して、労働条件の向上を促進すること、②労働者に関する共通の課題に取り組み、その解決を目指すこと、③組合活動家の教育訓練等である。ブルネイを除いた9カ国と東チモールからの18のナショナル・センターが加盟している。ラオスがASEANに加盟したのが1997年7月23日であったが、ラオス労働連盟は2000年にASEAN労働組合協議会に加盟している。

　加盟国が毎年持ち回りで議長国となるASEANの諸会議に合わせて、ASEAN労働組合協議会の大会も開催されている。2016年にはラオスが議長国になったことを受けて、ASEAN労働組合協議会の大会が初めてビエンチャンで開催された。この大会ではASEAN内の移民労働者の権利保護を政策目標に定め、ASEAN経済共同体を推し進めるために最低労働基準の確立に関する声明を発表した。さらにASEAN使用者連盟（ASEAN Confederation of Em-

---

22　都市部において移動手段となっている三輪タクシー。
23　国際労働財団ウェブサイト「ラオス労使関係・労働政策（IR）セミナーを開催」参照。
　（http://www.jilaf.or.jp/report_admin/basics/view/1562）
24　UNI Global Union ウェブサイト「UNI-LCJ, ラオス支援セミナー開始」参照。
　（https://blogs.uniglobalunion.org/japan/?p=228）

ployers(ACE))との初めての会合も2016年3月にビエンチャンで開催された。

　3年毎に定期大会が開催されるが、2018年の定期大会でこれからの活動方針(バリ宣言)が採択され、ASEANレベルで取り組むべき課題が提起された[25]。

(5) ベトナム労働総同盟との関係

　ラオスとベトナムは特別な関係にある。ともに社会主義国であり、ベトナム共産党はラオス人民革命党の設立に密接な関係を有しているからである。よくベトナムが兄、ラオスが弟という関係で両国が語られることがある。ラオスとベトナムはあらゆる分野で関係の強化がなされている。政治外交、科学技術、農業、情報通信、文化、観光等と並んで労働分野での協力関係も重視されている。

　ラオスの党や政府幹部に対する政治研修が主にベトナムで実施されている。その延長線上に、両国の労働組合間の交流がある。ラオス労働連盟とベトナム労働総同盟は、2013年から2018年の5年間の友好協定を締結しており、主に組合役員の訓練や代表団の交流、両国間の移民労働者の管理についての経験を交流している[26]。さらに、2016年には組合役員訓練センターが設立されたが、設立費用の100万USドルの内80万USドルがベトナム労働総同盟から提供されている[27]。

(6) 中華全国総工会との関係

　同じ社会主義国の労働組合として中華全国総工会との関係がある。ラオスの内戦時代の1950年代後半から1970年代中頃までは、中国は国境を接しているラオスを支援していた。中国がラオスに対するアメリカの影響力が大きくなることを警戒していたための支援であったが、それとともにソ連の影響

25　香川孝三(2019)「アセアン労働組合協議会の活動からみる労働問題」『労働調査』労働調査協議会、2019年5月、585号、4〜8ページ。

26　"Vietnam, Laos trade union boost links," *Talk Vietnam*. 〈https://www.talkvietnam.com/2019/06/vietnamese-lao-provinces-boost-trade-union-links/〉

27　"Vietnam funds trade union training centre in Laos," *Voice of Vietnam*. 〈https://english.vov.vn/society/vietnam-funds-trade-union-training-centre-in-laos-103724.vov〉

も警戒していた。その当時、中国とソ連の関係が悪くなっていたという背景がある。1961年中国とラオスの国交関係が正式に樹立されたが、その後、ラオスはソ連との関係を深めていたために、中国は1977年ラオス支援を拒否し、両国の関係は悪化していった[28]。

さらに、カンボジアでのポル・ポト政権を中国が支持したのに対して、ラオスの友好国であるベトナムが1978年にカンボジア侵攻したことや、1979年の中国とベトナムとの国境紛争がきっかけとなって、中国とラオスは関係が一時断絶した。

1980年代のはじめに中ソ関係が改善され始め、さらに1978年からカンボジアに駐留していたベトナム軍が1989年に撤退して以降、中国とラオスの関係が改善されていった。以上のように、中国、ベトナム、ラオスの3カ国は同じ社会主義国であっても、その関係は複雑である。

1989年以降、中国とラオスの外交や経済関係は強化された。両国の労働組合間の交流が生まれ、2008年から中華全国総工会がラオスの労働組合役員の研修を実施している[29]。これは中国がラオスの党・政府幹部の政治研修を拡大する機会となっている。

現在では、ラオスにとって、中国は一党独裁体制を維持して、社会主義市場経済化を目指す国のモデルとして学ぶべき点があり、中国にとって、ラオスは東南アジアへ進出するネットワークを構築するのに有効な国である。

● 3　使用者団体

最も代表的な使用者団体としてラオス全国商工会議所がある。政府が労働政策を策定する際、政労使三者制の会議において検討されるが、使用者団体を代表する委員は全国商工会議所から選出されている。

1989年商業省の管轄下にあるラオス全国商工会議所が設立された。現在の組織は2009年11月20日に改正された首相令(No.316/PM)に基づいて運営

28　原洋之介／山田紀彦／ケオラ・スックニラン(2007)『中国との関係を模索するラオス』独立行政法人経済産業研究所、7ページ。
29　藤村和広(2009)「今日のラオスに於ける中国の進出」『立命館国際地域研究』30号、111ページ。

されている。国家と企業の橋渡しと会員の権利や利益保護によってラオスの社会経済発展に貢献することを目指す組織として設立されている。

　会員には通常会員と支援会員があり、企業法によって5,000万キープ以上の資本金で登記されている企業は、ラオス全国商工会議所に会員申請しなければならないことになっている（首相令19条）。2016年現在、1,000社以上の企業が会員になっている。会員の会費、様々な事業による収益、政府の財政援助によって運営されている。

　商工会議所の労働分野での任務として、国家労働委員会において最低賃金額の決定や労働法の改正、安全衛生、労働市場政策等の問題について使用者代表として政府やラオス労働連盟の代表と議論し、労働争議の解決に参加することが挙げられている（首相令5条2号、労働法163条）。

　この商工会議所のほかに業種毎の団体も組織されている。2015/2016年の会員名簿[30]によると31の業界団体がある。例えばラオス縫製業協会、ラオス家具協会、ホテル・レストラン協会、手工芸協会、コーヒー協会、旅行代理業協会、宝石商協会、自動車産業協会、石油ガス協会、木工製造業協会、全国建築業協会、プランテーション協会、セメント製造業協会、製塩業協会、鉄鋼業協会、製薬グループ、食品業協会、電機工事業協会、製造業グループ、女性経営者協会、若手起業家協会等がある。

　外国から進出してきた企業の国別の商工会議所が存在する。オーストラリア、ニュージーランド、ヨーロッパ、インド、韓国、フランス、中国、中国・湖南省、アメリカ、日本が商工会議所を持っている。

　ビエンチャン日本人商工会議所が2009年11月に組織されているが、それは2005年の外国事業体代表組織の設立と活動に関する規則（No.0309/MOFA.SK.03）に基づいて設立されている。具体的には2009年10月12日付の日本人商工会議所設立認可に関する外務大臣合意に基づき設立された。2019年4月現在で正会員78社、准会員27社で合計105社である。その目的は、日本とラオスの商工業および経済の発展に寄与すること、会員の商工業活動の援助や便宜供与が主な目的である。ラオスの法律に従う必要があり、全国商工会

30　Lao National Chamber of Commerce and Industry（LNCCI）ed., 2016, *Membership Directory 2016*.

議所とは連携をとって活動している。日本人商工会議所は、既にラオスに進出している企業が事業遂行する上で、日々抱える問題を、①輸入出と物流問題、②農業ビジネス環境、③商用ビザの期間延長の3つのワーキンググループに分けて取り組んでおり、ラオス政府側との協議を継続的に行っている。また、ラオス政府が公表したガイドラインや首相令に関する資料をウェブサイトに掲載し情報提供している。

さらに、法律の未整備や行政手続の遅延等の問題がラオスにあり、それらの解決のために、2007年12月から年に1回「日・ラオス官民合同対話」が開催されている。この対話において使用者が重要な役割を担っている。第1回と第2回の会合の間に、日・ラオス投資協定が締結され、2008年8月3日に効力が生じている。この官民合同対話では、在ラオス日本国大使館、ビエンチャン日本人商工会議所、国際協力銀行(JBIC)バンコク事務所、日本貿易振興機構(JETRO)ラオス事務所、国際協力機構(JICA)ラオス事務所とラオスの計画・投資省を中心とした関係省庁との間で話し合いを行われ、投資環境の改善に向けての努力がなされている。これまで11回の日・ラオス官民合同対話が実施された。本書のテーマである労働分野に関しては2つの要望が日本側から提起されている。1つは日本語および英語の教育を含む人材育成や人材活用に力を入れ、そのための、日本語・英語教育機関の増設や職業訓練制度を整備していくことである。もう1つは、雇用・解雇および就業時間について合理的で柔軟に対応できるように労働法の規制緩和を含む制度改革を行うことである[31]。特に残業の割増率の高さを問題としている。

● 4 団体交渉と労働協約

単位労働組合の役割は使用者と団体交渉によって労働者の労働条件の維持改善である。ラオス労働法では労働組合だけでなく従業員代表にも、雇用、賃金、社会保険その他の労働条件に関して団体交渉する権限が認められている(労働法169条)。

---

31 在ラオス日本国大使館ウェブサイト「日ラオス官民合同対話・第一回会合(2007年12月4日)日本側からの政策提言〜日本からラオスへの投資の一層の促進のために〜」参照。(https://www.la.emb-japan.go.jp/itpr_ja/00_000061.html)

　労働法は労働組合に使用者と団体交渉する権利を与えているが、使用者に団体交渉に応じなければならないという規定はない上に、使用者が団体交渉に応じない場合に罰則を科すという規定もない。

　団体交渉によって同意された内容を書面で記述されたものは労働協約であるが、これは労働・社会福祉省労働管理局に提出され、そこで合法的で公正であることが確認された場合に、両当事者および証人が署名をする。この労働協約は公証役場に登録されなければならない（労働法170条）。

　2009年から2012年に締結された労働協約は181件（国営企業51件、民間企業124件、外資系企業6件）、産業別で見ると、工業17件、水力発電・鉱業20件、化学2件、衣料91件、林業36件、農業6件、建設9件となっており、衣料が多く、ラオスの工業化の現実を反映している[32]。

　別の資料によれば、2012年段階では、約18,000の総企業数の中で250件に労働協約が締結されている[33]。ラオス労働連盟のナショナル・センターでの2018年2月の聞き取り調査によれば、2015年段階で490件ぐらいの労働協約が登録されているという。労働協約のほとんどは政府所有の企業で締結されているにすぎない。その内容を検討しなければ実質的に団体交渉がなされているかはわからない。モデル労働協約が労働連盟によって作成されており、それに従うだけの労働協約が多いのではないかという疑問があるからである。

　単位労働組合は賃金交渉をほとんど実施せず、レクレーション活動、職員旅行、福利厚生の活動に従事しているのが一般的であるという[34]。これは中国やベトナムのような社会主義国の労働組合に共通し見られる特徴である。今後労働者側の労働条件改善を求める意見を代表する機能が強化されるのか否かが問題となってくる。

32　前掲注24、UNI Global Union ウェブサイト参照。

33　Fry, Simon and Mees, Bernard, 2016, *op. cit. supra* note 1, p. 464.

34　2018年2月および9月に実施した現地での聞き取り調査（労働連盟ナショナル・センター）に基づく。さらに Stuart-Fox, Martin, 2008, *Historical Dictionary of Laos*, Third Edition, The Scarecrow Press, Inc., p. 353, Fry, Simon, 2012, "The Lao Federation of Trade Unions: A Classic Dualist Union," *International Journal of Employment Studies*, Vol. 20, Issue 2, pp. 32-54.

● 5　ストライキとロックアウト

　社会主義国にはストライキの規定のある国とない国があるが、ラオス労働法には一定の範囲でストライキやロックアウトを禁止する規定が存在する。ということは一定の範囲でストライキやロックアウトを認めることを意味し、全面禁止にはなっていない。2006年労働法65条でストライキとロックアウトを一定の場合に禁止する規定があったが、これが現行法の2013年労働法に改正されたときに154条に変更になった。

　2006年労働法では労使紛争が発生して、労使紛争解決手続に付託中の場合には、労務提供拒否と労務受領拒否を禁止し、さらに労使や社会秩序に損害を与える労務拒否や労務受領拒否を禁止している。もし騒動や社会不安をもたらした場合は刑法によって1年以上5年未満の禁固刑に付される[35]。

　現行法では、労使紛争解決手続中の労働者の労務不提供や使用者の労務受領拒否を禁止している。ただし深刻な事態が発生する場合は、三者機関（労働・社会福祉省、県および首都ビエンチャン市の労働社会福祉局、県および市の労働社会福祉課を指す）によって労務提供拒否や労務受領拒否に同意すれば、それが可能となる。労使紛争が解決できない場合は、法令に違反しないかぎりでストライキが可能である。ストライキが可能となる場合を明文で定めている。

　労働・社会福祉省の労働管理局はストライキもデモも起きていないという見解を示している[36]が、実際にストライキが起きていないのかというと疑問が残る。小規模な集団的な労務拒否が発生したことが報じられることは多くはないが[37]、ストライキがまったくないわけではないと言えそうだ。例えば、2015年3月、ビエンチャンから20キロ離れた地区にある100人以上を雇用している中国企業の肥料製造工場で、労働者が使用者の賃金不払いを抗議した事例が報道された。この工場では労働組合は結成されていなかった。会社は

35　Human Rights Watch Concerns on Laos, November 5, 2015.
　（https://www.hrw.org/news/2015/11/05/human-rights-watch-concerns-laos）
36　United States Department of State, Bureau of Democracy, Human Rights and Labour ed., *Laos 2016 Human Rights Report*, p. 27.
　（https://la.usembassy.gov/wp-content/uploads/sites/85/2018-Human-Rights-Report.pdf）
37　Fry, Simon and Mees, Bernard, 2016, *op. cit. supra* note 1, p. 463.

抗議する労働者と面会して、1カ月分の給与の支払いに同意し、労働者に仕事に戻ることを求めた。しかし、給与の支払が一部の者に限られたため、2回目の抗議がなされた。労働者が会社の寮に集まって不満を表明し、2カ月分の支払いを求めるとともに、中国人労働者には期日に賃金を支払っているにもかかわらず、ラオス人労働者には期日に支払わないことを抗議したのである。しかし、抗議を行った労働者のうち、2人が解雇された。この地域を管轄する労働・社会福祉省の職員はこの抗議があったことを否定し、労使の間に誤解があったが、現在は解決されていること、一部の労働者の中に追加の支払いを求めている者がいることを明らかにした[38]。

さらに、労使紛争が起こりうる素地についての指摘もある。ラオス労働連盟の役員による報告書では、労働者が使用者によって搾取されている実態が指摘されている。例えば、労働法で規制している時間を超えて時間外労働をさせていること、賃金が全額支払われないこと、最低賃金に違反する額しか支払われないこと、期日に賃金が支払われず遅配していること、労働法に定めた休日が付与されないといった問題を指摘している。使用者の中には、労働組合が経営に介入することを嫌う者がいることが述べられている。ここに労使紛争が起こりうる素地が存在している[39]。

● 6　労使紛争の調整

ラオスの労働者は一般的に温和な性格とされているが、もちろん不満を持つ場合はあるであろう。例えば、企業から提供される食事内容への不満、寮の設備がある場合にその設備への不満、給与や手当の額への不満、その他の労働条件への不満等があり得る。当事者の話し合いや労働者代表を交えた話し合いで解決を図るのは多いとされている[40]。

それ以外の解決方法として、1つはその不満を表明することなく離職して

38　"Lao Workers Protest Over Salary Withheld by China-Backed Potash Plant," *Radio Free Asia*.
　　(https://www.rfa.org/english/news/laos/plant-03262015170402.html)
39　"Worker oppression on the rise in Laos," *Nation*, Mar 14. 2016.
　　(http://www.nationmultimedia.com/aec/Worker-oppression-on-the-rise-in-Laos-30281529.html)

別の企業に移ってしまう態度をとるという方法である[41]。もう1つは、行政機関に不服申し立てする方法がある。2005年11月請願解決法が制定されて、公式に行政機関に不服申し立てができるようになった。これ以前から行政機関に対して不満を申し立てることが行われてきたが、その解決が制度的に保証されてこなかったため、この法律が統一的に解決していくことを目指している。また、18歳以上の国民であれば、国家行政機関、検察院や裁判所、国会に問題解決を求める請願書を提出できる。主に土地をめぐる紛争が事例として報告されているが、これを利用して企業内の労使紛争がラオス労働連盟や労働・社会福祉省やその出先機関に苦情として申し立てられるケースがありうる。これは企業や事業所を飛び越えて解決を求める方法である。

　さらに、国会会期中にファックス、専用電話、eメール、私書箱を通じて国民が意見を表明できるホットラインが2005年に設けられた。実際に労働・社会福祉省への質問がなされた事例がある。定年後の年金不支給、退職金の不払、残業手当の不払、男女間の定年年齢の格差、労働監督の不正、社会保険によるサービスが現金による支払がなければ受けられないこと、失業問題の解決、職業訓練学校の設置、元傷病兵への給付金の不払、革命貢献者への優先的措置の実施要求、中国・ラオス間の鉄道建設にラオス人の活用計画の内容など労働・社会福祉省の管轄にかかわる問題が含まれている[42]。これも企業や事業所を飛び越えて解決を求める方法である。今後金鉱山の閉山による人員整理のようなラオス経済に深刻な影響を与える事件が起こりうる。これらの手法を利用した紛争解決が起きれば、全国的に注目を集めることにな

40　World Bank ed., 2012, *Lao PDR- Labour standards and productivity in the garments export sector-A survey of managers and workers*, p. 25.
　（http://documents.worldbank.org/curated/en/695111468045568160/Lao-PDR-Labor-standards-and-productivity-in-the-garments-export-sector-a-survey-of-managers-and-workers）

41　Sengdara, S., "Majority of labour disputes in Laos involve individual rights," *Vientiane Times*, 16 November 2011.

42　山田紀彦（2015）「ラオスにおける国民の支持獲得過程―国会を通じた不満吸収と国民への応答メカニズム」山田紀彦編『独裁体制における議会と正当性』アジア経済研究所、2015年11月、89～92ページおよび山田紀彦（2016）「ラオスにおける国民の支持獲得過程―国会を通じた不満吸収と国民への応答メカニズム」『アジ研ワールド・トレンド』245号、2016年3月、10～13ページ。

ろう。

　労働法は労働争議を解決する手続を定めている（147条から154条）が、2018年3月29日から施行された労使紛争解決に関する首相令（Prime Minister's Decree on Labour Dispute Resolution, No.76/GOL）がある。これは労働法に定める労使紛争解決手続の細則を規定している[43]。

　その手続は、まず当事者の話し合いによる解決が試みられる。使用者と労働者や労働者グループの間で、一方の当事者からの提案を受けて、話し合いを進めて、提案がなされた日から15日以内に合意に至れば解決する。規模が大きな紛争、つまり使用者と従業員代表や労働組合との間の紛争になる場合には、両者によって団体交渉が行われ、合意にいたれば労働協約が締結されることになる。これが労働・社会福祉省労働管理局に登録されれば、法的

図表5-1　労使紛争解決手続の一覧

レベル	担当機関	担当する紛争の種類	解決しない場合の処理方法
村	労働・社会福祉係またはそれがいない場合は調停係	未登録の労働者（フリーランサーのような労働単位外で働く者）、家事労働者（他人の家で家事に従事する者、仕事内容、労働時間、報酬、住居を定めた請負で働く者）。	郡の労働・社会福祉事務所に紛争の調査書一式を送付する。
郡	労働・社会福祉事務所	村の労働・社会福祉係で解決できなかった紛争。 10人未満の労働者が含まれる労働単位での紛争で、和解で解決できなかった紛争。	県および首都ビエンチャン市の労働・社会福祉局に紛争の調査書一式を送付する。 ラオス人民裁判所にこの紛争を提起する。
県および首都ビエンチャン市	労働・社会福祉局	郡の労働・社会福祉事務所で解決できなかった紛争。 10人以上99人以下の労働者が含まれる労働単位での紛争。	労働・社会福祉省に紛争の調査書一式を送付する。 ラオス人民裁判所にこの紛争を提起する。
中央	労働・社会福祉省	県および首都ビエンチャン市の労働・社会福祉局で解決できなかった紛争。 100人以上の労働者が含まれる労働単位での紛争。	ラオス人民裁判所にこの紛争を提起する。

（出所）　Dino Santaniello and Saithong Rattana, 2018, "Labour Disputes in Laos: Options for Dispute Resolution under New Decree," Tilleke & Gibbins.

43　Dino Santaniello and Saithong Rattana, 2018, "Labour Disputes in Laos: Options for Dispute Resolution under New Decree," August 7, 2018.
　（https://www.tilleke.com/resources/labor-disputes-laos-options-dispute-resolution-under-new-decree）

効力を有することになる。一方当事者が団体交渉の申し入れをした日から30日以内に合意ができれば、紛争が解決したことになる。

　話し合いによる合意で解決できない場合には行政機関による解決方法になる。行政機関には中央レベル、県や首都ビエンチャン市レベル、郡や市レベル、村レベルの4段階が認められている。それぞれのレベルでの取り扱う紛争が図表5-1のように決められている。

　村は最も下位レベルの行政機関であり、村長は村民の選挙によって選ばれるが公務員ではない。この村という行政単位は首都ビエンチャン市にもあり、村の集合体としてビエンチャン市が成立している。したがってビエンチャン市内に立地している工場はいずれかの村に所属しており、その村役場の労働・社会福祉係が調停役を選び、その調停役が労働紛争の解決する役割を持っている。ただし、その扱う紛争は労働単位外で働く未登録の労働者や家事労働者や請負労働者、フリーランサーにかかわる紛争に限定されている。

　日系企業は労働単位に属している労働者を雇用しているので、そこでの紛争は郡、県および首都ビエンチャン市、さらに労働・社会福祉省レベルで紛争処理がなされることになる。

　ラオスには2018年段階で全企業数の99.8％が中小企業（製造業の場合、総資産が1億キープ以上4億キープ未満、年収入が4億キープ以上40億キープ未満、従業員が6人以上99人以下）であり、その数は124,567社である。その雇用されている労働者は47,122人であり、全労働者数の82％を占めている。5人未満の労働者を雇用している零細企業が企業数全体の86％を占めでいる[44]。したがって、郡レベルでの労使紛争の役割が大きいのではないかと思われる。

　法律・権利紛争と利益紛争で手続が異なる。法律・権利紛争の場合、まず関係当事者の話し合いを行い、和解の道をさぐる。合意を達成できれば、両当事者と承認の署名がされた文書を作成し、5日以内に労働組合と所轄の労働・社会福祉事務所、労働・社会福祉局、労働・社会福祉省に提出すれば、合意の効力が発生する。話し合いで解決できない場合、労働法150条に基づき労働・社会福祉事務所、労働・社会福祉局、労働・社会福祉省に調停を求

めることになる。調停で解決できれば紛争は終わるが、そこで解決できない場合は15日以内に裁判所に訴えることになる（労働組合法46条、民事訴訟法35条）。

利益紛争の場合、関係当事者の話し合いを行い、合意できれば、両当事者の署名がされた文書を作成し、所轄の労働・社会福祉事務所、労働・社会福祉局、労働・社会福祉省に提出されると、法的効力が生じる。合意ができない場合、労働・社会福祉事務所、労働・社会福祉局、労働・社会福祉省に解決を求める。15日以内に解決できない場合、上位の労働組合が協議に参加することを要請できる。

以上の手続を経ても解決に至らない利益紛争は、労働法151条に定める労使紛争解決委員会に解決を求めることができる。労使紛争解決委員会は政労使三者によって委員が構成されており、中央と県および首都ビエンチャン市レベルに設置されている。中央では労働・社会福祉大臣よって、県および首都ビエンチャン市レベルでは県および首都ビエンチャン市の労働・社会福祉局長によって設置されている。この委員会の事務局は労働・社会福祉省労働管理局、県の労働・社会福祉局の労働管理課が担当している。県および首都ビエンチャン市の労使紛争解決委員会で解決できない場合には、中央の労働・社会福祉省に設置される労使紛争解決委員会に付託されるか、ラオス人民裁判所に付託される。労使紛争解決委員会に付託する際には、1万キープが必要とされている。これが労働者側にとっては、この委員会の利用を阻害していることが指摘されている[45]。

和解、行政機関での調停、労働紛争解決委員会で解決しない場合、裁判所に提訴できる（労働法152条）。請求額が3億キープ未満の場合は地域人民裁判所、請求額が3億キープ以上の場合は県または首都ビエンチャン市人民裁判所に提訴することができる。裁判所が扱う事件は、労働契約に関する紛争、労働契約解除をめぐる補償金に関する紛争、労災による損害金に関する紛争、賃金に関する紛争、その他の労働に関する紛争とされている（民事訴訟法34条）。

45　民事経済SWG第1回労働法ハンドブック普及会議、2018年5月25日議事録から。

　裁判の審理は20日以内に開始し、開始から9カ月以内に結審しなければならない（民事訴訟法30条）。裁判所の決定は決定が出された日から15日以内に強制力を有し、それで最終的な解決となる。

　労働者が人民裁判所の決定に賛同しない場合、労働契約を解消して、退職に伴って支払われる諸手当を受け取って労働契約を解消することができる。逆に、使用者が人民裁判所の決定に賛同できない場合には、使用者は労働者に離職手当を支払って、労働契約を解消することができる。

　労使紛争の調整が継続している間、労使紛争解決委員会が明確に労働者に労務提供を中止することを命じない限り、労働者は労務提供を継続しなければならない。例外として、労働安全基準が遵守されない場合に、その旨を使用者に連絡して、労働者は労務提供を拒否することができる。この場合は直ちに、労働者は労使紛争解決委員会に通知しなければならない。

　使用者が、労使紛争解決委員会の許可を得ないで、労働者を作業場から締め出した場合、使用者は、その締め出しによって労務提供できなかった分の報酬を支払わなければならない。

　労働者が使用者の業務を妨害する行為を行う場合には、労働者代表や労働組合と協議をした後、労働者に事業場に接近することを制限や禁止をすることができる。このことは直ちに労使紛争解決委員会に報告されなければならない。

　労働・社会福祉省がはじめて独自に2006年3月から4月に実施された調査の結果によると、調査対象の335事業所のうち、72件の労使紛争があり、事業所内で解決したのが60件、調停で解決したのが3件、労働組合や労働者代表によって処理されたのが9件であった。ほとんどが事業所内での話し合いや団交によって処理されており、ストライキにまで至ったという事例はなかった[46]。

　労働・社会福祉省の発表による労働争議件数を見ると、2009〜2014年までに254件があり、55％が調停で解決し、25％が取り下げられ、19％が裁判

46　中村信太郎（2008）「ラオスの労働事情」鈴木基義・山田紀彦『内陸国ラオスの現状と課題』JICAラオス事務所ラオス日本人材開発センター、185〜186ページ。

所に付託された。その他は未解決になっている[47]。これまで組合によるストライキや抗議行動はまれであったが、今後資源の枯渇によって鉱山の閉山が現実味を帯びており、人員整理問題が発生する可能性がある。

　ラオスにはストライキに関する統計が整備されていない。その要因は明らかになっていない。そもそもラオスではストライキも少なく、統計をとる必要がないと考えられているかもしれない。あるいは、まだストライキの統計をとるだけの準備ができていないだけかもしれない。

　最後に国際的な労使紛争の調整という点については労働法153条に規定されている。労働管理局や労使紛争解決委員会に申し立てする前に、ラオス国を一方当事者とする国際条約や合意に基づき解決を図ることが定められている。

● 小括

　社会主義国であるラオスの労使関係の特徴をまとめると、まず、政府と労働組合が一体化していることにある。公務員組合には大統領、首相をはじめ政府関係者のほとんどが組合員として加入している。労働組合の役割が使用者との団体交渉によって労働条件の維持改善を図るだけではなく、社会主義体制を維持するための大衆団体としての役割も果たさなければならないという特徴もある。特にナショナル・センターとなっているラオス労働連盟は、そもそも民主国家の労働組合と異なり、政府機関と同様に政府からの財政支援を受けている。これは、大衆団体としての役割も担っているためである。

　労働組合だけでなく、従業員代表の制度も導入されていることもラオスの特徴である。労働組合が組織されていない労働単位で、従業員の意見を代表するために企業レベルに従業員代表が選出されている。両者の役割の競合や対立が生じないように配慮されている。

　団体交渉が行き詰まった場合に、労働組合側にストライキ権、使用者側にロックアウト権が認められるが、ラオスではそれらが一部否定されている。紛争が生じれば、労使紛争処理機関を利用して紛争を処理するかたちになる。ただラオスでは労使の大規模な対立が生じているわけではない。労働者の不

47　Thipmany Inthavong, 2015, *Labour Disputes Settlement in Laos P.D.R.* submitted to the Fifth Conference of Asia Society of Labour Law at Tokyo, March 2015.

満は紛争を提起という手段をとるのではなく、退職して他社に移るという手段をとる場合が多いとされている。このような行動を選択する労働者に対して、労働組合や従業員代表はどうすればいいのであろうか。今のところ確たる解決手段はみつかっていない。

●●● 第6章 ●●●

労働災害と労働安全衛生

ビエンチャン郊外の国道13号線沿いの商店

● はじめに

　本章はラオスの労働災害の実態や労働安全衛生基準や対策の内容を紹介することを目的としている。ラオスは熱帯性気候のために温度や湿度が高いことや、農林業や鉱山採掘が主たる産業となっていることが労働災害の事故発生やその対策の特徴になっている。この分野は、先進国や国際機関の技術的な援助を受けているため、国際協力の事例も紹介する。

● 1　労働災害の特徴

　ラオスの経済の中心は農林業にあり、農村や山林での作業中に生じる安全衛生問題が存在する。特に、林業では木材の伐採や輸送の際の安全保持が問題となる。ラオスでは、木材の伐採は政府の許可が必要であるが、住民による違法伐採もあり、その際に発生する労働災害が散見される。

　ラオスは天然資源が豊富で、金、銀、銅、錫、鉄鉱石、亜鉛、石炭、カリウム、ボーキサイト、サファイア、ルビー等が産出されている。これらの資源の商業ベースでの外資系企業による鉱山開発が2000年代に入ってから始まった。天然資源は山間部で採掘されており、地滑り、地下鉱山の崩落、火薬の暴発等による事故が起こり、自然環境保護とともに労働安全衛生の確保が不可欠である。ラオスでは、水力発電が輸出産業を支えているが、ダムが山間部に設置されており、その建設や保全の際に事故が発生している[1]。山間部のため治療が遅れて重症化しやすい。

　ラオスは、第1章でも記述した通り、熱帯モンスーン気候に属し、1年の大半は高温多湿で、4月から5月が最も暑くなる。保健衛生状態が悪いことや医療水準が低いため、様々な熱帯病や感染症が従業員の間で広がれば、欠勤が増えるとともに、労働生産性に大きな影響を与える。

1　最近の注目された事例は、2018年7月23日チャンパーサック県パクソン郡で建設中のセーピアン・セーナムノイダム決壊の事故である。多数の死亡者が出たほか、多くの住民が家屋を失った（Laos dam collapse: hundreds missing after villages flooded, *Guardian*, 24 July 2018）。
　（https://www.theguardian.com/world/2018/jul/24/laos-dam-collapse-hundreds-missing）
　なお、本章におけるウェブサイト参照の最終閲覧日は特に断りのない限り、2020年1月23日である。

　労働災害の発生を防止するための監督体制が不十分という現実もある。企業への労働監督を実施する人員が少なく、その職員による腐敗も問題視されている[2]。

● 2　労働災害の発生要因

　ラオスは熱帯性気候のために温度や湿度が高く、勤務中に緊張状態を持続することが困難であり、不注意から事故が発生しやすい。また、鳥インフルエンザ、デング熱、マラリア、コレラ、肝炎、腸チフス、ジフテリア、髄膜炎、麻疹等の感染症を発症する者が多い[3]。世界保健機関(WHO)は首都ビエンチャン市を除く全ての地域をマラリア汚染地域に指定している。ラオス南部にはメコン住血吸虫症やレプトスピラ症という風土病が流行しているという。この他に医療水準が低く、医療設備が整備されていないことから病状が悪化する可能性がある。

　交通手段の安全性にも問題がある。最近の経済成長で自動車やオートバイが急増しているが、車の整備不良や交通ルールを無視した運転で交通事故が多発している[4]。地方では、未舗装の道路やがけ崩れを放置したままで補修工事がなされていない道路を原因とする事故が多発している。メコン川の船舶が運搬手段に利用されているが、安全管理が不十分なために、座礁や沈没事故も多い。これらの交通事故が通勤途中や商品の運搬中に起きれば、労働災害として扱われる。

　上下水道が整備されておらず、水質に問題のある水を飲むことによって、下痢性疾患が重大な問題となっている[5]。重症化すれば死亡に至る場合がある。さらに食品衛生管理に問題があり、食中毒を発生しやすい。企業内の食堂での衛生管理には注意する必要がある。

2　第2章第1節(2)(c) 31ページでも記述のとおり、トランスペアレンシー・インターナショナルによる腐敗認識指数ランキングにおいて、ラオスは180カ国中130位という低い順位にある。

3　外務省ウェブサイト「世界の医療事情 ラオス(ビエンチャン，ルアンパバーン)」参照。(https://www.mofa.go.jp/mofaj/toko/medi/asia/lao.html)

4　Panyasith Thammavongsa, 2008, "National road accident rate drops," *Vientiane Times*, Saturday, August 9, 2008, Home News, p. 3.

5　前掲注3、外務省ウェブサイト参照。

　農村部において健康・医療情報が周知されないために、都市部と比較して労働災害や職業病の発生の割合が高いことが指摘されている[6]。労働災害補償制度が設けられていても、その手続の煩雑さや長時間を要することから、低い額で労働者やその遺族が使用者との示談に応じてしまいがちである。

● 3　労働災害対策

(1)　労働法上の労働災害についての規定

　労働災害防止を目指す基本法は労働法(主に119条〜126条)であり、安全衛生についての問題を管轄している省庁は、労働・社会福祉省の労働管理局である。労働法上の労働安全衛生に関する規定内容は以下のようになっている。

　使用者に労働安全や労働者の健康を保持する義務が課せられている(119条)。例えば安全基準やリスクを定期的に点検し、最低年1回労働管理局に報告書を提出しなければならない。企業内の規則を労働組合または従業員代表あるいは過半数の労働者と協議して合意のもとに作成することが定められている。労災が発生した場合にはその詳細を労働管理局に報告しなければならない。

　労働者100人未満の事業所には、安全および健康を管理する責任者1名を配置しなければならない(123条)。100人以上の事業所では、責任者2名以上を配置して、安全および健康管理委員会を設置して研修を実施しなければならない(123条)。研修のテーマは麻薬の禁止、HIV・エイズの感染症防止などが想定されている(119条10項)。

　労働者50人以上の事業所には最低1名の医療スタッフを配置し、50人未満の場合には、医薬品を常備し、応急処置責任者を配置する必要がある(124条)。最低年1回の健康診断を実施することとなっており、危険業務や夜間業務の場合には、最低年2回の健康診断を実施しなければならない(126条)。

6　Bounfeng Phoummalaysith, Khamphao Hompangna and Latanaxay Khamsida Provincial, 2005, *Health and Social Welfare Report in Lao PDR*, The 3rd ASEAN & Japan High Level Officials Meeting on Caring Societies: Development of Human Resources and Partnerships in Social Welfare and Health.
　(https://www.mhlw.go.jp/bunya/kokusaigyomu/asean/asean/kokusai/siryou/dl/h17_lao.pdf)

資材の適切な配置、落下防止策、高所での作業の際のロープや安全ベルトの装着、足場の固定、作業台の高さの調節、危険個所に接触ガードを設置、照明設備、換気、騒音対策、有害化学物資の適切な管理、暑さや寒さ対策、緊急事態への対応、ヘルメットやサングラス、マスクなどの防護具の配給等が定められている（119条2、5、6、8号）。

飲料水、食堂、休憩所、ロッカー、通勤用の駐車場、男女別トイレ、洗面台、従業員の送迎バスの手配等が定められている（119条9号）。

事故が発生し、労働者が4日以上休業しなければならない場合には、事故の詳細を労働管理局に報告しなければならない。労働者が負傷または死亡した場合も同様である（125条）。

(2) 衛生・疾病防止および健康増進法

衛生や健康増進面の基本法として「衛生・疾病防止および健康増進法」が2001年に公布・施行されている。これは保健省の管轄下にあるが、労働安全衛生に重大なかかわりを持っている。

市民の健康保持義務や医療サービスへのアクセスの権利を保障し（同法3条）、国家の市民の健康を保持する責任を規定している（4条）が、企業には労働者の健康保持のための措置を義務づけ、労働者には健康診断を受ける義務を課している（18条）。また病原菌や有害な化学物質の拡散を避けるために製造工程の基準を遵守することが個人や組織に求められている（19条）。土木建築の現場で、労働者の健康と生命を危険に晒すことを避ける措置が求められている（20条）。さらに健康増進のための教育（29条）、母子保健（30条）、若者の保健（31条）、高齢者・障がい者の保健（32条）、栄養改善（33条）、スポーツの普及（34条）が定められている。

(3) 鉱業法

1997年4月31日に公布された「鉱業法」では、鉱業を営む企業主の義務を定めている。

同法42条において、労働者の福祉、健康および安全を確保するために、ラオス人の職員に技術面での訓練や資格を取得させることを事業主に義務づ

けている。45条では、環境保持のための能力や安全を確保するために、エ
ネルギー・鉱山省、その他の関係する省庁の許可を得て、有資格者が国際基
準に達する適切な技能技術を用いることを求めている。

(4) 製造業法

　1999年4月26日公布された「製造業法」では、14条において、操業許可を
得た工場は、生産品の質と基準を確保するとともに安全や健康や工場の環境
を遵守するための活動を開始しなければならないことを定めている。

　工場での操業は、社会への配慮や騒音、採光、臭気、毒物、ほこり、煙、
気温、湿度等々の環境に悪影響を与えないように配慮して行われなければな
らない。有毒な化学物質の輸送や使用の際には、工業・商業省の定める規則
や環境基準に従わなければならない(20条)。工場主は、労働者の賃金、福祉、
健康および安全を含む地位向上と技術訓練を実施しなければならない(同法
42条)。

(5) たばこ規制の政令

　2019年3月15日に施行された政令でたばこ規制を強化している。たばこ
の健康被害を怠ったメーカーや輸入業者への罰金を重くするとともに、事業
免許をはく奪できる場合を定めている。これはたばこの規制によって健康被
害を防止しようとする狙いである[7]。今後、職場においてたばこ被害をどう
防止するかが問題となってこよう。

(6) 国の労働安全衛生政策

　労働安全衛生に関する全国レベルの三者制の協議会が最初に開催されたの
は2000年3月であった。ここでは中小企業、建設業と農業での労働安全衛生
に焦点をあてることが決められた。第2回が2004年7月に開催され、国家労
働安全衛生行動計画を作成することが関係省庁を含めて協議した結果決めら

7　NNA ASIA：アジアの経済ニュース・ビジネス情報「新政令でたばこ規制強化、違反
　者に罰金」参照。
　(https://www.nna.jp/news/show/1876704)

れた[8]。

　第2回の前年の2003年にILOの協力を得て、国家労働安全衛生計画(National OSH Programme)が作成された。その前提としてラオスの労働安全衛生に関する調査がなされたが、その報告書(National Profile of Occupational Safety and Health of Lao PDR)は、2005年に発表されている。

　国家労働安全衛生計画の第1期は2006年から2010年の期間、第2期は2011年から2015年までの期間であった[9]。

　労働安全衛生の基本計画は、使用者および労働者が職場で労働安全衛生を促進するための制度の枠組を整備し、全ての労働者に訓練を提供し、効率よく制度の枠組を機能させるための援助を政府が行うことを謳っている。具体的には以下のことを目標に掲げている。

　・県レベルでの労働安全衛生を促進するための組織の設立
　・労働安全衛生に関する特別法の制定
　・労働安全衛生を担当するスタッフの人材育成の推進
　・労働安全衛生の監督業務の強化
　・労働災害や職業病の報告制度の改善
　・労働安全衛生についての研究の促進
　・労働災害や職業病予防の強化
　・労働安全衛生や健康についての情報の周知
　・労働安全衛生研究所を設置するための調査の実施

● 4　労働災害への補償

労働災害への補償については社会保障の章(第7章)(178ページ)に譲る。

8　National Profile of Occupational Safety and Health(OSH)of Lao PDR.
(https://www.ilo.org/global/topics/safety-and-health-at-work/areasofwork/natio
nal-occupational-safety-and-health-systems-and-programmes/WCMS_187981/lang--
en/index.htm)
9　Ministry of Labour and Social Welfare, 2011, "The 2nd National Occupational Safety
and Health(ODH)Programme: Lao PDR 2011-2015," June 2011.
(https://www.ilo.org/asia/WCMS_208356/lang--en/index.htm)

● 5　労働災害防止のための国際協力

　ASEAN諸国が実施している労働災害防止の取り組み、ASEAN-OSH-NET（Occupational Safety & Health Network）にラオスは参加している。ILOは労働・社会福祉省が組織するワークショップ、中小企業や建設業での労働安全衛生の訓練のためのワークショップの開催を支援している。ラオスは労働安全衛生を監督する職員が少なく、その訓練も十分になされていないのが現状である。こうした現状を踏まえてILOやASEANが労働安全衛生を監督する職員の訓練の機会を提供している。

　その他、ILOが実施主体となってVision Zero Fund Projectが進められている。このプロジェクトはG7においてサプライ・チエーン管理のために開発途上国における労災による死亡や負傷・疾病を防止する必要があることが認識されて設置されたものである。ラオスでも2018年度からこのプロジェクトが開始されており、労働安全衛生の監督業務に携わる職員の能力向上を目指している[10]。特に縫製業での労働安全衛生に重点が置かれている。

　オーストラリア労働組合評議会（ACTU）が中心となって国際協力のために設立した団体Australian People for Health, Education and Development Abroad（Union Aid Abroad APHEDA）がラオスにおいて労働安全衛生の分野で活動している。例えば、ラオスでは屋根のタイルにアスベストが使われていることが一般的であり、その危険性が屋根職人に知られていない。2012年にラオス政府はアスベストの使用禁止の規則を公布しており、ACTUはアスベストを廃止するための活動に資金と人材を提供して、その周知に取り組んでいる[11]。

　ドイツの支援による職業訓練施設では、職業訓練指導者の訓練技術向上に関する労働安全衛生のための訓練プログラムが導入されている。その一方で、

10　"Labour ministry, partners address worker health and safety," *Vientiane Times*, September 4, 2018, p. 3.

11　Union Aid Abroad-APHEDA Lao PDR ed., 2015, *Summary paper on Asbestos Situation and APHEDA projects in Lao PDR.*
　（http://www.apheda.org.au/）
　（http://anroev.org/aban/wp-content/uploads/ABAN2015/Union%20Aid%20Abroad_APHEDA%20Lao%20PDR.pdf）

日本からは、参加型労働安全衛生教育POSITIVE(Participation -Oriented Safety Improvement by Trade-Union Initiative)を通じた支援が実施されており、メコンデルタ地域の国々の産業医学、労働衛生の研究者や労働組合の役員を集めて国際研修ワークショップが開催されている。また、日本の労働科学研究所と東京労働安全衛生センターは、ベトナムのカント省労働衛生環境センターと協力して、メコンデルタ国際研修運営委員会が発足し、カント市で毎年、国際研修ワークショップが開催されている。このワークショップにラオスの人々も2009年から参加している[12]。

● 小括

　熱帯性気候の中で、労働災害の防止や労働安全衛生の向上を図ることは容易ではない。気温の高さや雨期の降水量の多さなどの影響を考慮に入れる必要があるからである。

　法律や規則では使用者に対して安全衛生基準を遵守することを求めているが、見過ごされがちである。基準を遵守することによって、最終的に生産性向上につながるので、設備投資などが必要であるにもかかわらず節約するために、基準が遵守されないままになる傾向がある。労働者側にも労働安全衛生基準への認識が十分に広がっていないという問題もある。さらに、労働監督がどこまで役割を果たしているかが問われる。

　労働者が労働災害によって死亡したり障がいを負うことは、労働者やその家族に貧困を生み出すことにつながる。ラオスではその補償が不十分だとの指摘があり、問題化している。さらに救済を受けるための手続に日数を要するために、貧しい労働者やその家族の救済になりにくいという事情がある。貧困率低下を目標としているラオスとして、労働災害による貧困の解決に取り組む必要がある。

　労働災害防止や労働衛生の向上は、労使関係とは異なり社会体制やイデオ

12　中地重晴(2012)「メコンデルタ地域における参加型労働安全衛生教育の現状」『海外事情研究』熊本学園大学付属海外事情研究所、39巻2号、107〜122ページ。
(http://www3.kumagaku.ac.jp/research/fa/files/2012/03/8d80448251122ad287738d4af8672d08.pdf)

ロギーの違いには関係なく、技術的な支援が国際的協力によって実施することが可能である。本章で紹介したように労災防止のための国際協力が各国、国際機関によって取り組まれており、近い将来にラオスの労働災害の発生が改善されることが期待されている。

第7章

社会保障・社会福祉

労働・社会福祉省庁舎

パトゥーサイ

● はじめに

　本章はラオスの社会保障制度や社会福祉制度について紹介することを目的
としている。ラオスにおける社会保障制度は、公務員を対象とする社会保障
制度が先行して整備されてきたが、民間部門では整備が遅れている。2013
年に成立した社会保障法に基づく医療保険制度は民間企業への普及を図り、
さらに将来的には国民皆保険制度の実現によって国民全てが医療保険を受け
られることを目指している。年金制度や失業保険制度も適用範囲が限定され
ており、その拡大を目指している。

　社会福祉についてもまだ国民の求めに応じるには不十分な状況にある。児
童、障がい者、高齢者という社会的弱者の身の回りの世話は基本的には親族
が担っており、さらに地域社会、特に農村では仏教寺院が大きな役割を果た
している。これに対して公的な支援がまだ不足している状態にある。

　本章の最後では、職場だけでなく社会全体で取り組むべき社会問題として、
麻薬やHIV/AIDSの問題を取り上げる。医療や生活維持にかかわる問題と
して、ここで取り扱うことにする。

● 1　社会保障制度総論

　国連開発計画(UNDP)は1980年から人間開発指数(Human Development In-
dex, HDI)を発表している。これは平均寿命、就学率、1人当たりの実質国民
所得の3つの側面から人間開発の達成度を示す指数である。2016年の『人間
開発報告』によると、ラオスの指数は0.586で、188国の中で138位にランク
されている[1]。東南アジアの中でも最も低いランクであり、まだ開発途上に
あることがわかる。この指数は着実に上昇しており、1980年の0.34から、
1990年には0.4、2000年には0.465、2010年には0.54となっている。少しずつ
ではあるが人間開発が進んでいることを示している。

---

[1]　United Nations Development Programme (UNDP), *Human Development Reports.*
　(http://hdr.undp.org/en/countries/profiles/LAO)
　なお、本章におけるウェブサイト参照の最終閲覧日は特に断りのない限り、2020年1月
　23日である。

（1）憲法上の規定

2015年憲法上の社会保障にかかわる規定として、25条と28条がある。25条は保健・医療政策を規定し、その1項では、「国家は人民の健康を維持するために、公衆衛生事業の改善および拡充に配慮する」と定められている。2項では、疾病予防制度や医療制度を改善して、とりわけ母親、子ども、貧困者および遠隔地の居住者が健康管理を受ける条件を整備することを定めている。これらは政府のプログラム規定としての意味がある。

2015年憲法28条において、「国家および社会は、とりわけ国民的英雄、戦士、年金受給者、身体障がい者、革命事業のために亡くなった者の家族および祖国に功績がある者への適切な社会福祉政策の実施に配慮する」と定めている。これは国に功績のある者に対する社会福祉政策を特別に配慮することを定めている点に特徴がある。

（2）基本方針

政府の基本方針は「ビジョン2030」[2]を達成するための10カ年開発戦略（2016年〜2025年）、第8次国家社会経済開発5カ年計画（2016年〜2020年）の中に示されている。2030年までに上位中所得国として1人当たりGDPを約9,000USドルにまで引き上げることを目標とし、そのために、①年率7.5％以上の経済成長、貧困率を5％以下に下げる、②乳児死亡率を1,000人当たり30人に削減、③5歳未満の乳児死亡率を1,000人当たり40人にまで削減する、④妊婦死亡率を1,000人当たり160人以下に削減するといった目標値を掲げている。つまり、母子保健に関する取り組みに重点を置いていることがわかる。母子保健を中心とする健康開発の促進計画として2000年に保健省が発表した「2020年までの保健戦略」（Health Strategy up to the Year 2020）がある[3]。

2　2030年までに1人当たり年間平均所得を4倍にして上位中所得国に入ることを目標とする国の基本方針（本書第2章第2節（1）33ページ参照）。

3　川端眞人（2002）「ラオス保健サービスの課題と展望」『国際協力論集』神戸大学大学院国際協力研究科、9巻3号、57〜69ページ。
（http://www.lib.kobe-u.ac.jp/handle_kernel/00104141）

● 2 社会保障制度の概略

　ラオスの社会保障制度は、公務員、軍人、警察官およびその家族が対象となる制度から始まり、1993年11月公布の首相令178号に基づいている。民間の労働者およびその家族を対象とする社会保障制度は、1999年12月公布の首相令207号に基づき、2001年6月1日から始まった。その根拠となっている首相令は2013年社会保障法に格上げされ、その実施のためのガイドラインが2015年7月24日に公布されている。この法律によって公務員、軍人、警察官と民間企業の両方をカバーする社会保障制度となっている。この制度設計にはベルギーやルクセンブルクの支援を受けてILOが技術協力をしている。

　制度の運営は特別法人社会保障基金が担っている。理事会によって運営されているが、理事長は労働・社会福祉大臣、副理事長は財務省、保健省、ラオス労働連盟、ラオス全国商工会議所からの代表、理事は労働・社会福祉省、国防省、公安省、財務省、内務省、ラオス女性同盟、ラオス労働連盟、ラオス全国商工会議所ともう1つ別の使用者組織代表、基金事務局長から構成されている(同法61条)。

　1人以上を雇用する民間企業が強制適用になるが、被用者ではない独立自営業者や加入を希望する者も任意に加入することができる。加入する者は使用者も労働者もともに社会保障基金に登録しなければならない(64条)。

　基金は、保険料で運営されているが、民間の労働者の場合、労働者は給与の5.5％、使用者は6％を支払う(55条2項、56条2項)。使用者負担が0.5％多いのは労災補償を使用者が負担しているためである。保険料計算の対象となる上限は450万キープ、下限は最低賃金額の110万キープであり、最低賃金が上がると下限の最低額が変更される。

　公務員、軍人、警察官の場合の保険料として、全給与の8.5％相当額を政府が支払い(55条1項)、公務員、軍人、警察官は月給の8％を支払う。独立自営業者や任意の加入者は9％の保険料率になっている(図表7-1参照)。

　給付内容は医療給付、出産給付、疾病等による休業手当、労災・職業病および疾病による傷病手当、障がい手当、老齢年金、葬祭料、遺族給付、失業手当の9種類である。

図表7-1　社会保障基金の中での保険料の区分け

基金名称	政府部門	民間部門	自営業等部門
医療・健康基金	1.5%	1.5%	1.5%
労災および職業病基金	0.5%	0.5%	0%
短期給付基金	2.5%	2.5%	2.5%
長期給付基金・年金	12.0%	5.0%	5.0%
失業給付基金	0%	2.0%	0%
合計	16.5%	11.5%	9.0%

（出所）　国際労働財団編「2017年　ラオスの労働事情」
　　　　（http://www.jilaf.or.jp/rodojijyo/asia/southeast_asia/laosu2017.html）
注：出所の資料では「0％」の欄は空欄となっているが、合計数値に基づき「0％」を
　　記載した。

　転職を繰り返して定期的に保険料を支払っていない者は、新たに社会保障
を受ける資格を更新しなければならない（50条）。退職した者が仕事に復帰し
て保険料を納付する場合、保険料納付期間が合算される（51条）。

　公務員、軍人、警察官およびその家族に対する制度によってカバーされる
のは人口の15％、社会保障法によってカバーされる民間企業の労働者は人
口の6％程度と想定されている[4]。大企業は既に加入しているが、今後中小企
業、特に地方都市の企業に加入を促進していくことが必要である。中小企業
が増加する場合、給与水準が低いために保険料の拠出が大きく増加しない可
能性があるが、そこでも財政負担をどうするかという問題が生じてくる。

（1）医療給付

　医療給付は、最低1カ月の保険料を支払うと、加入者とその配偶者と生計
を維持している子どもを対象として労災以外による疾病や負傷、出産による
疾病の治療を受けさせることができる（12条1項）。最低3カ月の保険料を支
払うと、加入者本人は労災以外の疾病の治療を受けられ、さらに18歳未満
の子どもまたは勉学中で未婚の23歳未満の子どもが疾病や負傷の治療を受
けることができる（12条2項）。

　治療は指定された病院で現物給付として治療を受けることができる（13

4　WHO Representative Office, Lao People's Democratic Republic ed., Health Financing.
　（http://www.wpro.who.int/laos/topics/health_financing/en/）

条)。医療費の支払いは疾病の程度や治療の質によって定められているが、病院毎に登録人数に応じて定額医療費を支払うという人頭請負制度によって医療保障を行ってきた[5]。それだけでは不十分なため、医療機関との契約によって治療費を個別に支払うやり方も導入している。

(2) 出産給付

　最低6カ月保険料を支払い、妊娠3カ月以降の出産や流産、妊娠中絶をした場合に、加入者の月給の60％相当の額が子ども1人当たり給付される。妻が仕事を持っていない場合にも加入者の配偶者として同じ額が給付される（18条）。出産によって仕事に復帰できないことが医学的に認定された場合には、過去6カ月の月給の平均の80％相当の額を3カ月間のみ受け取ることができる。その後は疾病給付や障がい給付に移行する（19条）。

(3) 労災・職業病および一般の疾病による傷病手当と障がい手当

　労災や職業病で治療が必要な場合は、医師の診断に応じて社会保障基金が治療費を支払う。

　労災や職業病によって一時的に就労能力を喪失して、治療やリハビリを受けている場合、労災や職業病による傷病手当が、過去6カ月間の平均月給の70％を最大6カ月間支給される。労災による疾病や職業病の発症後、勤務することができず退職した場合はその半額が支給される（23条）。一般の疾病による傷病手当は平均月給の60％が最大3カ月間支給される。勤務しないで退職している場合には、その25％が支給される（25条）。

　傷病手当が支給された期間後も就労能力の喪失が続いている場合、就労能力喪失の程度によって8つのカテゴリーに区分して、障がい手当が支払われる（20条）。

　カテゴリー1（81〜100％）、カテゴリー2（71〜80％）、カテゴリー3（61〜70％）、カテゴリー4（5〜60％）、カテゴリー5（41〜50％）までは毎月の障がい手当、カテゴリー6（31〜40％）、カテゴリー7（21〜30％）、カテゴリ〜8（1〜

5　漆原克文(2005)「ラオス、カンボジアの社会保障制度」『海外社会保障研究』国立社会保障・人口問題研究所、150号、2005年春、91ページ。

20%）は一時金が支払われる（22条）。

　労働災害や職業病によって移動が困難な者に義肢が提供される（26条）。カテゴリー1の労働者を介護する者には、その労働者に支払われる額の70％が、その労働者の生存中、支給される（27条）。

(4) 疾病による休業手当

　最低3カ月の保険料を支払い、疾病のために入院等によって休業している労働者に休業手当が支払われる（29条）。休業してから最初の6カ月間は、過去6カ月間の平均月給の70％に相当する額が支払われる。その後も休業が続いている場合、次の6カ月間は、平均月給の60％に相当する額が支払われる。12カ月以降もなお休業している場合、治療の見込みがないと判断されれば、障がい給付に移行する（30条）。

(5) 老齢年金

　以下の者が老齢年金を受け取ることができる（32条）。それぞれの職場から退職許可の証明書を取得する必要がある。

1. 男性60歳、女性55歳に達し、勤続25年の者が年金を受ける権利を有する。
2. 1975年前に革命運動に参加した者
3. 障がい度カテゴリー1から4までの者
4. 男性55歳、女性50歳で最低20年勤務し、その中で危険な業務に5年以上継続して勤務した者、公務員、軍人、警察官で20年から25年以上保険料を納付した者
5. 民間企業、自営業者、任意加入者で15年以上保険料を納付した者

　年金額は、民間企業、自営業者、任意加入者の場合、退職前12カ月の平均賃金を基礎に保険料納入による獲得年金ポイントを算出して、それに1.5％をかけることによって計算される（34条）。年金額は小切手で受給者に支払われる。

　年金を受ける資格を満たさない者は、過去6カ月の平均賃金の1.5倍に勤続年数をかけた額を一時金として受け取る権利を有する（36条）。

（6）葬祭料

　最低3カ月保険料を納付した者が死亡した場合、その葬式費用が支払われる（38条）。過去6カ月間の平均賃金の12カ月分に相当する額が支払われる。加入者の配偶者が死亡した場合は6カ月分に相当する額、18歳未満の子どもが死亡した場合は3カ月分に相当する額が支払われる（39条）。

（7）遺族給付

　5年以上の保険料を支払った加入者によって生計を維持されていた次に挙げる遺族に該当する場合、加入者の死亡によって月々の手当を受ける権利を有する（41条、42条、43条）。

　夫が死亡した妻が、55歳に達した時点で定期的な所得を得られず、なおかつ再婚していない場合に、夫の最後の月給、老齢年金または傷病給付の30％に相当する額を受け取ることができる。逆に妻が死亡した夫の場合、60歳に達した時点で障がいを負って定期的な所得がなく、再婚もしていない場合に、妻の最後の月給、老齢年金または傷病給付の30％を受ける権利を有する。

　死亡した加入者の18歳に達していない子ども、義理の子ども、養子（これらを総称して孤児と呼ぶ）は死亡者の最後の月給、老齢年金または傷病給付の20％に相当する額を18歳に達するまで受け取る権利を有する。その人数に関係なく、総額で60％以上の額を受け取る権利はない。身体的または知的障がいを負い働くことができない孤児は一生涯給付を受け取る権利を有する。

　死亡者によって生計を維持されていた父が60歳に達した場合、または母が55歳に達した場合、それぞれに所得がないときには、死亡者の最後の月給、老齢年金または傷病給付の30％に相当する額を受ける権利を有する。父母ともにこの基金の受益者である場合には、死亡者の最後の月の給与の50％を超える額を受けることはできない。つまり、30％プラス30％でなく、50％しかもらえないということである。

　国の防衛の戦いのために子どもが死亡した全ての両親には、死亡した子どもが加入者かどうかは問わず、一生涯遺族給付を受け取る権利を有する。

(8)　失業給付

以下の場合に失業給付が支払われる(45条)。

1.　企業からレイオフされて、その企業が倒産した場合
2.　最低30日失業している者として登録された者。就業規則に違反してレイオフされた者や、許可なく任意に退職した者は失業給付を受けることはできない。

失業給付額は、失業する前の6カ月間の平均賃金の60%に相当する額である。保険料納付期間が12カ月から36カ月の場合は3カ月、37カ月から144カ月の場合は6カ月、145カ月以上の場合は12カ月間支払われる(46条)。しかし、合理的理由なく再就職を拒否する場合や再就職先を見つけた場合は、給付が停止される(49条)。

失業給付を受ける者は、必要があれば、ガイダンスや職業訓練を受けなければならない(47条)。新しい職を得るための援助を受ける権利を有する(48条)。

(9)　その他の医療に関する制度

(a)　貧困者以外の者を対象とする地域医療保険制度

先の社会保障基金によってカバーされる医療保障の他に、インフォーマル・セクターの人々を対象とした地域医療保険制度(Community Based Health Insurance Scheme)が世界保健機関(WHO)の支援によって保健省のもとで試験的に2002年から実施されている。これは主に自営業者や農民とその配偶者や家族を対象にしている。インフォーマル・セクターではあるが貧困者でない者とその家族を対象としている(貧困者を対象とする医療保険については182ページ以下で後述する)。

国際協力機構(JICA)の2010年の調査では、加入者数が14万人で、適用対象となるべき者の5%程度しかカバーされていないという[6]。保健省国家健康保険局の試算によると2015年段階で320万人が対象であるが、加入者は5%

6　国際協力機構(JICA)・三菱UFJリサーチ&コンサルティング(2012)『アジア地域社会保障セクター基礎情報収集・確認調査報告書・各国編』ラオスⅢ-15ページ)。

であった[7]。後で述べる保健平等基金に加入すれば保険料の支払いが必要でなくなるので、それを選択する者も出てきている。また、自営業者や農民であっても2013年社会保障法によって任意加入できるため、そちらの適用を受けることも可能である。しかし農村には十分に病院が整備されていないので、医療給付の分野では社会保障法の利用価値が低い。

　地域医療保険制度は、加入者の保険料に依存する部分が大きいために、費用の負担が大きくなることである。国からの援助はなく、自治体からの援助、UN Trust Fund、WHO、フランス開発庁からの援助で運営されているが、まだ全国的に展開するほどの制度にはなっていない。

　ラオス政府は2016年7月から加入者を増加させる政策を実施している。税収をもとに政府財政から1人当たり3万キープが県・郡健康保険局に支払われる。公的医療施設は診療による費用の請求を県・郡健康保険局に行う。県・郡健康保険局は、この請求に応じて医療施設に支払う。外来診療の場合には、人頭払い、入院診療の場合には、6段階の出来高払いで支払われる。患者からは比較的安価な負担を窓口で徴収する。これは過剰な医療施設の利用を予防するために決められた額である。外来診療の場合、保健センターで1万キープ、郡病院で1.5万キープ、県病院で1.5万キープ、中央病院で2万キープ、入院診療の場合、保健センターで5,000キープ、郡、県、中央病院で3万キープである。貧困者は原則として無料とされているが、医療施設の判断に任されている[8]。この制度によって、2016年12月段階で人口の4割が医療保険制度でカバーされていると保健省はみている。

(b) 貧困線以下の者を対象とした保健平等基金

　貧困線以下で暮らしている貧困家族を対象とした保健平等基金(Health Equity Fund)が2004年から試験的に保健省の管理のもとで施行されている。貧困者の定義は首相令285号で以下のように定められている。都市部では1人

7　小原ひろみ(2018)「ラオスの保健セクターの現状：2025年ユニバーサル・ヘルス・カバレッジ達成に向けて」、鈴木基義編著『アセアン経済共同体とラオス』JICAラオス事務所、210ページ。

8　前掲注7、小原ひろみ(2018)、210ページ。

当たり月額所得が240,000キープ以下、農村部では192,000キープ以下の者が
貧困者の定義となっている。貧困者は保険料の徴収はなく、全て税金やドナー
国からの援助で賄っている。ラオス赤十字、スイス赤十字、アジア開発銀行、
世界銀行、ルクセンブルクの協力を得て実施されている。医療費だけでなく
医療機関に通う交通費や食事代も給付されている。これは医療施設から遠方
居住者のために補助する制度である。これで人口の23％をカバーすること
になるとされている。

　先に述べた社会保障基金がカバーする公務員の医療保険、被用者の医療保
険、地域医療保険、保健平等基金の4つの制度でカバーするのは、2012年段
階で人口の20％未満にとどまっている[9]。保健省は先に述べたように4割が
医療保険制度でカバーされているとみているが、2020年までには人口の8割
がカバーされることを目標にしている。

　こうした貧困家族を対象とする医療制度とともに、2020年までの目標に
向けて、以上の諸制度を統合して将来的には国民皆保険制度を目指している。
その一歩として2018年12月13日国会において健康保険法が成立した。保健
省は2017年12月「国家健康保険戦略2017-2020」を発表し、2018年に健康保
険法の成立を目指していたが、それが実現したことになる。今後の具体的な
施策は省令によって細則が定められるまで不明である。国の財政が苦しい状
況にある中で、どこまで税の負担で医療保険制度を支えられるのかが問題と
なる。

　さらに、健康保険法は、以下にのべる母子保健サービスも統合していくこ
とを定めている。この統合を実施するための省令は2017年9月に発効されて
いるが、健康保険法の中でも母子保健サービスが明確に規定されることに
なった。この母子保健サービスは無料で妊娠中の女性や新生児の健康診断や
健康教育がなされるスキームであるが、最初いくつかの県で国際NGOの協
力のもとで実施され、これを全国展開することが予定されている。満5歳ま
での乳幼児死亡率および妊娠や出産ををを原因とする母親の死亡率は徐々に改
善されてきている。だが、先進国と比べると高い状態が続いているので、そ

9　岩本あづさ・岡林広哲・橋本麻由美（2014）「ラオスの保健医療の現状と課題」鈴木基義
　　編著『ラオスの開発課題』JICAラオス事務所発行、102ページ。

れらを改善するのが母子保健サービス統合の目的である。

(c) 母子保健に関するプロジェクト

　ラオスは多産であることが母子保健サービスの問題を深刻化させている。短い間隔で出産したり、過剰な出産を繰り返す女性が多い。一般的に伝統社会では多産多死であるが、経済社会開発が進むと小産小死に移行して、これがさらに進むと高齢化社会へと向かう。ラオスはまだ経済社会開発が進む前の多産多死の社会である。ラオスは国土の広さに比して、人口が多くないために人口増を抑制するという政策は採用されていない。特にラオス農村の女性は妊娠しても医療施設で検診を受けることなく、自宅や山林や屋外で出産するケースがみられる[10]。それが妊娠中の検診、予防接種、栄養改善等によって改善され始めている。それでも置き薬や野生野草を利用するといった、村の伝統治療を担う者に相談している場合が多い。これを母子保健サービスによって改善していくために健康保険法の枠組みに取り込まれることになったが、今後どのように実施されていくかが問題となる。

　母子保健のプロジェクトとして「家族計画」がWHOや国連児童基金(UNICEF)の協力によって、1990年代から本格的に導入された。ただ「家族計画」は世界的には人口増を抑制することを目的としているが、ラオスでは母親の健康のために出産する間隔を空けることを目的としている点が若干異なる。この家族計画の普及はラオス女性同盟によって進められている[11]。ラオスは人口が少ないという認識があり、むしろ人口増を国の政策としているためである。

　栄養不良のために発育阻害に陥っている5歳未満の子どもが多いとされている。これは貧しい食事や不十分な母乳による授乳が原因である。生後6カ月間の完全母乳育児とその後の離乳食によって、子どもを病気から守る運動が進められている。

10　嶋澤恭子(2014)「ラオスにおける『生殖コントロール』の様相：女性の健康プロジェクトとしての導入」小浜正子・松岡悦子編『アジアの出産と家族計画：「産む・産まない・産めない」身体をめぐる政治』勉誠出版、195ページ。

11　前掲注10、嶋澤(2014)、194〜222ページ。

　低栄養状態の改善はミレニアム開発目標にも取り上げられており、ラオス保健省が中心となって、2008年12月に最初の国家栄養政策が作成された。10カ年国家栄養戦略（National Nutrition Strategy and Plan of Action, 2010-2015）が立案されて、少数民族にもコンタクトを持っているラオス女性同盟が中心となって、全ての村で運動を進めている。

(d) 医療人材不足の問題

　ラオスは2025年までにユニバーサル・ヘルス・カバレッジ（UHC）を達成することを目標としているが、医療にかかわる重大な問題は、医療人材の不足である。医師や看護師その他の医療従事者は全て公務員であるが、首都に人材が偏在して、地方の農村部に極度の人材不足に陥っている。山間部や僻地では、金銭面でもキャリア形成面でも不利であり、医療人材確保が困難になっている。そのために地方では病院で診察を受けるより、置き薬や薬草を利用したり、伝統治療師に頼る伝統が残っている。

　ASEAN諸国で医療行為を行う資格を取得した者は、ラオスで医療行為を行うことは可能になる制度が導入されている。これはASEANにおける医師の相互承認に関する協定[12]に基づいている。ラオスで医師の資格を取得した者が、金銭面でラオスより有利になる他のASEAN諸国に移動することを可能にする制度でもあるため、必ずしもラオスにプラスになる制度ではない。

　富裕層は医療水準の高いタイやシンガポールの医療機関を利用するアウトバウンドの医療ツーリズムがみられるが、ラオスの医療水準が低いためにインバウンドは見られない。この医療ツーリズムは上記の医療保健制度を利用できない。

　医療機関として保健省の管轄下にある国立総合病院と専門病院、県保健局の管轄下の県病院、郡保健局の管轄下にある郡病院がある。その下にはヘルスポストがあるが、補助医や看護師がいるだけで、医療設備は不十分なままである。村レベルでは、ボランティアとして養成された医療労働者（Village

---

12　ASEAN Mutual Recognition Arrangement on Medical Practitioners.
　（https://asean.org/?static_post=asean-mutual-recognition-arrangement-on-medical-practitioners-2）

Health Worker)が働くプライマリー・ヘルス・ケアが組織されている。そのほかに私設のクリニックがあって、医師が病院での勤務時間外に診療を行っている。

● 3　社会福祉制度

　社会福祉は労働・社会福祉省社会福祉局が担当している。社会福祉関係の調査、政策の策定、法案や規則案の作成、社会福祉施設の管理等を行っている。

　ラオス国民の多くが上座仏教を信仰しており、その信仰は社会福祉において重要な役割を果たしている。ラオス人民民主共和国の成立直後は、ラオス人民革命党が仏教を統制するために、僧侶には托鉢を禁止し、社会主義にしたがって労働することを求めた。しかし国民が反発したため、仏教の役割を認める方針転換がなされた。僧侶の托鉢にみられるように、ラオス人は寺院に寄付を行う一方、寺院側は地域の社会福祉を担うと同時に、コミュニティーセンターとしての役割を果たしてきている。例えば寺院が貧困層に食事を提供したり、子どもだけでなく大人にも教育の場を提供している。貧困のために学校での教育を受けられない子どもが寺で僧として生活しながら勉強を継続できる仕組みがあり、これが国の教育制度を補填する役割を担っている[13]。

　社会福祉の分野に国内や外国のNGOが参入して、政府や宗教組織ではカバーできていない領域で活躍している。国内のNGOは2009年に制定された団体令(Decree on Associations)に基づき認可されている。この団体令は2017年に改正され、11月15日から施行されているが、政府の規制が厳しくなった。NGOの活動領域は、経済団体、専門技術団体、社会福祉団体の3種類に限定され、活動するためには内務省によって登録が認められなければならない。憲法や法律に違反する場合、国防や社会秩序を危うくする場合、地域の統合、宗教、少数民族を分断する場合、国益を損なう場合等には解散を命じられる(同令48条)。これらの規制に対して、ラオスで活躍する国際人権団

13　日本ユネスコ協会連盟のウェブサイト「世界寺子屋運動　ラオスプロジェクト情報」参照。
　　(https://www.unesco.or.jp/contents/tera/report/pdf/lao201010.pdf)

体から、国際人権規約にしたがって修正を求める声が起きている[14]。

（1）児童福祉

　児童福祉の基本法となっているのが、2007年の子どもの権利および利益擁護法である。その中で、子どもを虐待、放置、拷問その他の酷使等から保護する責任を政府が持っていることを明確にしている。労働・社会福祉省の中で「子どもの保護と援助審議会」が設置され、そこで政策を立案し、それを実施するためのガイドラインを作成する。

　子どもを保護する責任を負うのは通常親権を持つ両親であるが、両親がいない場合や、裁判所によって両親から親権が奪われた場合には、村長によって親権者が親戚の中から選ばれる。政府は親権者をサポートして、自宅で家族とのかかわりの中で、子どもの養育が行われるよう支援する。つまり、血縁者のつながりの中で、子どもを養育することを基本に据えている。それが困難な場合に、自宅外で保護することになるが、最後の手段となっている。例えば虐待する親権者や保護者から子どもを引き離してシェルターに保護する場合もある。そもそも親権者や保護者がいない場合に、乳児院や孤児院に子どもを入所させる。

　乳児院や孤児院の経営は、政府の予算だけで運営するのが困難であるため、国際NGOの支援を得て実施されている。例えば、Friends International、SOS Children's Villages、AFESIP、Save the Children、Plan International、World Vision等がよく知られている。

　ラオスにも農村から都会に出てきた子どもがストリート・チルドレンになる事例があり、2015年現在、3,000人にものぼる。それらを保護する施設で、将来就職や独立するための技術を学ぶ施設を併設している。レストランでの調理や接客、バイクの修理技術等が習得できるというものである。親がいるものの経済的理由で一緒に暮らせない子どもがおり、その親を対象として職

14　Joint Letter to the Lao Government Re: Decree on Associations.
　（https://www.hrw.org/news/2017/12/17/joint-letter-lao-government-re-decree-associations）

業指導を行っている事例がある[15]。

(2) 障がい者福祉

　ラオスでは、障がいをもって生まれた者への偏見が今も残っている。仏教の因果応報の考えから、前世の悪行の報いのために、この世に障がいをもって生まれたとみられることがある[16]。こうした考えによって、先天的な障がいをもっている者がそれを克服して生きることを勇気づけるのが困難になる。

　ラオスの障がい者の数に関する全国統計は存在しない。2012年9月に行われUSAIDの調査によると、99万人と推計しているが、この人数が正しいとすれば、人口の15％に匹敵する障がい者数になってしまう[17]。

(a) 不発弾、地雷、枯葉剤の影響

　障がい者が多い理由として、第二次世界大戦後、ラオスは長期間内戦が続いたこととともに、その上にベトナム戦争で北ベトナムから南ベトナムへ食料や武器、兵員を輸送するためのホーチミン・ルートがラオス国内を通っていたために、アメリカ軍の空爆を受けたことが挙げられる。その空爆に使われたのがクラスター爆弾であり、内蔵された小爆弾が空中で散布される爆弾で、多数の小規模な爆発を引き起こすことで多くの死者や負傷者がでた。中には爆発せずに不発弾(UXO：Unexplored Ordnance)として残されたものがあり、何らかのきっかけで暴発して死者や負傷者が生まれている[18]。さらに、大量の地雷が埋められており、それに触れて死亡したり、負傷を負う者が生まれた。不発弾は内部の火薬を除ければ、くず鉄として高価で売買されるため、信管の取り外し作業中死傷する例が後を絶たない。さらに、ホーチミン・ルートにはアメリカ軍によって枯葉剤が大量にまかれた場所もある。枯葉剤

15　一般財団法人Changアジアの子供財団のウェブサイト「ラオスのサポート孤児院2【フレンズ】」参照。(https://chang-asia.com/lao2-friends.html)

16　アジア・ディスアビリティ・インスティテートのウェブサイト「アジアの障害者―偏見と差別[1]」(中西由起子)参照。
　(http://www.asiadisability.com/~yuki/Discrimination.html)

17　Eitel, Susan, 2012, *Lao PDR General Disability Overview*, September 2012, USAID.

18　沢田誠二(2013)『アヘンさよなら、学校こんにちは―世界で最も多量にクラスター爆弾が残る国・ラオス』晃洋書房、11〜29ページ。

の影響によって障がいを負った子どもが生まれてきている[19]。南部サーラワン県では2015年までに420人程度の障がいを負った子どもや大人が確認されている[20]。これらの地域はベトナムとラオスの国境地帯であり、山岳の貧しい農村地帯でもある。

　最近は経済発展のおかげで車が普及し、それに伴って交通事故が増加したため、障がい者を生み出している。その他、ポリオやハンセン病による障がい者も存在する。

(b) 障がい者の教育・職業訓練機会

　ラオスの障がい者は社会参加する機会に恵まれていない。教育や職業訓練を受ける機会、就労支援を受ける機会が少ない状況にある。それを改善するために障がい者の権利に関する政令が2008年に制定されている。この政令をもとに2018年12月障がい者法が制定された。

　障がい者は、公立病院では無料で医療サービスを受けられる。職業訓練コースがビエンチャンに設けられおり、2年～3年コースや6カ月や12カ月のコースを受講できる。国立リハビリセンターは、ビエンチャンに設置され、理学療法士、作業療法士、言語療法士の部門があり、子どもを対象にリハビリテーションを実施している。義肢装具や車いすの工房も併設されている。

　戦争によって障がいを負った退役軍人のケアが必要であるが、この問題を担当するセクションが2003年労働・社会福祉省の福祉部門に設置された。退役軍人で障がいを負った者を救済する施設として、バンケウンやその他の地域に「障がい者の村」が設立されている[21]。退役軍人とその家族が集まり「障がい者の村」が作られ、バンケウンが最大規模の村となっている。その村では補装具の貸付が行われ、障がい者自身が自分自身で生活できるよう支援が受けられる。小規模の診療所や子どもが通う学校も併設されている[22]。

　退役軍人で四肢を切断した者には障がいの程度によって年金が支給されて

19　前掲注18、沢田（2013）、18ページ。
20　War Legacies Project, Lao Agent Orange Survey.
　　（https://www.warlegaciesproject.org/laos-agent-orange-survey）
21　バンケウンは、ビエンチャン首都から北方に約60キロメートルにある街。
22　国際協力事業団企画・評価部（2002）『国別障害関連情報―ラオス人民民主共和国』

おり、全て税金によって賄われている。

　障がい者への支援に国際NGOが多く参入している。例えば、第4章第4節
(7)(129ページ)でも触れたが、日本の「アジアの障害者活動を支援する会」は、
ラオスで、美容とベーカリー、印刷技術を習得して、安定収入の向上につな
げる事業や障がい者スポーツの振興に取り組んでいる。2000年から教育・
スポーツ省の管轄下にあるラオスのパラリンピック委員会が障がい者スポー
ツの組織運営支援に携わっており、ラオス全国障がい者スポーツ大会だけで
なく、パラリンピックやASEANのスポーツ大会に障がい者が参加すること
を支援している。例えば、ラオスの障がい者に希望を与えるため、東京パラ
リンピックでパワー・リフティングの種目に参加することを目指してトレー
ニングに励んでいる選手であるピア・ラオパックデイやラッサミー・シーパッ
サードの練習を、この「アジアの障害者を支援する会」が支援している[23]。ピ
ア選手のような障がい者がラオスで増えていくことは障がい者の未来に変化
をもたらすことが期待される。

(3) 高齢者福祉

　ラオスにおいて高齢者の人口に占める割合はまだそれほど大きくない。第
2章でも触れたように60歳以上は2010年段階では人口の7％程度で、約40万
人である。2020年には約60万人で、人口の9％程度になると予想されている。
1995年首相令156号によって、国家高齢者委員会が設置され、高齢者に関す
る政策の策定を実施している。

　これまでのところ高齢者は子どもや親戚の者の世話を受けて暮らすのが一
般的である。都市部と農村部を比較すると農村部の方が家族や血縁者が高齢
者の面倒を見ている割合が高い。例外的に子どもも血縁者もいない場合に
どうするかという問題が生じてくる。農村であれば、寺院で高齢者の面倒を
みることが可能であるが、都市部では今後高齢者ケアを実施する施設が必要

　2002年3月、10ページおよび24ページ。
　(https://www.jica.go.jp/activities/issues/social_sec/pdf/lao_jap.pdf)
23　大分合同新聞 2018/9/2、「ラオス代表選手　別府市で合宿」。
　(https://this.kiji.is/408739943277347937)
　このウェブサイト参照の最終閲覧日は2019年6月12日である。

になってこよう。

(4) 退役軍人や戦争犠牲者の社会福祉

　退役軍人や戦争犠牲者には、住宅地の提供、国有住宅の割り当てがなされている。2007年首相令343号に基づいて、全国各地に戦争によって障がいを負った者のために障がい者センターが設置されている。

● 4　麻薬対策

　企業経営者には職場で麻薬が使用されないように管理する責任がある。これは職場の秩序を保持するとともに、労働者の健康を維持するためでもある。ラオスでは麻薬が蔓延しており、病気やケガの治療での利用、冠婚葬祭での回し飲み、娯楽として友人らに誘われて飲み始めることがきっかけで慢性中毒患者になるといった事例が指摘されている[24]。中毒患者になってしまうと、怠惰になって働くことができなくなる上に、善悪の判断がつかなくなってしまう。他人のものを盗んででもアヘンを摂取しようとする者が散見され、貧しい家計が一層貧しくなって、家族との生活を崩壊させてしまう[25]。

　タイ、ミャンマー、ラオスの3カ国がメコン川に接する山岳地帯はゴールデン・トライアングル（黄金の三角地帯）と呼ばれ、世界的に規模の大きい麻薬密造地帯として知られている。少数民族が住む地域でもあるが、貧しい農家にとって大きな収入となるために、19世紀からケシや大麻が栽培され始めたと言われている。ラオスでは2003年からケシの栽培禁止、アヘンの生産・売買の禁止、中毒患者の解毒といった取り組みが村単位で実施されている。ケシの代替作物としてサトウキビ、バナナ、茶やゴムの木等の栽培が奨励されているが、それらの価格が下落しており、その一方アヘンの価格上昇のために、再びケシの栽培を始め麻薬製造が活発化している[26]。麻薬はラオスで

24　前掲注18、沢田（2013）、4ページ。
25　前掲注18、沢田（2013）、4ページ。
26　United Nations Office on Drugs and Crime（UNODC）, 2014, *Southeast Asia Opium Survey 2014*, Lao PDR, Myanmar, pp. 25-36.
　（https://www.unodc.org/documents/crop-monitoring/sea/SE-ASIA-opium-poppy-2014-web.pdf）

大量に流通しており、安く手に入る状況にある。アヘン以外に「ヤーバー」と呼ばれるメタンフェタミンやカフェインを混ぜて錠剤にしたタイ原産の覚せい剤が広がっている。それらが職場に持ち込まれること、および麻薬を摂取することを厳しく禁止しなければならない。

　麻薬や覚せい剤のような禁止薬物使用には厳罰が適用され最高刑で死刑の判決も出ている。ラオスでは死刑は廃止されていない。「ラオスの麻薬王」といわれたサイサナ・ケオビンパは、覚せい剤120万錠をラオスからタイに陸路で持ち込もうとしてスワンナプーム空港(バンコク近郊)でタイ警察に逮捕され、バンコクの裁判所で2018年3月20日終身刑を言い渡された[27]。

● 5　エイズ問題

　ラオスでもエイズ問題が深刻化している。1990年にHIV感染者が見つかり、1992年に最初のエイズ患者が確認された[28]。それ以降、患者が増加しており、2005年の時点で3,700人だったHIV感染者が2015年には1万人を超えていることが判明した。そのため同年、特別対策委員会が設置された[29]。感染者が多いのは首都ビエンチャン、ルアンパバーン、サワンナケート、チャンパーサックという人口の多い県である。年齢は15歳から45歳が多い。隣国タイの性産業で働くラオス出身の女性が出入国を繰り返しており、「ハンノィ」と呼ばれるいわゆる置屋(売春宿)がビエンチャンやルアンパバーンなどの都市だけでなく農村にも存在し、そこでの性交渉で感染する場合がある。麻薬とHIVの関連性も指摘されており、2005年段階で麻薬常習者の約5%がHIVに感染しているという[30]。夫から感染させられるケースや同性間の性交渉でも感染していることが報告されている。

　1998年には保健省の中に「エイズ予防国家委員会」が設置され、HIVやエ

27　"Lao drug kingpin Xaysana gets life imprisonment," *Bangkok Post*, 20 March 2018.

28　Vatthana Pholsena and Ruth Bannomyong, 2006, "Laos–From Buffer State to Cross-roads?" *Mekong Press*, p. 142.

29　Global News Asiaウェブサイト「HIV感染者が1万人に＝特別対策委員会を設置」参照。(http://www.globalnewsasia.com/article.php?id=1421&country=5&p=2)

30　HIV/AIDS Health Profile – Southeast Asia Regional Program – USAID. (https://pdf.usaid.gov/pdf_docs/Pdact414.pdf)

イズを撲滅するための行動計画が立てられた。社会経済開発計画の中でも
HIVやエイズ対策の必要性に触れ、啓発活動や治療施設の増加を提案してい
る。しかし、エイズの予防と血液検査や治療のための施設が少ないことが問
題となっている。国家財政が厳しいために、これまでのエイズ対策のほとん
どが国際的な支援を受けて実施されているのが実情であり、2011年の国会
エイズ予算の93％が外国援助を受けて実施されている状況にある[31]。例えば、
メコン地域の建設労働者を対象としたエイズ対策の取り組みとして、建設現
場で働く労働者にHIVやエイズへの意識を高め性行動を改善すること、つ
まりコンドームの利用のトレーニングを実施することにより、建設現場の地
域の人々や娯楽産業の女性などの意識を高め、行動を改めるように促した事
例がある[32]。

　企業にとって労働者がHIVやエイズに感染した場合の対処を考慮してお
く必要がある。しかし、これまで企業はエイズ対策には積極的に取り組んで
こなかった。職場でのエイズ対策の事例として、ラオス労働連盟が縫製工場
の従業員向けに実施したエイズ教育が挙げられる。タイ赤十字とタイ・エイ
ズ経済人会議が編纂した職場教育用のマニュアル『友人どうしの教えあい』
（ピア・コミュニケーション）をラオス人向けに改訂して教材として利用され
た。ラオスの企業にとって従業員への福利厚生としてエイズに関する情報や
教育を提供する必要性が高まっている[33]。現実に従業員がHIVやエイズの感
染者になった場合、企業としての対応は、解雇事由になるのか、企業内でど
のようなケアが可能なのか、検討すべき事項となってこよう。

● 小括

ラオスの社会保障制度や社会福祉制度は形成途上にある。社会保障制度は

31　More work on HIV in Laos needed, *New Humanitarian*, 12 March 2014.
　　（http://www.thenewhumanitarian.org/feature/2014/03/12/more-work-hiv-laos-needed）
32　国際協力銀行開発セクター部（1999）「メコン地域の建設労働者へのエイズ対策―JBIC
　　インフラ事業における企業の社会的責任（CSR）―報告書」国際協力銀行。
　　（https://www.jica.go.jp/activities/schemes/finance_co/approach/pdf/aids_j02.pdf）
33　チャントーン・カンシボンファン（2007）「ラオス」山本正・伊藤聡子編著『迫りくる東
　　アジアのエイズ危機』連合出版、306ページ。

一応整備されてはいるが、その適用範囲は限られている。さらに国家財政が乏しいために、先進国の政府やNGOの支援を受けて運営されているという問題もある。公務員関係が先行して整備され、民間部門は後回しになる現状は発展途上国に共通してみられ、ラオスも例外ではない。社会保障の中で、特に医療保険の拡充は貧困率を下げる切り札であるが、農村部には適用に限界があり、2019年現在も置き薬や伝統的治療師に頼らざるをない状況にある。

　社会福祉についても子ども、障がい者、高齢者などの社会的弱者を対象として整備されつるあるが、外国のNGOの支援が不可欠な状況である。従来の家族や親族、地域社会が主体となって世話をする慣習が根強く残っており、公的援助は限定的である。

●●● 第8章 ●●●

日系企業における
人事労務管理

日系企業工場内の光景

● はじめに

　ラオスに対する外国からの投資額を国別で見ると、第2章第2節(43ページ以下)で触れたように隣国の中国、タイ、ベトナムの割合が圧倒的に大きい。部門別では、電力、農業、鉱業の割合が大きく、製造業の割合は決して大きくない。

　本章ではまず、外国からラオスに対する投資の動向を国別に見た上で、日本の位置づけを確認する。次に、日系企業の進出動向や在留邦人数の推移などを統計数値で振り返り、日本からラオスへの投資動向とラオスにおいて経済活動をする日本人の現況を概観する。続いて、ラオスで操業する日系企業の人事労務管理の具体的な事例を紹介する。各企業における従業員の採用や、賃金、諸手当、労働時間といった労働条件、その他の人材育成、福利厚生を含めた人事労務管理には、多くの共通点と若干の相違点や地域差が見られる。相違点は工場が立地する地域の違いによるところが大きいと考えられる。

● 1　日本からの投資概況

(1) 諸外国からの直接投資における日本の位置づけ

　計画・投資省投資促進局のデータに基づき、諸外国からの投資の件数と金額を見てみよう。金額ベースで2005年〜2010年、2011年〜2015年の累計額の順に並べたのが図表8-1である。1位が中国、2位がベトナム、3位がタイという順位になっている。件数ではベトナムとタイの順位が入れ替わるが、中国は1位であることに変わりない。日本は金額ベースで、2005年〜2010年に6位、2011年〜2015年に8位となっている。投資件数と投資額を見比べてみると、日本は1件ごとの投資が他国よりも小さい投資を数多く行っていることが読み取れる。さらに、これより以前の投資も含めた1989年から2014年の数値を見てみると、中国、タイ、ベトナムの順位になっている(図表8-2参照)。図表8-1と8-2の3つの表を見比べると、近年、マレーシアからの投資が増えている一方で韓国からの投資が減少傾向であることがわかる。

　2015年から2018年までの外国からの投資額を国別に金額の多い順に示したのが198ページの図表8-3である。件数、金額とも中国が最も多い。金額ではベトナムが2位となっているが、件数ではタイが2位となっている。こ

図表8-1　外国直接投資の件数と額（国別）（US ドル）

2005年～2010年	件数	金額	2011年～2015年	件数	金額
中国	509	2,802,642,007	中国	185	2,536,634,040
ベトナム	272	2,289,291,053	ベトナム	88	1,132,246,387
タイ	334	2,134,764,035	タイ	95	1,038,885,515
韓国	161	472,322,061	マレーシア	12	569,615,000
ノルウェー	3	345,535,550	オランダ	3	426,116,500
日本	38	322,994,221	韓国	30	222,650,044
インド	7	152,403,531	イギリス	8	154,468,200
インドネシア	2	106,000,000	日本	23	90,869,850
マレーシア	52	95,078,439	オーストラリア	10	67,131,300
シンガポール	41	87,249,650	シンガポール	4	45,720,000

（出所）　投資・計画省投資促進局ウェブサイト参照[1]。

図表8-2　外国直接投資（国別）
（1989年から2014年）
（US ドル）

1989年～2014年	件数	金額
中国	829	5,395,514,087
タイ	745	4,489,344,613
ベトナム	414	3,108,624,350
韓国	291	751,072,139
フランス	223	490,626,243
日本	101	437,992,441
オランダ	16	434,466,484
マレーシア	101	382,238,773
ノルウェー	6	346,435,550
イギリス	52	197,863,480

（出所）　図表8-1と同じ。

の3カ国で件数、金額とも8割近くを占めている。日本は件数では7位で、金額では8位に位置する。2015年から2018年までの部門別に投資額を示したものが次のページの図表8-4である。第2章第2節（5）（43ページ）では、主な投資先部門は、発電（電力）、農業、鉱山としているが、2015年、2017年、2018年では9割以上を占めているものの、年次によってはそれ以外の部門の占める割合が多くなっていることがわかる。

1　Ministry of Planning and Investment, Investment Promotion Department, RE-SOURCES Statistics.
　（http://www.investlaos.gov.la/index.php/resources/statistics）
　なお、本章におけるウェブサイト参照の最終閲覧日は2020年1月23日である。

図表8-3　外国直接投資（国別、2015年から2018年）（千USドル）

	2015年		2016年		2017年		2018年		合計	
	件数	金額	件数	金額	件数	金額	件数	金額	件数	金額
中国	5	88,916	8	2,758,347	12	178,341	9	755,207	34	3,780,810
ベトナム	3	466,057	2	4,500	5	152,862	1	5,000	11	628,419
香港	2	18,550	3	458,600	-	-	-	-	5	477,150
マレーシア	2	430,320	1	7,000	1	3,000	-	-	4	440,320
タイ	3	2,340	5	6,200	5	386,159	3	17,750	16	412,449
オランダ	-	-	-	-	1	390,600	-	-	1	390,600
スウェーデン	-	-	-	-	1	70,000	-	-	1	70,000
日本	1	275	-	-	1	59,500	-	-	2	59,775
イギリス	2	4,000	1	42,000	-	-	-	-	3	46,000
オーストラリア	-	-	1	7,500	-	-	-	-	1	7,500

（出所）　図表8-1と同じ。

図表8-4　外国直接投資（部門別、2015年から2018年）（USドル）

	2015年	2016年	2017年	2018年	合計
電力	430,320,000	1,491,899,000	711,800,000	357,600,000	2,991,619,000
サービス	6,000,000	1,677,280,000	79,202,261	17,833,750	1,780,316,011
農業	466,057,189	4,500,000	304,183,283	350,000,000	1,124,740,472
鉱業	85,300,000	68,467,750	126,792,526	51,523,172	332,083,448
ホテル・レストラン	275,000	42,000,000	-	-	42,275,000
製造・工芸	21,615,884	-	18,483,172	-	40,099,056
縫製	1,440,000	-	-	-	1,440,000
教育	-	-	-	1,000,000	1,000,000

（出所）　図表8-1と同じ。

（2）日系進出企業数

　日本の外務省『海外在留邦人数調査統計』によると、2017年10月現在、ラオスに拠点を構えている日本企業数は135社で、諸外国にある日系企業の拠点数の多さでは全体の75位に位置する[2]。同統計でラオスの日系企業拠点数が確認できるのは2005年以降であり、2005年の41社から2017年までに3倍以上に増加したことがわかる（図表8-5の右目盛り）。日系企業数の推移を隣国

2　外務省領事局政策課（2018）『海外在留邦人数調査統計』平成30年要約版（平成29年（2017年）10月1日現在）。当該統計は2019年11月21日に公表された2018年10月1日現在の数値が最新であり、144社になっている。ただ、詳細版がまだ公表されておらず、順位は不明である。

図表8-5 日系企業拠点数と在留邦人数の推移

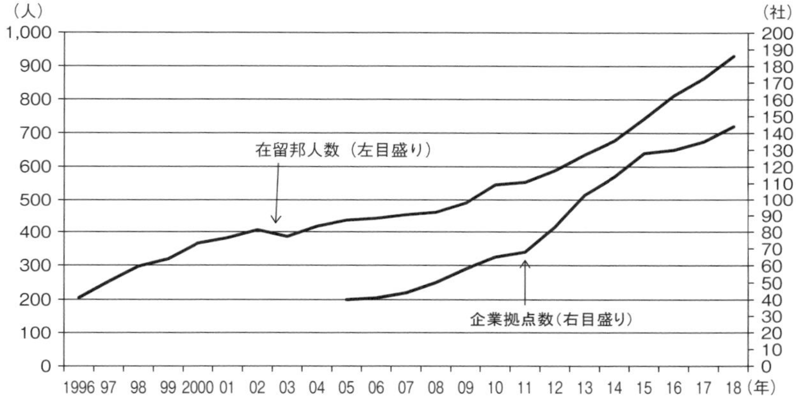

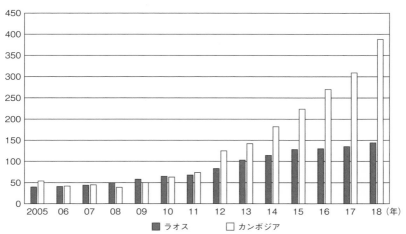

（出所） 外務省領事局政策課『海外在留邦人数調査統計』平成9年から平成30年を参照（企業数は2005
年以降の数値が掲載されている）。

図表8-6 日系企業拠点数の推移の比較（ラオスとカンボジア）（社）

（出所） 図表8-5と同じ。

のカンボジアと比較したのが図表8-6である。2011年まではほぼ同じ拠点数であったが、2011年以降、カンボジアの増加が際立ち、ラオスは後れをとっている。

(3) 在留邦人数

2017年10月1日時点のラオスに在留する邦人は、863人（125位）である[3]。2002年から2003年にかけて減少した時期もあるが、着実に増加している（図表8-5左目盛り参照）。

在留邦人数は、民間企業関係者、自由業関係者、留学生・研究者、政府関係職員といった内訳も掲載されている。2005年10月から2017年10月にかけて、民間企業の関係者が2.6倍、自由業関係者が6.6倍に増加していることがわかる（図表8-7）。反対に政府関係職員は減っている。なお、報道関係者の人数も公表されているが、いずれの年も0人である。

図表8-7　在留邦人の滞在区分別の内訳（人）

	民間企業関係者	自由業関係者	留学生・研究者・教師	政府関係職員	その他
05年	104	16	56	222	35
06年	117	57	41	200	24
07年	114	52	35	218	31
08年	114	56	32	212	44
09年	119	56	43	193	75
10年	131	74	49	203	86
11年	134	76	47	193	100
12年	156	83	53	179	113
13年	186	89	55	160	141
14年	220	90	61	152	148
15年	229	96	75	169	165
16年	252	101	73	196	179
17年	269	106	81	203	190

（出所）　図表8-5と同じ。

3　2018年10月1日現在の数値では930人であるが、民間企業関係者、自由業関係者等の内訳は不明である。

図表8-8　ビエンチャン日本人商工会議所会員数の推移（2009年〜2019年）（社）

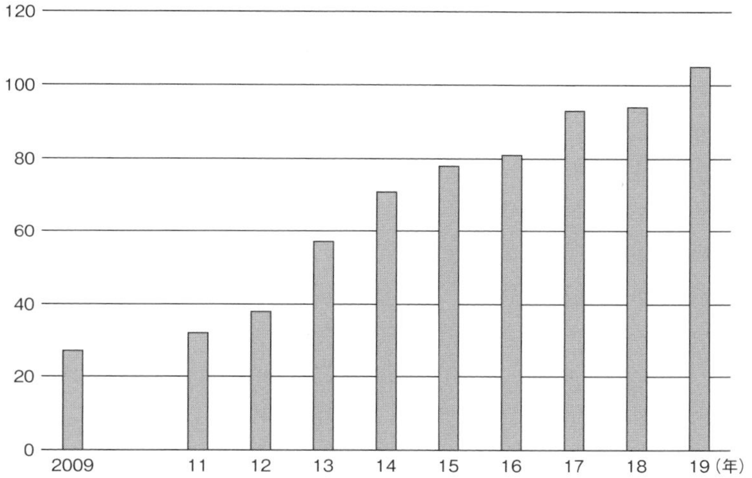

（出所）　ジェトロセミナー資料およびビエンチャン日本人商工会議所ウェブサイトより作成
（2019年は4月現在）。

（4）日系企業の商工会議所会員数

　ビエンチャン日本人商工会議所の会員数は、2019年4月現在、105社である（正会員が78社、準会員 が27社）[4]。会員数の推移を示したのが図表8-8である。2009年に同商工会議所が設立された当初の会員企業数は25社だった。11年目を迎え、4倍以上に増えている。特に2012年はラオスへの日系企業からの投資が加速した年で、会員数は2012年4月の38社から2013年11月には57社まで増加した。縫製業を中心とした製造業のみならず農業、建設設計、金融など多様なセクターが増加した[5]。だが、その後は緩やかな増加に留まっている[6]。

4　ビエンチャン日本人商工会議所ウェブサイト「組織概要」参照。
　（http://jcciv.org/%E7%B5%84%E7%B9%94%E6%A6%82%E8%A6%81/）
5　ジェトロ（2013）「ラオス概況（政治編）」（2013/Nov/15）。
　（https://www.jetro.go.jp/news/releases/20131118628-news/outline.pdf）
6　前掲注5、ジェトロ（2013）にあるように2012年から13年にかけての増加には縫製業の進出が寄与したが、後述の通り、ここ数年のラオスは、縫製業のような薄利多売の労働

(5) 日系企業調査結果

　国際協力銀行（JBIC）や日本貿易振興機構（JETRO）は毎年、海外進出日系企業を対象とするアンケート調査を実施している。まず、JBICの調査に基づきラオスへの事業展開の現状と今後を日系企業がどのように考えているのかを確認する。次に、JETROの調査のうち、人事・労務に関する質問の回答結果を中心に見る。

(a) 国際協力銀行（JBIC）による調査

　JBICの「わが国製造業企業の海外事業展開の動向」に関する調査[7]に基づいて、投資先としてのラオスへの期待度を見てみよう。2018年の調査結果によると、ラオスは「中期的な有望国」では20位（回答企業数431社中7社が有望と回答）となった（前回17年の調査では23位（444社中5社））。第1位は、中国（前回1位）、第2位はインド（前回2位）、第3位はタイ（前回4位）となっている。その他のラオスの周辺国では、ベトナムが4位（前回3位）、インドネシアが5位（前回5位）、フィリピンが8位（前回8位）、ミャンマーが9位（前回9位）、マレーシアが10位（前回12位）、カンボジア17位（前回20位）などという結果となっている[8]。

　この調査結果を中堅・中小企業の回答結果に限定した場合、ラオスは16位で前年と同じ順位だった。1位から10位までに挙がる国は大企業を含めた調査結果とほぼ変わりないが、中堅・中小企業に限定した場合、カンボジアは17年から順位を1つ上げて10位となり、マレーシア、ドイツと同じ順位

集約型を特徴とする産業が進出するには相応しくない国になっている。このことが進出企業の増加の伸びの鈍化の要因と考えられる。

7　国際協力銀行企画部門調査部（2018）『わが国製造業企業の海外事業展開に関する調査報告—2018年度海外直接投資アンケート調査結果（第30回）—』。この調査の最新の2019年版は2019年11月27日に公表されているが、20位までをランク付けする表にラオスは入っていない。588社中4社が有望と回答し、26位だった。中堅・中小企業を対象とする調査結果でも20位以内に入っておらず、21位以下のデータは公表されていない。

　この調査は、海外事業に実績のある日本の製造業企業の海外事業展開の現況や課題、今後の展望を把握する目的で、2018年7月から9月にかけて1,012社を対象として行われた（有効回答数605社、有効回答率59.8%）。1989年から実施されており、今回で30回目となる。

（https://www.jbic.go.jp/ja/information/press/press-2018/pdf/1126-011628_1.pdf）

に位置づけられているほか、バングラデシュが20位になっている。

(b)　日本貿易振興機構（JETRO）による調査

　JETROが2019年11月に公表した『2019年度アジア・オセアニア進出日系企業実態調査』[9]は、「営業利益見通し」「今後の事業展開」「経営上の問題点」「製造・サービスコストの上昇」「原材料・部品の調達」「輸出入の状況」「現地市場開拓への取り組み」「賃金」といった項目について質問した調査結果である。

　その中で、経営上の問題点として挙がっているものについて、人事・労務に関する質問項目を中心に見てみると以下の通りである。まず、「原材料・部品の現地調達の難しさ」を経営上の問題点として挙げる企業が70.6%（昨年調査では60.0%、一昨年調査では70.6%）を占めていた。この項目ではバングラデシュ、カンボジア、ミャンマーなどと共に挙がっているが、割合としては2番目に高い割合である。次に、「品質管理の難しさ」を問題と考える企業が52.9%（昨年調査では66.7%、一昨年調査では58.8%）となっている。また、「従業員の質」では50.0%（昨年調査では56.3%、一昨年では70.4%）となっている。19年の調査では、これ以外には電力不足や通関手続きの煩雑さといった点が挙がっているが、18年の調査では賃金や人材の採用に関して問題とする企業が多いことがわかる。「従業員の賃金上昇」を問題点と考える企業が有効回答企業の56.3%（18年調査）となっており、17年調査の44.4%から上昇していた。「賃金の上昇」は、2018年5月1日の法定最低賃金の引き上げが影響し

8　この質問は、「中期的（今後3年程度）に有望と考える事業展開先国名」を1企業で5つまで記入」してもらった結果であり、有効回答が431であった。回答した企業数は示されていない。国別の有効回答数は、中国が225、インド、199、タイ、160、ベトナム、146、インドネシア、131、アメリカ、124、カンボジア、13などとなっており、ラオスは7社であった。この順位は、この質問に対する得票率（%）で示されており、有効回答数431社に対して、中国を有望と回答した企業が225社あったので、得票率が52.2%で1位、ラオスは、7社が有望と回答したので得票率が1.6%で20位であった。

9　日本貿易振興機構（JETRO）・海外調査部アジア大洋州課・中国北アジア課（2019）『2019年度アジア・オセアニア進出日系企業実態調査』2019年11月21日。
（https://www.jetro.go.jp/ext_images/_Reports/01/962bd5486c455256/20190019.pdf）
　この調査は、2019年8月26日〜9月24日に、13,458社への依頼に対して、5,697社から有効回答を得た調査で（有効回答率：42.3%）、ラオスについては、75社への調査依頼に対して、38社が回答（有効回答率：50.7%）したものである。

ているとも考えられる。さらに、「人材（技術者）の採用難」は53.3％（17年度調査では64.7％）となっていた。

　19年調査における今後の事業展開について見てみると、ラオスは38社の回答企業のうち19社、50.0％が「拡大予定」、16社、42.1％が「現状維持」と回答している。現地従業員の規模について、「過去1年の変化」では27.0％が増加、67.6％が横ばい、5.4％が減少と回答。今後1年の予定では、37.1％が増加、54.3％が横ばい、8.6％が減少と回答している。後述する現地調査結果では、事業規模は拡大よりも現状維持が多いという結果であったが、JETROの調査結果を見る限り、ラオスは経営上の問題点を指摘する声があるものの、事業規模や従業員規模を拡大するという方針をとっている企業が過半数程度を占めていることがわかる。

● 2　進出企業の事例

　2018年2月と9月の2回、それぞれ2週間ほどの現地調査を実施した。省庁や労使団体、国際機関のほかに、日系進出企業13社を訪問して聞き取り調査を行った。そのうち、事例の掲載の許諾が得られた12社について、人事労務管理の取り組みを紹介する。聞き取り調査項目は、採用（募集手段、採用試験、学歴など）、労働条件（賃金、諸手当、労働時間など）のほか、福利厚生、人材育成、企業内の労使コミュニケーションなどである[10]。

10　この聞き取り調査は、原則として日本人駐在員に対して行ったものであり、労働者側に対する聞き取り調査は行っていない。なお、ラオスの工場労働者を対象とした先行研究のうち、日本語で書かれたものとして、少なくとも次の5点が確認できる。
・大野昭彦（2003）「贈与交換論からみた職務への動機づけ―ラオス・カンボジアの工場労働者を対象として」『経済研究』一橋大学経済研究所 編、54巻、4号、289～299ページ。
・大野昭彦（2007）「工場労働者の第一世代をめぐる組織不適応：ラオス」『アジアにおける工場労働力の形成―労務管理と職務意識の変容』日本経済評論社、第3章、93～115ページ。
・大野昭彦・鈴木基義（2003）『工場労働者の第1世代をめぐる職務意識―ラオスを対象として―』『東南アジア研究』、京都大学東南アジア研究所編、38巻、1号、3～21ページ。
・西村雄一郎（2005）「ラオス・ビエンチャンの産業化と生活空間―縫製業の立地・雇用と労働者居住地からの検討―」『2005年度人文地理学会秋期学術大会』。
・西村雄一郎・岡本耕平（2007）「ヴィエンチャン近郊農村における工場通勤労働の開始と日常生活の変化」『2007年度日本地理学会秋期学術大会』19ページ。

図表8-9 調査対象企業の概要

設立・操業開始年月	従業員数	事業内容
2005年6月設立	330人	縫製(紳士シャツ)
2007年3月設立 2008年9月操業	580人	履物製造
2008年2月	580人	電子部品製造(パソコン・自動車関連)
2009年6月操業	340人〜350人	縫製(寝具)
2012年1月設立 2012年6月操業	200人	縫製(作業着)
2013年7月	140人	電子部品製造(カメラ部品)
2013年11月操業	120人	ウィッグ(カツラ)製造販売
2015年1月設立(18年1月 試験稼働開始)	6人(本格的な操業前)	運搬車輌機器製造(キャスタ・運搬台車)
2016年11月	20人(本格的な操業前)	土木資材製造(コンクリート製品)
2017年10月	20人(本格的な操業前)	化粧用の筆製造
2018年2月設立 2018年4月操業	150人(本格的な操業前)	縫製(子供服)
2018年3月設立 2018年7月稼働	80人	縫製(スポーツ用品製造)

(1) 現地法人の概要

(a) 調査事例企業のプロフィール

　ここで紹介するのは図表8-9に示した12社である。業種別では全てが製造業で、地域別ではビエンチャンが6社、中部のサワンナケートが1社、南部のパークセー(チャンパーサック)が5社である。調査時点における操業年数は、数カ月の操業間もない企業から14年目を迎えている企業まで様々である。従業員の規模は、本格的な操業前の企業では数人のところがあるが、大きいところでは数百人の規模の企業まで含まれる。

(b) ラオス進出理由・背景

　ラオスに進出した理由は、人件費の安さ、免税優遇措置、輸出品の特恵関税、経済特区の良好な投資環境等である。人件費の安さを挙げる企業は、タイや中国に生産拠点を構えていたが、人件費が高騰したことを受けて、中国やタイでの生産を縮小し、ラオスに拠点を構えた企業である。縫製業の観点

からタイは国としての産業政策がITなど高付加価値の産業にシフトしており、縫製業の企業が人材を確保するのは難しくなっているために、人件費が高騰しているとも言える。タイに生産拠点のある企業では、ラオスでの工場立ち上げのための技術指導者を日本から呼び寄せるのではなく、タイ工場から派遣可能という理由でラオス進出を決定したという企業もある。中国からラオスに生産を移管した企業の中には、人件費高騰の他に、環境問題への対応や原材料調達の困難を挙げる企業もあった。環境問題の対応として、裁断工程で出る埃対策や染色工程の汚水処理の基準が厳格化したということを挙げる企業もあった。

　人件費の上昇傾向はラオスも例外ではない。法定最低賃金の引き上げは最賃水準の労働者の人件費だけでなく、人件費全般の上昇を意味し、実際に影響があるという企業がほとんどであった。ただ、ラオスでの最賃引き上げは、ほぼ3年毎に20～30％引き上げとなっており、想定できる範囲内という企業も多い。またラオスは海に面していなく、河川を利用できないために[11] 陸路輸送が必須となり物流費が高くつくが、人件費の安さでまかないきれているという企業もあった。

　経済特区に対する評価は分かれる。経済特区の好条件を挙げる企業では、ワンストップサービスが提供されており、各省庁に対して必要となる投資手続の簡素化が期待できることや、法人税の免税などの優遇措置が経済特区外よりも手厚いこと等を挙げている。その一方で敢えて経済特区に入らない選択をした企業もある。そうした企業では、地域密着を企業理念としており、社長がどの国の海外拠点においても同様の方針をとっている。地域の経済や社会の発展に寄与することを最優先に考える企業方針の現れである。

　経済特区に進出するにしても、どの地域を選択するかに違いがある。ラオスには主にビエンチャン、サワンナケート、パークセーの3つの都市に経済特区がある。パークセーには日系企業向けの経済特区があるが、レンタル工場があるために初期投資が低く抑えられることもあり、バングラデシュやアフリカ等を検討した結果、ラオスを選択したという企業もある。そのような

11　第1章第1節(1) 3ページで既述の通り、メコン川にはカンボジアとの国境近くにコーンパペーンの滝があり、カンボジア、ベトナム方面に航行できない。

企業では、ラオスには民族衣装を縫製する伝統文化があるために、自宅にミシンがある家庭が多く、縫製経験者を雇用することが容易だと見込んだことも進出理由として挙げている。

　この他、企業のトップがラオス人の国民性に惚れ込んで進出を決定したという企業が2社あった。社長がラオスに進出した企業紹介を見る機会があり、ラオス人の女性は細かい手作業に適していると判断したという。

(2) 募集・採用
(a) 募集手段

　調査対象のほとんどの企業が調査時点では、口コミによる募集方法をとっていた。操業当初、大人数を採用する必要があった際には、求人広告、人材派遣会社の利用、ラジオ放送による募集、地方の村落を訪問してその首長（村長など）に挨拶して回って求人活動をするなどをした経験をもっている企業も多い。ラジオ放送による募集は想定した効果は得られていないようだ。生産強化のため、大人数の採用を計画して、ラジオ放送による求人を行ったところ、人数の確保はできたものの、素人ばかりが増えてしまい、品質管理の負担が大きくなることが判明したため、ラジオによる求人は、それ以降は行っていないという企業もあった。この他、ラジオによる求人はコストの高い上に、求人の効果が期待できないという企業もあった。

　ラオス北部地方の県からの出稼ぎ労働者を雇用している企業も少なくない。創業時に地方の村落を回って村長に挨拶して信頼関係を築くことで出稼ぎ労働者を集めたという。また、創業時に工場の近隣の村落を回って村長に挨拶して求人活動したり、近隣の小中学校で求人活動をしたという企業もあった。ただ、事業が軌道に乗れば、もっぱら口コミによる求人となるようだ。工場内で募集案内をすることによって、従業員の知り合いや親族から希望者を募る形をとっている企業も多く、人員確保には全く困っていないとのことである。定期的な求人ではなく、離職して人員が減ってしまったら補充という採用の仕方をしている企業では、10人募集すれば30人程度は応募してくる。経済特区では、工場の開所式が開催されると求人の案内をしなくとも工場の門の前に求職者の列ができるという企業もある。口コミ以外では最

近の有効な募集手段として、フェイスブックを通じた募集方法を挙げる企業が3社あった。

(b) 採用試験

　採用試験としてワーカーを対象に筆記試験を行っているのが6社、面接を行う企業が6社のほか、実技や身体(色盲や視力)の検査をする企業もある。

　筆記試験は簡単なラオス語や算数の試験の他、アルファベットが読めるかを試験する場合もある。算数は足し算、引き算の試験のほか、企業によっては割り算、掛け算の試験をするところもある。裁断作業をする上で、数量を認識している必要があるためである。縫製業の中でも採用試験の有無は異なる。裁断の作業者を採用するにあたって筆記を実施し、縫いの作業者には実技だけというように職種で試験を区別する企業もある。アルファベットの試験をする企業は多くはないが、製品のサイズを理解できるかどうかという点で必要だという企業もある。筆記試験には合格基準点があるが、下回ったとしても面接で挨拶の仕方や話し方、元気があるかどうかといった労働者の態度という観点を重視して採用するという企業もあった。

　実技試験として、縫製業では簡単なミシン縫いの実技を試験する企業があった。手先が器用かどうかを確認するキットを用いた試験を実施する企業もある。身体の検査として、視力や色盲の検査や、手の震えがないかの確認をする企業(細かい手作業が必要な企業)もあった。

(c) 従業員の出身地

　従業員の出身地は半数以上が地元近隣の者を採用しているという企業が多い。逆に3割から4割程度が地方出身者で出稼ぎの者を雇用しているという企業も少なくない。

(d) 従業員の一般的な学歴

　ワーカー(オペレーター)の学歴は、小学校卒業レベルか中学校中退レベルが一般的のようだ。一般のワーカーは小学校卒レベルだが班長レベルになると高卒の者も含まれるという企業もあった。中には従業員全般が中卒か高卒

レベルのところや、高卒以上の者が多いという企業もあった。工場が立地する経済特区に比較的近い場所に技術短期大学があり、その短大から10人、20人単位で採用している企業もある。

　ラオスにおいて、名目上の学歴に相当する基本能力や基礎学力を備えているかどうかは、個々の従業員を見極める必要があるという。ラオスでは小学校卒であっても字が読めないという場合がある。ある縫製業では新入のワーカーの3割弱は非識字だという。その企業では、非識字を理由として不採用という方針はとっていない。指示を出す管理者が作業に必要な規格書を読めればいいわけで、ワーカーはミシンを扱う技能があれば非識字でも問題はないという。文字が読める者と腕がいい者と比較した場合、後者の方が重要だという。ラオスでの人員確保は人口が限られていることを踏まえれば、文字が読める者しか採用しない方針をとっていては必要人数を集めることができないのが実情だという認識を企業はもっている。

　高卒以上の学歴の者を採用している企業であっても、文字は読めていると思うが、数字や計算には弱く小学校レベルという印象を持っているという企業もある。割合つまり「％」の意味を理解していないレベルだという。大卒の学歴を持っている者でも、簡単な算数ができない場合もある。

(e) 採用で留意している点

　聞き取り調査によってトラブルを未然に防止するために採用時に留意している点がいくつか浮き彫りになった。

　履歴書を確認したところ職を転々としている者や、友人どうしで連れだって応募してくる者は採用しない方針をとっている企業もある。後者は辞めるときに一緒に辞めてしまうことが多いためである。地方から大勢が求職のために訪れる場合もあるが、同時期に大勢が辞めてしまうリスクを懸念して採用を断るという企業もある。また、学歴を偽って大卒でない者が大卒と称して応募してくる場合があるので注意しているという企業がある。

　女性が9割を占める企業で男性を採用する場合には身元が明らかな者を採用するように留意している企業もある。そのような企業では、以前、男性従業員が女性寮に立ち入って問題を起こしたことがあるため、男女間のトラブ

ルを未然に防ぐという趣旨で、男性は素性がはっきりしている者しか採用しない方針をとっている。男性の採用は職種を限定して、重量物を運ぶ作業や重たい器具を用いた作業に限るという企業もある。縫製作業において基本的に女性が主力となる職場で、男性が希望したとしても認めないという企業もある。その一方で、同じ縫製業でも経験者であれば男女問わず採用するという企業もある。同社では、アイロンの工程では重い器具を使うため男性の方がスムーズに作業が流れるという。また、1つの縫製のラインに約20名のうち2〜3名ほど男性が入ることによって、職場の雰囲気が良好になると判断している企業もある。

(f) 試用期間

　試用期間の設定は各社様々である。1週間から2週間という短い企業もあれば、4カ月とする企業もある。ただ、1カ月から2カ月や3カ月というところが多いようだ。中には、ワーカーについては採用の段階で面接はしない代わりに、試用期間の1カ月間の働きぶりをみて本契約するか決定している企業もあった。試用期間を特に設けていないが、入社後、1〜2カ月を、技能を見極める期間として定める企業もある。試用期間後には無期の契約とする企業が多い。

　ある縫製業の企業では、高度な技術を必要とする縫製作業のため、2段階の適性判断を行っている。応募してきた者を研修室で作業をさせて、指導に当たっている日本人が適性を見極めて、適任と判断した場合に製造現場に採用するが、その時点で作業に適していないと判断されれば、辞めてもらうという。製造現場に採用された後には、3カ月の試用期間に各部署で適性を判断して、仕事の出来が悪いと判断した場合、配置換えをして、それでも適性がないと判断した場合には辞めてもらう場合もある。

(3) 労働時間

(a) 出退勤

　タイムカードを使用している企業もあるが、出勤は指紋認証で記録している企業の方が多い。

(b)　所定労働時間・シフト

　所定労働時間は調査した企業全て午前8時から午後5時までである。お昼の休憩はほぼ全ての企業で12時から1時(1時間半が1社)である。その他の休憩として、午前10時と午後3時に10分から15分間設けている企業(3社)もあるが、特に休憩時間は設けていなく、各自必要に応じてトイレ休憩などをとる企業(3社)もあった。

　休憩時間の取扱いには苦慮している企業が多いようだ。調査時点でトイレ休憩を各自自由としている企業でも、ルールが定着するまでには、いろいろと苦労したという。操業当初、トイレに行ったまま20分や30分経過しても戻ってこない者がいたという。試行錯誤の結果、自由にトイレ休憩をとってもよいルールにしても、必要以上の時間をかけることはなくなった。

　シフトは1直の企業が多い。2直の企業が1社、一部の部門が2直となっている企業が1社、調査時点では新工場での操業が間もなく、近い将来3直になるという企業もあった。以前、夜勤のあった企業で調査時点では取り止めたという企業もある。縫製業の同社では、かつて刺繍工程で夜勤を採用していたが、夜勤の時間帯は勤務する者が少なく、周囲で作業を見ている者も少ないため、生産性が昼間の半分以下に落ちることが判明したため、取り止めたという。

　残業は定期的にある企業と原則として残業なしとしている企業など様々だ。原則としてない企業では、需要によって繁忙期には残業がある。繁忙期のみ残業がある企業も含めて残業時間は、1日に1時間から3時間である。中には、3時間の残業がほぼ毎日行われ、2直で24時間稼働させている企業もあった。それは、1日に何回か設備を止めるよりも、休みなく稼働させて、1日単位で休日とすることで電気代等の節約など生産効率の向上をはかっているためであるという。

　残業の有無はその日の生産目標の達成度合いによるという企業もある。1日の生産目標数をその日に出勤しているワーカーの人数で算出し、それが達成できなければ残業になるというものである。また、その日の生産目標を設定して達成できれば通常よりも早く終業するという企業もあった。そのような企業では、残業が年間50時間程度、1日1時間として50日程度であるが、

1時間早めの終業が年間50日程度あるため、残業時間は実質的にはゼロだという。

　第4章第2節(4)(105ページ)で触れたように、ラオスでは労働法で残業時間の上限が規制されている。1カ月45時間、1日3時間を超えることはできない。それに加えて、残業や休日出勤の割増の負担の方が相対的に大きい。社会保険の負担が軽いため、残業させるよりも人員を増やした方が賢明だという企業もある。

　一部の企業ではあるが、企業側としては残業をさせる必要がなくとも、従業員が要望するために残業をさせているという企業もあった。残業がない場合、近隣の他社と比較して手取りの賃金が低くなるために、不満の声が挙がってくることがある。残業が多く強制されると不満が出るが、少なすぎると倒産の前兆ではないかと不信感をもって離職者が増えてしまう場合もあるのではないかと推察している。

　またある企業では、残業は基本的にしないようにしているが、2018年の法定最賃の引き上げを機に残業を要望する者が増えたという。現場に残業の有無を任せていたところ、納期や生産量等の必要性がないにもかかわらず、残業をするようになったため、残業の必要性を工場長に申請して判断を仰ぐ形としたという。

　休日出勤が日常的にある企業もある。日曜以外は稼働しているため、工程によっては機械のメンテナンスのために休日に出勤する必要のある者がいるからである。

(4) 欠勤

　欠勤率は2%から10%程度とひらきが見られる。日系企業を対象にした調査ではほとんどの企業で欠勤率が10%程度という結果がある。欠勤の理由として訪問した各社が挙げたのが降雨による欠勤が多いとのことだった。ラオスでは工場勤めをするようになった第一世代を従業員として雇用している企業が多い。農業を主体とする就労の考え方が根強く、降雨の日には就労しないという習慣がまだ抜け切れていない。農業を生業としていた家庭で育った子弟が、最近、工場勤務を始めた場合も多く、両親が雨の日には出勤しな

くていいと考えている家庭も少なくない。道路が冠水すれば物理的に出勤ができない者も出てくるが、激しい降雨の場合、床上浸水する家庭もあるようで、その場合には欠勤率がさらに上がるという。そういう実情を踏まえ、出勤率を引き上げて安定的な生産を行うことに、創業時苦労した企業も少なくない。

その他の欠勤理由として、家の手伝いの必要があるためというケースが多い。親に工場を休んで家の用事を済ませるように言い渡されれば、それに従うということも希ではなく、村落の祭祀の手伝いのために欠勤といった場合も少なくない。祭事は年に1回と限らず、複数の村落がお互いに祭祀を支援する習慣があるようで、年に数回、祭祀のために欠勤する従業員もいる。

また、1年の節目となる旧正月などで帰郷したまま、戻ってこないために欠勤というケースもある。従業員規模300人程度の工場で、以前は50人〜60人単位が正月明けに出勤しないといった事態もあったそうだが、最近では1〜2人に減ったという企業もあった。

欠勤に対する企業の対応は様々である。病気を理由とする欠勤の場合、医師の診断書を提出することを社内ルールに規定している企業も少なくないようだ。病気理由の欠勤の証拠書類として、宛名の書かれていない薬局の領収書を提出した従業員に驚かされたという企業の例もある。明確な欠勤の理由がない場合には、1万キープの罰金とする企業もあった。ただ、同社ではその後、厳しすぎるとの判断によってこの罰金は廃止した。

無断欠勤が数日続くことで罰則を設けている企業もある。4日で解雇対象とする規定を設ける企業や3日連続の無断欠勤で解雇としている企業もある。

朝の始業時に出社してこない欠勤以外にも、昼食のために帰宅したまま戻ってこないケースが多く見られ、苦労したという企業も少なくない。昼食で帰宅したところ、体調が悪いならば午後は休みなさいと親に言われ、それに従って出勤してこない者も珍しくないという。

(5) 賃金
(a) 基本給

ワーカーの入社時の賃金は、法定最低賃金と同額にしている企業がほとん

どで、一部の企業で出来高払いを採用している。基本となる賃金は法定最賃に基づいているが、残業代を見込んで、月額125万キープとする企業もある。

　小中学校卒と高卒、カレッジ卒といった学歴で差をつける企業と差をつけない企業とがある。

　ある企業ではやる気のあるワーカーを評価して賃金を上乗せできるように部門別・階段式の賃金を採用している。部門別に仕事に積極的な者を評価して階段式に賃金に差をつけて上げていく制度にしている。またある企業では、インセンティブ制を導入しており、基準となる就労時間（8時から17時）を定めた上で、7時から22時までの時間帯の中で就労する時間は本人の意思や意欲に任せている。同社では出勤日数（月就労時間）が基準を満たせなく、技能が十分でない場合には、法定最賃以下になる場合もあるという。

　他の企業における出来高は、ラインの中で平均を出して、個々のワーカーの生産量と平均との差によって算出するという。そのような企業では、作業能力に応じて給与額を決定するかたちもとっている。入社時点で残業代も含んで125万キープが初任給となるが、1つ目の工程に勤務し、その工程の全ての作業ができるようになると5万キープ昇給する。この工場には4つの工程があるので、全ての工程ができるようになると145万キープになるという。

　昇給は各社で様々である。毎年5％程度引き上げという企業、インフレ率連動分と出勤率を加味したかたちで毎年数％程度引き上げる企業、定期昇給はないが、個々人に対する評価で昇給、場合によっては降給するという企業もあった。昇給の判断基準として出勤率を重視している企業では、96％の出勤率の場合、満額の昇給とするが、93％〜96％の場合、93％未満の場合といった具合に出勤率で昇給幅に差をつけている。真面目に勤務する態度を評価したいとする考えである。以前は個々に査定をして差をつけていたが、主観的な判断になりがちで給与額の差の客観的な根拠を示すのが困難だと判断したという。給与明細を同僚どうしで見せ合うことが一般的なラオス人に対して、出勤率というシンプルな判断基準であれば、給与の差の説明が可能だという理由だそうだ。技能や技術力を評価して賃金に反映する企業もある。技能の評価は現場のリーダーが1次評価者となり、スーパーバイザーが2次評価者、最終的には日本人駐在員が判断して決定する。

　法定最賃の引き上げの影響は決して小さくはない。ラオスでは3年毎に20〜30％引き上げられているが、調査時期がこの引き上げ時期と重なった。2018年の最賃引き上げ時には、法律遵守の対象となる最賃レベルのワーカーのみならず、全従業員同じ比率で引き上げたという企業もある。全従業員一律に20万キープ引き上げたという企業もある。ただ、ラオスでは3年程度に1回の引き上げは想定内だと考えている企業も多く、毎年10万キープ程度の昇給をしている企業もある。そのような企業では10年程度のスパンで考えれば、ラオスの最賃引き上げ幅は、想定内の引き上げとみており、周辺国と比べて条件が決して悪くはないという。また、人件費の高騰に見合った生産性の向上の取り組みをする企業もあり、高付加価値製品に移行したり、生産時間の短縮といった取り組みも見られる。

(b)　諸手当

　食事手当については、工場内に食堂を設けるかたちで現物支給も含めて12社で、1日当たり4,000から10,000キープ支給している。勤続年数3年以上を対象として支給するという企業もある。食堂の設置については福利厚生の項目を参照されたい。

　通勤にバイクを使う者に対してガソリン代を支給している場合も含めて通勤手当を支給しているのが、10社だった。支給額は1日2,000キープとするところや8,000キープ一律支給するという企業もあれば、バイクでの通勤者を対象として通勤距離に応じてガソリン代を支給している企業もある。5キロメートルまでが往復で1日4,000キープ、10キロまでが8,000キープ、20キロまでが10,000キープ、20キロ以上は16,000キープといったように設定しているところもあった。

　住宅手当について寮の設置も含めて、全社が何らかのかたちで施策がある。採用に際して工場の近隣に引越しした者にはアパート代に3分の2を支援している企業もある。寮の設置については、後段の福利厚生の項目を参照されたい。

　皆勤手当を支給しているのが10社で、支給額は月額5万、8万、10万、20万キープと様々である。1カ月皆勤で5万キープ、2カ月皆勤で10万キープ、

3カ月皆勤が上限で15万キープとして加算していく企業も複数あった。逆に、かつて3カ月まで段階的に上がっていく皆勤手当だったが、効果がないと判断して、ひと月一律にしたという企業もあった。皆勤ではなくても、欠勤日数が少ない者、1日から2日の欠勤者を対象に準皆勤手当として7割や半額程度を支給している企業もある。皆勤手当支給の対象となる者はどれくらいいるのかは、企業によって様々で、ほとんどいないという企業もあれば、1割程度というところや、3割程度というところもあるが、8割程度やほとんどの従業員が該当するという皆勤従業員の比率が高いところもあった。皆勤者の割合と支給額を各社比較してみても、支給額の高いところが皆勤者の割合が高いということは必ずしも言えない。皆勤手当の支給について各社に聞き取りした結果、毎朝定時にきちんと出勤させて、終業まで勤務させるために苦労している企業が多いことが伺える。なかなか出勤率が上がらないことに苦慮しており、支給額が他社と比較して低いことが原因と考える企業もある。ただ、かつて皆勤手当を支給していたが、調査時点では廃止していた企業もあった。その企業では、出勤するのが当然という考え方に基づいて廃止したとのことであった。この企業ではその後、人員募集の際に同社の魅力をアピールするねらいもあり、皆勤手当を復活させた[12]。

　役職手当として班長手当やリーダー手当、副班長手当やサブリーダー手当を支給するところが多い（8社）。班長（リーダー）手当の支給額は12万から70万キープ、副班長（サブリーダー）手当は8万から35万キープとのことであった。役職手当の支給の意義として、仕事を本当に頑張っている者を評価して、それ以外の者と差をつける意味合いがあるという企業もある。

　技能や能力を評価して支給する手当のある企業や語学（外国語）のできる者を対象として支給する語学手当のある企業もあった。語学手当を支給してい

12　手当の額の引き上げが従業員の職務態度に与える効果については、大野（2003）が参考になる。報酬は怠業阻止の効果はあるものの、労働意欲への影響力はないとしている。ただ、報酬システムが機能していると従業員に認識され、組織コミットメント（組織への愛着）が高まる結果として、労働意欲を高める経路は確認できたという。すなわち、報酬が企業内の制度として適切に運用され、従業員と企業の情緒的な結びつきが強くなるかたちになっていれば、その結果として労働意欲が高まる効果は期待できると理解することができる。

る企業では、日本語が話せる者には割増ししている。日本語ができる者を対象として割増する制度はあるものの該当者がいないという企業もあった。職務技能に応じて特別手当を支給している企業もあり、特殊な大型重機を運転できる者には月5万キープから30万キープ支給しているという。

　その他の手当として、夜勤のシフトがある企業では対象者に対して夜勤手当を1日2万キープ支給している企業もある。

　諸手当の支給について留意が必要と考えている企業もある。通勤手当の額を通勤距離に応じて実費で支給している企業において、距離を偽って申請する者がいたためである。その違反者には、いろいろ事情を聴いた後、態度が好ましくないと判断して解雇処分としたという。

(c) 賞与

　賞与を支給している企業は5社あり、1年に1回、1カ月分という企業もあれば、1年に1カ月分を2回に分けて支給している企業や、出勤率に応じて支給額を決める企業もある。出勤率に基づいて賞与を支給する企業では以前、定着率が良くなかったが、皆勤であれば満額賞与の支給、8割出勤の場合8掛けの支給という出勤率を連動した賞与額決定の形にしたところ出勤率の向上に効果があったという。支給は一般的な年末と旧暦の年末の2回支給という企業が多いようだ。調査時点では賞与支給はないと回答した企業でも、他社で支払っているところが多いようで、従業員からの要望も出ているため支給することを検討しているというところもあった。

(6) 人材育成・熟練に関する課題

　人材育成はOJTを基本とする企業が多いが、日本など外国研修の制度を設けている企業もある。

　ある縫製業の工場では、募集段階で経験者を優先して採用するが、同じ縫製の経験者でも企業によって作業方法が異なるために即戦力になることは希のようだ。逆に未経験者でもセンスがある場合にはすぐに作業をこなせる場合があるという。そのような企業では入社時に比較的簡単な作業のラインに入り、1〜2カ月間で能力を見極めて人材育成と配置を考えているという。

簡単な縫製作業のラインの新人ワーカーの働きぶりを通常レベルのラインの班長が見ており、通常ラインに引き抜いていくやり方をとっている。縫製業では職場経験よりもセンスや向き不向きに依存する場合もあるそうで、早い段階から縫製に適していないと判断すれば、検査工程や刺繍作業の工程に異動させるという。適していない部門をやらせてもワーカーにとっても良くない上に、離職する確率を上げてしまう。人材育成や配置を従業員の定着という観点から留意しているという。

　多能工化に取り組んでいる企業もある。欠勤のサポートに入れる人材を育てる意味合いもあるという。

　経済特区に所在する企業が特区主催の研修セミナー（品質管理）に参加させることによって人材育成に取り組む企業もある。研修から戻った直後に参加者が職場改善に積極的に取り組むようになり、グループごとに改善リーダーを選任して月1回提案シートを提出するなど、職場全体の生産に効果があったという。

　ラオスにおける各種職業訓練校やOff-JTは期待されているとは言いがたいのが実情だ。エンジニアやメカニックの採用は、各種学校を卒業した者を採用する場合があるが、習得した技能が実際の仕事に活かされることは期待できない場合が多く、採用後に自社で育てることになるという。

　OJTやOff-JTを通じても工程によってはラオス人を育成して登用することが困難なところもある。ある縫製業では、操業10年ほどが経過しており、ラオス人のメカニックを育成しているが、まだ対応が困難な部署（部門）があるため、過去に生産拠点のあったベトナムから技術者を派遣してもらって対応しているという。エンジニアや管理部門の工程によっては、10年以上操業を続けて人材を育成してきても、ラオス人を登用できない部門が残っている。

　外国研修として日本に派遣する制度をもっているのが7社あった。期間は2カ月〜1年で、公的機関による日本語研修と日本の本社工場における実地の研修を合わせて実施する企業もある。1カ月の日本語研修をした後、日本の本社工場で10カ月の実習を受ける制度をもっており、1回4名ほどを派遣するという企業もあった。

　ある企業では日本に同じ機械設備があるため、操作技術を習得するために

研修に行かせているという。その一方で制度は設けているが実際には適任者がおらず日本に研修に行かせた実績がない企業もある。

　日本での1年間の研修に派遣する制度を持っている企業で課題となっているのが、ラオス側が送り出したい人材と日本側が受け入れたい人材が合致しない場合があるということである。ラオス側としては毎年派遣したいと考えているが、現状では毎年研修に送り出すことができていないという。この企業ではこの他に帰国後に離職してしまうことも課題として挙げている。帰国後に一定期間は辞めることができないという条件を明記した契約を締結することも検討中だという。実際に念書を書かせている企業もあるが、同社では研修に行かせた者が日本人とうまくコミュニケーションが取れていれば辞めるようなことはないとのことだった。

　日本以外にタイにある関連会社に研修に行かせたり、タイからトレーナーを呼んで研修の機会を設けるところもある。

　また、他のタイに拠点がある企業では、ラオス工場の立ち上げの時期に、スタッフの管理者がタイ工場に行って指導を受けさせたというところもある。

（7）登用

　管理監督できる人材を育成したいと考えていながら、ラオス人をリーダーに選抜したり、マネジャーに登用する際に、苦労している企業もあるようだ。ラオス人は概して、役職に就きたいと自らアピールしてくることは希だ。そのため工場長等がリーダーに適している者に目をつけて、育てていき、手当を支給するからリーダーになるように打診するケースがほとんどだ。自らリーダーを志望することはあまりなくても、上司に選出され手当を支給されれば率先してリーダーの役割を果たしてくれるという。

　タイに生産拠点のある縫製業の工場では、工場立ち上げ時に約40人のタイ人が技術指導のために駐在していたが、調査時点では1人になっていた。そのタイ人のポジションもいずれはラオス人に置き換えていきたいと考えているが、近い将来にはできる状態ではない。リーダークラスにはラオス人を充てることができるが、マネジャークラスにラオス人を登用することは当面難しいという考え方をもっている企業もある。

　昇進・昇格をどういった基準で判断しているのか。昇進に際して、出勤率を加味する企業がある。積極的な勤務態度を高く評価する趣旨だ。また、リーダーに役職として抜擢するのは毎年の判断としており、昇格という考え方すら撤廃した企業もある。役職に就けるルールとともに解くルールも規定して、毎年、判断するという制度をとっている。

(8)　日本人駐在員が考えるラオス人材像

　ラオス人材を日系企業関係者はどう捉えているのだろうか。やや主観的な見解も含まれるが、聞き取り調査に応じてくれた駐在員の経験に基づきラオスの人材像について、概括して説明してみると以下の通りである。

　まず、よく聞かれた点として、女性は「器用で真面目」「細かい作業が得意」「目が良いため、織物や刺繍などの作業に向いている」という点である。訪問した企業の中に縫製関係の企業が複数あったが、生産ラインのワーカーはほとんどが女性であった。女性用カツラや化粧筆を製造する作業はとても細かい作業が必要な工程であり、ラオス人女性の特徴が活かされていると考えられる。

　また、「穏やかな性格」という指摘の一方で、やや否定的なものとして「物覚えが早いが、手作業のスピードがやや遅い」、「几帳面な性格だが、管理能力があるとは言えない」、「リーダーになれるラオス人が少ない」、「自ら積極的に行動する者はあまりいない」、「中国人のようなハングリー精神はないようだ」、「保守的なところがあって、少々難しいことに挑戦しようという意欲がない。失敗することを恐れているように見える」といった指摘もあった。

　日本人にとって、管理能力やリーダーシップに課題を抱えていると考えられるラオス人の登用に関して、ある企業では次のような考えが聞かれた。「ラオス人は一般的に横並びを好む性格のように思われる。だから指導的立場になれる者が少ないと言えるかもしれない。現段階では、ラオス人にリーダーは務まるが、スーパーバイザーレベルを任せられるまでにはなっていない」という企業もあった。

　その他、欠勤の項目でも触れたが「会社勤めをするようになった第一世代のため毎朝8時に出社して働く習慣ができていない」という指摘が複数の企

業で聞かれた。この点について「学校での基礎教育が影響していると考えられ、朝、きちんと挨拶をしたり、ごはんをきちんと食べるといった習慣ができていないようだ。仕事中にモノを食べたり、携帯電話をいじっていたりする行為が散見される」という。

「ラオス人は仕事で楽をしたいという傾向が見受けられる。涼しい工場で座って作業をすることを好む。仕事で辛いことがあるとすぐに辞めてしまう。簡単な作業から難しい作業へと移行していく過程で、仕事をこなすことができずに挫折してしまうようなところが見受けられる。怒ったりすると心が折れてしまうこともしばしば。男女で言えば、男性の方がその傾向が強い。女性の方が自立しており、生活のために働く意識が高い傾向が見られる」。

日系企業関係者の考えるラオス人材像をまとめると、仕事をやる上でハングリーさに欠けているところがあるが、手先が器用で、真面目な性格、業務の指示に忠実に従うなどの点で優れていると言える。

(9) 福利厚生

寮を設置している企業は12社、工場の敷地内に設置している企業が多い。工場の近隣にアパートを借り上げる企業もある。入居しているのは地方出身者で、1部屋に4人から5人程度が居住する。賃料も光熱費も会社負担という企業もあるが、アパートの賃料の一部を会社が負担する場合もある。寮の賃料（入居料）は取らないが、水や電気の無駄遣いをしていなかチェックし、顕著な無駄遣いが確認されれば徴収しているという。寮の賃料を1月10万キープとしているところもある。地方から出稼ぎに来る者が一定割合いる企業では、寮を設置することで従業員を確保しやすくなる上に、定着率も上がると考えている。縫製業の企業では寮の寝具や衣類を会社側が福利厚生の一環として提供している場合もある。

食堂を設置している企業は5社（その他建設中が1社、検討中1社）、諸手当の項目でも触れたが、食堂を設置していなくとも、食事手当を支給している企業を含めれば、ほとんど企業が食事に関して何らかの施策を講じている。食堂を設置した上で、会社が負担して一般的な食事よりも安い価格設定にする取り組みもある。外部の業者を工場専用の総菜屋として手配して提供する

企業もある。味の好き嫌いがあって苦労しているという企業あるが、アンケートをとって対応を試みる企業もある。メニューに不満がある場合、意見を踏まえて最大公約数的な好みになるように心がけているという企業もある。おかずについては好みもあるということで、ご飯だけを会社側が提供し、おかずは各自で持参するといった企業もある。ご飯を提供するにしても、ちょっとした留意が必要だ。日本人と異なり、ラオス人はもち米を食す習慣がある。先述のアンケートをとった企業では、8割の従業員が白米よりももち米を希望したため、提供の仕方を変えたという。毎月アンケートをとって、もち米と白米との希望を募ってそれぞれの数量を用意しているとのことだった。その後同社では、おかずの提供も始めることになり、もち米をつくる時間的余裕がなくなったため白米のみの提供となっている。

　福利厚生の一環として、催し物を開催する企業が多い。年末やラオスの旧正月（ピーマイ、4月）にパーティをひらく企業が多い。企業によっては家族も招待している。その他、誕生日のお祝いをしたり、スポーツのイベント（サッカー大会）を開催する企業や、ハイキングを企画する企業もあった。駐在員がラオス人の寺院参拝に同行するなど、宗教的なイベントを重視する企業もある。

（10）社会保険加入

　ラオスの社会保険制度は、第7章第2節（176ページ以降）で既述の通り、2013年社会保障法に基づいている。しかし、企業における社会保険の加入は徹底しているとは言いがたいようだ。強制（全員）加入としている企業は10社、その他は7割程度が加入という企業もあるが、任意の加入としており、加入者は2割程度というのが1社あった。企業の設立当初から社会保険を制度化して採用と同時に社会保険に加入という場合には比較的、従業員の同意も得られやすいが、制度施行の時点で既に操業して数年経過していた企業で改めて社会保険に加入させるという場合には、従業員に同意が得られない場合が多いようだ[13]。

13　ジェトロ・ビジネス短信（2017年02月07日）「社会保障制度の周知徹底と丁寧な説明がカギ―ラオスの最新労務事情(2)―」参照。

　ラオス人は社会保障に対して全く信頼していないと言える。社会保険料を支払う対価に見合う恩恵が得られないと考える者が多い。体調を崩しても保険が適用される病院は近隣にないため、遠方まで出向かなければない場合が大半だという。少々体調が悪くても、なかなか通院できず、無理して勤務を続けて、悪化して倒れてしまうこともあるという話も聞くことができた。

　従業員が加入に後ろ向きだった企業でも、顧客企業の認証を受けるために全従業員の社会保険加入が必要となるため、強制的に加入させたケースもあった。一方で、加入していない者に対し、何か事故等があった場合には自己責任であると書面に一筆求めるようにしている企業もある。

(11)　企業内ルール

　就業規則は労働局が作成したモデルがあるため、そのモデルに即して作成している企業が多いようだ。労働局による就業規則モデルでは、就業時間や休憩、昼食時間、休暇(法定と異なる場合に規定)、残業、企業内の最低賃金と賃金の上限、昇給の仕方に関する決まり、諸手当やボーナスの額や算定、減給の場合の条件、禁止事項と違反者の処分、職場の労働安全衛生に関する決まり、労働組合や従業員代表の選出、従業員の苦情処理の手続などについて規定することになっている(就業規則の労働条件に関する規則の抜粋については、章末の235ページ参照)。

　日本本社の就業規則に基づいて作成したタイ工場の就業規則があり、それに基づいてラオス法人の就業規則を作成したという企業もある。

　その他、企業独自の職場内のルールとして、規律ある勤務態度を維持するために罰則を設ける企業が少なくない。勤務中の無駄話やスマホ閲覧行為に対して、1万キープの罰金または居残り清掃という罰則を規定する企業もある。そのような企業では、社内のルール違反を会社への影響度ではかっており、就業時間中の私語が目立つ場合には注意し、繰り返し注意される者を対象として、私語によって明らかに数名の生産活動が妨げられる場合には、1人の職務怠慢に止まらず、数倍の影響があることを説明した上で、罰金を告げているという。

　欠勤に関する項目と若干重複するが、無断欠勤に対して厳罰を規定してい

る企業もある。4日無断欠勤が続く者を対象として罰則を設ける企業や3日間連続の欠勤で退職勧奨としている企業、あるいは3日連続の無断欠勤で即解雇としている企業もある[14]。

諸手当の項目で、多くの企業が皆勤手当を支払って、出勤率を上げる取り組みをしている中、かつて皆勤手当を支払っていたが、調査時点では支払っていないという企業があると先に触れた（216ページ）。その企業では無断で欠勤した場合には1万キープの罰金というルールを採用している。病気を理由とする欠勤の場合に病院発行の診断書の提出があれば、無断欠勤とはしないが、証明する文書がなく欠勤理由の説明があやふやな場合には罰金の対象としている（同社ではその後、欠勤理由が不明確であれば連絡があっても罰金の対象とするルールは廃止したが、無断欠勤の場合の罰金額は4万キープに引き上げたという）。またこの企業では、不良が出た場合の罰金も規定している。不良が出たラインの上司が確認して、原因をつきとめ、不良の原因が特定できたものを半月に1回集計しており、不良1回に1,000キープの罰金としているという。この取り組みの結果、不良が減る傾向にあるそうだ。

懲戒処分になるケースは多くはないようだが、既述の通り、通勤距離に基づく手当を支給している企業で、距離を虚偽申請した者がおり、それ以外にも勤務態度が好ましくないところがあったため解雇したという企業があった。社員寮は男性立入禁止というルールになっているが、そのルールに違反して懲戒処分にしたことがあるという企業もあった。寮に異性が立入ることを禁じるルールを規定する企業は1社だけではない。既述の通り、男女間のトラブルを防ぐ趣旨により男性従業員の採用には特に留意している企業もある。

(12) 労使コミュニケーション（労使関係・労使対話）

従業員代表を選出していると回答のあった企業は多いが、代表者は職制上のリーダーが務める場合の他、総務のマネジャーや工場長が代表を務めているという企業が多い。実質的に従業員代表を定めておらず、工場長に従業員

14　大野・鈴木（2003）の分析対象の工場では、無断欠勤した場合、1日当たり1,400キープが基本給から差し引かれ（当時の一般労働者の平均月給は6万5,000〜7万5,000キープ）、3日連続して無断欠勤した場合に解雇になる規定が設けられている。

の苦情が寄せられるような仕組みになっている企業や、従業員の代表になるようなリーダーはいなく、従業員玄関に目安箱を設置して意見や要望、苦情を受け付けているという企業もあった。

　操業開始当初は、オープンな組織づくりのために、従業員と経営層が出席するミーティングを毎週土曜日に開いて、工場内での問題点を挙げてもらったり、会社に対する要望を聴取する機会としていた企業もある。その企業では事業が軌道に乗った後は、毎週定期的にミーティングを開くことはなくなったが、随時要望を聴取するようにしている。

　逆に従業員とのコミュニケーションが不足していたために、小さなトラブルに発展してしまった企業もある。調査時点で5〜6年ほど前に、残業が多いことに不満だった従業員がボイコット騒ぎを起こしたことがあったという。当時のリーダーは従業員の不満を間接的に把握してはいたものの、具体的な対応をとらなかったために、業務拒否という形で不満を露わにする事態になってしまった。事後的にではあるが、きちんとコミュニケーションを取っていれば良かったという経験だという。同社ではトラブルを踏まえて、マネジャーに何かあればすぐに言うように、日頃から意見を言わせてきちんとコミュニケーションをとるようにしている。

(13) 労働組合

　労働組合に関する認識は企業によって様々のようだ。労組の有無を聞き取りしたところ、「ある」と回答したのが3社だった。「ある」と回答した中で、組合費の徴収があるとの回答が得られたのは1社で、月額1,000〜2,000キープをチェックオフしているという。以前はきちんとした徴収は行われていなかったが、聞き取り調査の前年に労働・社会福祉省からの通達があって徹底されるようになった。ただ、組合活動の実体はなく、形式上の組織であって団体交渉は行われていない。事務所内に組合のスペースはなく、工場内の就労環境が悪い等問題が起きた場合に、労働組合員となっている者から労働省に報告がいくような仕組みになっている認識だという。その他の2社の組合があると回答したところでは、組合費の徴収は恐らくないということで、従業員への周知活動や団体交渉といった組合活動の実体もない。組合委員長は

管理職の者がなっている。組合役員の選任方法は、選挙等が行われることはなく、会社側が組合を設立する経緯を従業員に説明した上で、勤続年数の比較的長い者に対して組合役員就任を打診する選出の仕方をとっている。

　もう1社の労働組合がある企業は、従業員数百人のうちラオス人幹部の一部20人程度が加入しているが、チェックオフはしておらず、団体交渉等の組合活動はない。ただ、上記の組合がある企業でも見られるように、会社に対する従業員の評価に関する報告が組合員によってなされているようだという。この企業の場合、先述の企業の報告先が労働・社会福祉省であったのに対して、郡の組合支部に定期的にいくようになっているようだという。

　組合を設立した経緯は顧客企業から法令遵守の認証を受けるために必要であったり、当局から監査を受ける際に指摘事項を生じさせないためという意味合いが強いようだ。

　組合はないと回答したのは5社であったが、中には組合との接点があるという企業も含まれる。従業員の2名程度が労働組合から委嘱を受けて、企業の就労環境についての情報をその地域の労働組合支部に定期的に提供しているという。例えば、職場の室温に関する不満であるとか、賃金に関する不満があれば、組合に報告が行くようになっている。

　これら組合がある企業は経済特区外に工場が立地している。経済特区内に立地している工場に組合があるという企業はなかった。それは、経済特区内では特区の事務所が公的手続を一手に引き受けているなど、監督業務も担っており、労働基準監督や労働組合活動が経済特区内に入ってくることもないということが言えそうだ。経済特区外の企業にも組合がないという企業もあり、地域によっては労働管理局や労働組合の支部の活動が行き届いていないと考えられる。

　組合がないという企業の中には、組合の設立自体が義務付けされていないという認識の企業もあるようだが、第5章第1節(2)(133ページ参照)でも説明した通り、法律の条文上の規定では従業員規模10人以上の企業や事業所では労組の設立が義務付けられている(労働組合法24条)。だが、経済特区の事務局から特区内であれば労働組合の設立義務はないと説明を受けている場合もあるようだ。こういったところにラオス国内で労働法が一律に適用されて

いるわけではない実態の一端を見ることができる。

　組合の有無は地域差が関係していると考えられる。先述の労働組合があり、組合費のチェックオフをしている企業が立地する行政単位(村)では、労働局や労働組合の地域事務所が積極的に企業を訪問して組織化活動に従事していると考えられる。組合があるが活動実体はないという企業は、行政による監査という形で、労働分野に限らず、定期的に行政当局と接する機会があり、法令を遵守する目的で労働組合を設立したという経緯がある。

(14) 生産性・生産管理

　既述の通りラオスの人件費は安さが魅力となっているが、労働生産性が高いとは言い難い。タイに関連工場がある企業では、ラオスの生産性は、タイの2分の1程度という企業もある。中国やベトナムに関連工場がある企業では、中国の生産性が10だとすれば、ベトナムは7.5、ラオスは5程度と評価する企業もあった。だが、日本向けの製品を製造している企業では、日本品質を目指して生産しており、タイと比べて経験年数が浅いため生産性は劣るが、品質はかなりタイに近い水準を達成できているという。ラオスの生産性は、人件費という観点では低いコストで製造できるため優位だが、資材や物流費、電気代を加味すると生産性はバングラデシュに劣る程度になるという企業もある。この企業では付加価値の高い製品に挑戦することで人件費高騰に対応している。スピードがまだまだ遅いと考えている縫製業では、ヒトとモノの流れを工夫する必要性があるとしており、技術よりも段取りを改善することで生産性を改善していきたいとする。

　生産のスピードを上げるために出来高制を採用する試みをしている企業もある。だた、継続してスピードを上げるのはなかなか難しいという。この企業では調査時点で個人の出来高制を取っていたが、かつて班単位の出来高制を採用していた。班単位でそれなりの効果があったが、やっているうちに惰性になって効果が出なくなるという。そのためやり方を変えていく必要性がある。

　生産管理について特徴的な事例として、現場の自律性を引き出す取り組みが見られた。不良が出たり、品質が低下したり、納期を守れないことがない

限り、現場に主導権を与えて、工夫して生産の仕方を変えて構わないという方針をとっており、生産工程の人員配置や原材料や部品の流し方は現場に任せる取り組みをしている企業があった。その工場では、現場が自分たちで考えて作業するようになり、やらされ感がなく、その日の目標を早く達成するために休憩時間を削って取り組むような姿勢が定着しているという。失敗した場合は原因を特定して継続的な改善に取り組んでいる。

　この企業では事業効率を優先させるのであれば、輸送コストやロットの数などを考えると、現在の2倍に匹敵する生産量にするのが適切だと考えている。だがラオスの事業環境を考えれば、十分な人員を確保することが難しく、倍の生産量に耐えうる機械設備の運営はできない。また、ラオス人の就労意欲を考えれば、従業員一人一人のスピードを引き上げて効率を求めるような取り組みは適切ではないと判断して、一人一人の手持ち時間を短縮するといった取り組み、つまり人員の配置を工夫する取り組みを行っているという。

　また、ある縫製業の工場では、通常週6日の勤務で日曜日だけが休日のところ、金曜日までに1週間の生産量を達成できれば、土曜日も休日とする取り組みをしていた。従業員にアンケートをとったところ、9割が月曜日から金曜日の残業が増えたとしても、土曜日を休日としたいと回答したという。この工場では、調査訪問の日に第2週目になっており、第1週目は目標生産量を金曜日までに達成した。皆、必死になっているということだった。ちなみに、この工場では従来の残業は、週2回1時間程度だった。

(15) 品質管理

　品質管理の取り組みが、ラオスで盛んに行われているとは言えない。5S（整理、整頓、清潔、清掃、躾）という基本的な取り組みが、まだ始まっていない工場が珍しくない。5Sに着手する以前の段階の企業では、挨拶をきちんとするなど、社内マナーの徹底に取り組んでおり、次に「報・連・相」、続いて5Sに取り組む予定を立てているという企業があった。ただ、改善提案制度を組織だって始めたというところや、小集団活動を開始したばかりというところもあった。

　小集団活動を開始したという企業では、日本で30年ほど前に使用してい

た手書きのテキストを活用して、毎週、ミーティングを開催しているという。ミーティング毎週開催することは、品質異常が早期に発見できるという意味でも重要だという。1週間以内に異常が発覚すれば顧客に製品が届く前に異常製品の出荷を止めることができるという。

　ただ、こうした企業の取り組みは決して多くはなく、大半の企業での品質管理は検品による不良の検出にとどまる。ラインで検品し、最終で改めて検品するというものが一般的である。

　改善提案制度を開始したという企業では、人材育成の項目でも触れたように、経済特区が主催した品質管理セミナーに参加させたところ、従業員自身が改善活動に積極的になったという。これを受けて、同社では職制として改善リーダーを配置して組織だって品質改善に取り組むことになり、改善提案に対する報奨制度をつくった。提案が挙ってくれば、ポイント制で評価して、効果が期待できる改善案には、50万キープを上限として報償を出すというものだ。

　品質向上のための報償制度を設ける企業がある一方で、不良の要因となった従業員を対象に罰金制度を設けている企業もある。「企業内ルール」の項目でも触れたが、製造工程を社員番号で管理することによって、不良が出た場合に、どの従業員が原因なのかがわかる仕組みになっており、半月に1回程度集計して、1件1,000キープの罰金としている。この取り組みの結果、不良は減っており効果があると判断しているという。

(16)　離職率

　離職率は年5％以下という極めて低い水準の企業もあるが、月5％前後が平均的であると考えられる。操業当初は年20％の離職率だったが、6年経過した工場では、調査時点では数えるほどに減ったという企業もある。離職率は勤続の長さによって大きく異なるようだ。入社して程なくして辞める者が極めて多い。1年未満で辞めてしまう者が多いが、数カ月勤務が続けば、かなり定着するという。試用期間の3カ月で20％程度が辞めてしまい、6カ月までにさらに10％程度が辞めるが、それ以降は定着する傾向があるという企業もある。ラオスでは離職者が多い月があるという話も耳にした。大学入

試の時期（6月〜8月）や軍や公務員試験の時期（12月）になると、学歴が高卒の者を中心として試験の準備のために離職する者が多くなる傾向があるという。

　離職の理由として挙がる最も多いものが、家族に関連することである。家族の手伝いをする必要や、父親が病気になったという場合がよくある。また欠勤の項目でも触れたが、正月に里帰りをしたまま、戻ってこなく、辞めてしまうケースもよくあるという。里帰りをした際、親から工場勤めに戻らず家にとどまるように言われ、子は親の言うことに従うといった行動がよくある。

　仕事内容が合わないという離職理由もある。縫製業では縫製作業は様々な作業内容がある一方で検査工程は同じ作業の単調な繰り返しのために離職する者が多いという企業もあった。また、リーダーに叱責されて辞めてしまう者や自分のミスで不良を出してしまい、大量の返品を目の当たりにして辞めてしまう場合もあるという[15]。

　離職を繰り返して近隣の工場を転々としている者がいるというところもあった。その企業ではラオス人は飽きっぽいために辞めてしまう者も多いのではないかという。同社では一度辞めた者は半年間は再び採用することはしないことにしている。経済特区内の日系企業間で一定期間、離職者は採用しない申し合わせをしているところもある。

（17）ラオスでの企業経営上の課題や困難

　経営上の課題としてまず挙がるのは、インフラの未整備である。輸送コストが高いこと、電気料金が高い上に停電があるといったインフラの未整備を挙げる企業が少なくない。他の国と比較して人件費が安いために、インフラ

15　ラオス人の工場労働者の離職理由を分析した先行研究として、大野・鈴木（2003）や西村・岡本（2007）が挙げられる。大野・鈴木（2003）によれば、離職や怠業は職場に馴化する（馴染む）ことによって抑制されるという。また、代替的就業機会の有無、すなわち近隣に同業種の他社があることが離職の要因となる場合もあると指摘している。ただ、給与満足度の低さが単純に離職を引き起こしているわけではなく、他社と自社の賃金水準の違いが離職の理由だとは言えないという。西村・岡本（2007）では、離職率の高さは、自然資源採集を含む複合的な現金収入獲得という代替的な手段があること、つまり工場労働以外の収入獲得の選択肢があることに加えて、工場労働によって得られる賃金が、それ以外の就業で得られる収入に比べて相対的に低いことによる。また、工場労働に要する就業時間が、それ以外の就業に比べて長いために割に合わないことも指摘している。

のコスト高が解消されていると言える。

　ラオスは内陸国である上に、国内の交通網がまだ未整備なところが多い。ビエンチャン市街周辺の幹線道路は整備されつつあるが、10キロから20キロ離れると、舗装が寸断されてしまった箇所に遭遇することが頻繁にある。舗装が完備していない道路では、精密機械の部品を搬送するには適していない。容量が大きく重量のある荷物を搬送することにも適していない。そのため、ラオスの輸送の現状を踏まえると、衣類や履物といった軽量の製品であれば可能ということになる。ただ、海に面していなく、メコン川の船による海までの輸送もできないために、陸路で輸送する必要がある。調査時点ではビエンチャンからベトナムに向けて陸路で輸送することも現実的ではないため、タイ国内を輸送することになりコストがかさむ。ビエンチャンからタイのレムチャバン港までの輸送費と、レムチャバンから日本の大阪や名古屋までの輸送費がほぼ同額という企業もあった。そのコスト面を考慮すると、ある程度の付加価値のある製品でなければ経営上成り立たなくなっているという。縫製関係でも、単に衣類を大量に扱う業態ではなく、多品種少量生産の業態にとってラオスは適した生産地だと言える。刺繍が施されており1品の生産量が限定されるような子供服、オーダーメイドのカツラ、さほど精密性の高くない、小さな電子部品といったものに、ラオスでの生産に適した製品は限られてきている。

　インフラ関係の課題として停電を挙げる企業もある。長時間の停電は減っているようだが、1〜2分の停電は頻繁に起こるという。調査した時点で最近も1〜2時間程度の停電が起きたとのことで、地方では半日程度の停電はあるという。経済特区内であっても、変電施設が稼働するまで停電が頻繁にあったという企業もある。

　次に挙がるのは労働力の確保という課題である。人口のサイズからしても労働力が豊富にあるとは言えない。タイに出稼ぎに行っている者が約10万人程度いるとされているので[16]、ラオス経済が発展して出稼ぎ労働者が帰国することで労働力が豊富になり、一定の期待はもてるとする見方もある。だ

16　本書第3章第1節(4)、69ページ参照。

が、現状のラオス労働市場を踏まえれば、労働力の確保は難しく、1つの工場で千人単位の従業員を雇用するのは現実的ではない。数百名規模の工場が適しているというのが日系企業関係者のおおよその見解である。今後、進出する企業の場合、人材面から考えると、ラオスは典型的な労働集約型の企業に適しているとは言えない、そのような見解を持つ方が多い。何らかの付加価値のある製品を生産する目的でなければ、経営上成り立たなくなっていると言える。ただ、付加価値のある製品を生産するために必要となるのが、ある程度の技能をもった労働者や経験者である。しかし、現状では人員確保のために全くの未経験者を雇用せざるを得ない問題を抱えている。

　行政上の許可や届出、通関手続などの遅延を挙げる企業も少なくない。外国投資関連の許認可が計画・投資省と労働・社会福祉省に加えて工業・商業省が加わって、手続の遅延が起きているという(調査時点)。経済特区内ではワンストップサービスの恩恵を受けられると言われているが、遅延は経済特区内外問わず生じているという話もあった。

(18) その他の特徴

　その他の日系進出企業における人事労務管理上の工夫や特徴として、工場内で作業中に音楽を流す企業が2社あった。時間を決めて午前と午後の数時間に音楽を流すところと、作業中は常に流れている企業とがある。音楽を流すのは、単純な作業の繰り返しになるので眠気防止のためでもあるという。流す曲は従業員が持ち込んだスマホに入っている曲が適宜流される。従業員からの要望に基づいて音楽を流しているが、何らルールもなく受け入れてしまったために、多少の制約が必要かと検討をしている企業もある。

　また、地域密着型の企業を企業方針として掲げている企業では、近隣の小学校や中学校を対象に高校に行けない児童を少なくするための奨学金制度を実施している企業もある。同社ではタイにも拠点があり、同様の制度を実施している。この制度のお陰で当局からの監査や監督に関する指摘が少ないということも言えるかもしれないとのことである。社会貢献に積極的な企業に対して若干の優遇措置が行われていると言える。

● 小括

　ラオスは2012年から2013年にかけて、日系企業の進出が加速したが、その後、増加は鈍化している。JETROの調査[17]結果では、ラオス投資事業を拡大する予定の企業が過半数以上を占めていたが、本調査で訪問した企業の事業方針で、事業拡大の予定をしている企業は少数派であり、現状維持が大勢を占める。拡大予定との回答の企業の1つは電子部品製造だった。そのような企業も従業員拡大の計画は立てているものの、実際の増員の決定は受注が確定してからという慎重な姿勢が示されている。

　業種・業態によってラオス進出が適している企業であるか否かが分かれる。ある縫製業では、費用対効果の面で、設備投資して回収できるか否かを考えた場合、拡大するのは難しいという。ラオスでは一般的な大きな事業所は数百人の従業員規模であり、千人規模の工場はほとんどない。人員確保の点から拡大が難しい上に、人件費が上昇傾向にある。また、周辺国に比べて、原材料を輸入せざるを得ない上に、港湾がないことは物流のコスト面からも不利に働く。縫製業は薄利多売という業種の特性から、ラオスで拡大することにメリットは薄いという。

　安く豊富な人材を活用することによる典型的な労働集約型が生産拠点を構えるには、ラオスでは適切だとは言えなくなっている。軽くて、小さく、付加価値のある製品を生産するのには適しているという話を何度も聞かされた。実際に我々が訪問して有望だと感じた企業もそういった企業である。完全オーダーメイドのカツラの製作や縫製業の中でも細かな刺繍の織り込まれた子供服といった付加価値の高い製品を多品種少量生産する企業だった。

　その一方で、我々の現地調査実施後の数カ月間に、日系企業の進出動向にも変化が窺える。ハードディスクドライブ用のガラス基板を製造する4,000人規模の工場建設が決定され、ラオスにおける製造業の労働環境が変化する可能性が出てきている。また、ICTビジネスや物流分野に参入する企業事例も出ており、進出分野が多様化する兆しも見てとれる。

　そうした企業を支える人材の育成や獲得がより一層重要になってくるだろ

17　前掲注9、日本貿易振興機構（JETRO）・海外調査部アジア大洋州課・中国北アジア課（2019）参照。

う。ラオス人人材の強みは、手先が器用で真面目な女性労働力、温和で業務指示にしっかりと従う性格だといわれている。リーダーシップを発揮する人材が少ないが故に紛争が起きにくいということもある意味では強みと言える。

　そうしたラオス人材の強みには大きな伸びしろが隠れている。現状では非識字の労働者を雇用せざる企業も少なくない。文字は読めても工場で勤務するために最低限必要な生活習慣を身につけていない場合が多い。企業の聞き取り調査で公共職業訓練の充実に期待する声は大きくはない。そもそも公共の訓練で即戦力の技能が身につくと期待していないためだ。それより学校で規則正しく生活する習慣や挨拶、身の回りの整理整頓を身につけることに対する期待が大きい。基礎的な学力と生活習慣を身につけた労働者を容易に雇用することができるようになれば、企業は本来すべき職務遂行能力を身につけさせることに注力できると言える。付加価値の高い生産を安定的に行うことができる素地が整えば、ラオスの投資環境が良好なものになっていく、その潜在力に期待したい。

　資料：労働・社会福祉省作成の就業規則のモデル（労働条件）（仮訳）[18]

従業員の管理：

1.　就業時間と休憩時間：

1.1.　通常の就業日：
・経営管理事務部門：＿＿＿曜日から＿＿＿曜日まで
・生産部門：＿＿＿曜日から＿＿＿曜日まで

1.2.　通常の就業時間：
・経営管理事務部門：午前＿＿＿時から＿＿＿時まで
　　　　　　　　　　午後＿＿＿時から　　　時まで
・生産部門：午前＿＿＿時から＿＿＿時まで
　　　　　　午後＿＿＿時から＿＿＿時まで

1.3.　シフト制（ある場合）：
・一日の仕事で　　　交代制
　－第1シフト：　　　時から　　　時まで
　－第2シフト：　　　時から　　　時まで
　－第3シフト：　　　時から　　　時まで

1.4.　昼食時間
・経営管理事務部門：　　時から　　時まで
・生産部門：　　時から　　時まで
・それぞれのシフト

1.5.　2時間ごとの休憩時間と就業時間中の個々の従業員の休憩：
　2時間作業を続けた後の休憩と個人的な用事の場合（トイレ休憩、医師の診察を受ける場合はどのような規定になっているか明記）

18　この就業規則のモデルは、2018年2月の現地調査で労働・社会福祉省訪問時に入手したラオス語の資料を仮訳したものである。

2.　休日と休暇について：

2.1.　毎週の休日

・経営管理事務部門：　　　が休日

・生産部門：　　　が休日

2.2.　公務休日と祭祀の日など(労働法と異なる場合に明記)

・年次休日：　　　　　　　(労働法と異なる場合)

・個人の都合による休暇：　　　　　　　(労働法と異なる場合)

・女性の従業員の産前産後の休暇：　　　　　　　(労働法と異なる場合)

・病気の為の休暇：　　　　　　(労働法と異なる場合)

2.3.　病気、または手足などを失うといった障がい者、あるいは死亡した場合の給付

(労働法ならびに社会保障法と異なる場合)

3.　賃金と給与

3.1.　賃金水準と構成

・月額給与の最低金額：　　　　　　キープ／月(会社側が下限としての想定)

・月額給与の最高金額：　　　　　　キープ／月(会社側が上限としての想定)

・基本給の構成(計算法はどのようになっているか明記)

・諸手当を含めた月給の全額の構成(計算法はどのようになっているか明記)

3.2.　月額給与あるいは賃金の支払い方法

・時間制(月、日あるいは時間)

・製品出来高制

・請負契約

3.3.　月額給与あるいは賃金の支払い時間の決定

　　1カ月に　　　回支払：毎月の　　　日と　　日。

3.4.　月額給与あるいは賃金の昇給規定
・定期昇給、またはその他の昇給の条件の明記
・昇給割合、あるいは実際の額か
・その他（　　　　　　　　　　）

3.5.　その他ボーナス：勤勉手当（就労意欲を向上する手当）
　　　　　　　　　　キープ／月：毎年の報奨金
　　　　　　　　　　キープ／月と他のお金

3.6.　給与削減の規定：（給与削減の理由および削減額について明記）

3.7.　残業における規定と賃金（労働法と異なる場合に明記）

4.　労働契約の締結と労働契約の解約：
4.1.　労働契約：（どんな種類があるか例えば：規定がある、規定がない、口頭で
　　　紛争が生じないことを保証する為に、口頭の場合はどのような条件か）

4.2.　労働契約の解約と補償（労働法と異なる場合に明記）

会社の一般禁止事項：
1.　様々な禁止事項（就業中あるいは就業前後について、会社側が定めている従業
　　員の禁止事項の明記）
2.　違反者に対する懲罰（従業員が禁止事項に違反した場合の処分に関する規定）

労働安全衛生に関する強制事項
1.　労働災害事故を防ぐため、および職場で職務に起因する職業病を防ぐた
　　めに、会社が負うべき責任事項を規定しなければならない。例えば、個々
　　の従業員を危険な作業から守る保護服の着用義務や、安全規則を理解し
　　て、規則に沿った行動をとること、安全担当職員の指揮命令に従うこと、
　　などを規定すること

2.　労働安全衛生に関する規則に違反した場合の処罰

労使関係

1.　労働組合の設立と従業員の代表者の選出
2.　会社側は従業員の代表者あるいは企業別労働組合の法律に沿った活動に対してどのように便宜を図るか(1カ月に何時間程度の活動を許容するか、組合事務室の提供、あるいは一時的な使用の許諾、その他の便宜)
3.　従業員の要望・苦情の表明と訴え(従業員あるいはその代表者、または労働組合員が会社に対して要望がある場合の申し出の手段や方法)
4.　紛争が生じた場合の解決方法のプロセス
5.　会社を閉鎖する場合の事由(従業員が会社に立ち入ることを許可しない等)
6.　従業員からの苦情申し立て(会社による苦情処理の方法、整理解雇の場合の対応)

索引

さ行

参考文献リスト

（日本語文献）

吾郷眞一（2016）「ラオスと国際労働基準」『ICD NEWS』（法務総合研究所国際協力部報）、69号、2016年12月、82〜85ページ。

アジア経済研究所編（2017）『アジア動向年報2017年版』日本貿易振興機構アジア経済研究所。

綾部恒雄・林行夫・上田玲子（1996）「民族と言語」綾部恒雄・石井米雄編『もっと知りたいラオス』弘文堂、69〜103ページ。

伊藤淳（2017）「ラオス民法典制定」『ICD NEWS』（法務総合研究所国際協力部報）、71号、2017年6月、58〜62ページ。

入江克典（2019）「ラオス労働法ハンドブック作成支援」『季刊労働法』265号（2019／夏季）アジアの労働法と労働問題（第37回）、158〜169ページ、労働開発研究会。

岩品雅子（2018）「ラオスの基礎教育開発の進展と『学校教育に基盤を置いた教育行政』に向けたJICAの取り組み」鈴木基義編著『アセアン共同体とラオス』JICAラオス事務所、第10章、177〜192ページ。

岩本あづさ・岡林広哲・橋本麻由美（2014）「ラオスの保健医療の現状と課題」鈴木基義編著『ラオスの開発課題』JICAラオス事務所発行、第3章、83〜116ページ。

漆原克文（2005）「ラオス、カンボジアの社会保障制度」『海外社会保障研究』国立社会保障・人口問題研究所、150号、2005年春、87〜101ページ。

大城直樹（1996）「風土と地理」綾部恒雄・石井米雄編『もっと知りたいラオス』弘文堂、44〜68ページ。

大友有（2018）「タイにおける非熟練外国人労働者の実態と課題」『アジア太平洋討究』早稲田大学アジア太平洋研究センター、33巻、109〜151ページ。

大野昭彦（2003）「贈与交換論からみた職務への動機づけ—ラオス・カンボジアの工場労働者を対象として」『経済研究』一橋大学経済研究所 編、54巻、4号、289〜299ページ。

──（2007）「工場労働者の第一世代をめぐる組織不適応：ラオス」『アジアに

　　おける工場労働力の形成―労務管理と職務意識の変容』日本経済評論社、
　　第3章、93〜115ページ。

大野昭彦・鈴木基義(2003)『工場労働者の第1世代をめぐる職務意識―ラオ
　　スを対象として―』『東南アジア研究』、京都大学東南アジア研究所編、38
　　巻、1号、3〜21ページ。

オンパンダラ・パンパキット(2010)「ラオス現代教育制度の変遷―量的拡大
　　の実態を中心に」山田紀彦編『ラオス　チンタナカーン・マイ(新思考)政策
　　の新展開』調査報告書、第8章、アジア経済研究所。

香川孝三(2019)「アセアン労働組合協議会の活動からみる労働問題」『労働調
　　査』労働調査協議会、2019年5月、585号、4〜8ページ。

風野寿美子(2007)『明日を紡ぐラオスの女性―暮らしの実態と変化のゆくえ』
　　めこん。

川端眞人(2002)「ラオス保健サービスの課題と展望」『国際協力論集』神戸大学
　　大学院国際協力研究科、9巻3号、57〜69ページ。

柿崎一郎(2007)『物語　タイの歴史』中公新書、中央公論新社。

叶芳和(2013)「人口ボーナス再論―demography より human capital」『日本経
　　済大学大学院紀要』日本経済大学大学院、第1巻第1号、71〜79ページ。

菊池陽子・阿部健一編(2010)「コラム8　タートルアン祭」『ラオスを知るた
　　めの60章』明石書店、252〜253ページ。

工藤恭裕・山下輝年・榊原一夫(2002)「ラオス法制度の概要」『ICD NEWS』(法
　　務総合研究所国際協力部報) 3号、2002年、44〜53ページ。

国際協力機構編(2018)『世界を変える日本式法づくり』文藝春秋。

国際協力機構・三菱UFJリサーチ&コンサルティング(2012)『アジア地域社
　　会保障セクター基礎情報収集・確認調査報告書・各国編』。

国際協力銀行企画部門調査部(2018)『わが国製造業企業の海外事業展開に関
　　する調査報告―2018年度海外直接投資アンケート調査結果(第30回)―』。

国際協力銀行開発セクター部(1999)「メコン地域の建設労働者へのエイズ対
　　策―JBICインフラ事業における企業の社会的責任(CSR)―報告書」国際協
　　力銀行。

国際協力事業団企画・評価部(2002)『国別障害関連情報―ラオス人民民主共和国』2002年3月。

国際労働財団編「2015年ラオスの労働事情」。

国際労働財団(2017)「2017年ラオスの労働事情」。

小原ひろみ(2018)「ラオスの保健セクターの現状：2025年ユニバーサル・ヘルス・カバレッジ達成に向けて」、鈴木基義編著『アセアン経済共同体とラオス』JICAラオス事務所、第12章、203〜217ページ。

沢田誠二(2013)『アヘンさよなら、学校こんにちは―世界で最も多量にクラスター爆弾が残る国・ラオス』晃洋書房。

自治体国際化協会編(2004)『ASEAN諸国の地方行政―ラオス』自治体国際化協会発行。

嶋澤恭子(2014)「ラオスにおける『生殖コントロール』の様相：女性の健康プロジェクトとしての導入」小浜正子・松岡悦子編『アジアの出産と家族計画：「産む・産まない・産めない」身体をめぐる政治』勉誠出版、第6章、194〜222ページ。

鈴木則之(2019)『アジア太平洋の労働運動―連帯と前進の記録』明石書店。

鈴木基義訳(1996)『改正ラオス労働法(日本語訳)』日本ラオス協会。

鈴木基義(2009)『ラオス経済の基礎知識』日本貿易振興機構。

須田大(2017)「ラオスの法曹養成制度改革」『ICD NEWS』(法務総合研究所国際協力部報)、72号、75〜86ページ。

――(2018)「ラオスにおける法曹養成制度改革」鈴木基義編著『アセアン経済共同体とラオス』JICAラオス事務所、第8章、140〜152ページ。

須田裕美(2018)「ラオスにおける職業技術教育訓練の現状と課題」鈴木基義編著『アセアン共同体とラオス』JICAラオス事務所、第9章、133〜176ページ。

スックニラン・ケオラ(2014)「ラオスの貿易赤字は制御可能か―解消と持続を中心に」鈴木基義編著『ラオスの開発課題』JICAラオス事務所、第6章、201〜231ページ。

駿河輝和(2016)「ラオスの経済発展と海外直接投資受入環境」『国民経済雑誌』神戸大学経済経営学会、第213巻第6号、15〜27ページ。

駿河輝和／オンパンダラ・パンパキット(2010)「ラオスの地方社会における基礎教育開発への障害」『国民経済雑誌』神戸大学経済経営学会、第202巻第3号、69〜86ページ。

駿河輝和／ダイリー・アマルジャルガル(2009)「モンゴルにおける教育と労働市場」『国際協力論集』第16巻第3号、51〜67ページ。

瀬戸裕之(2004)「ラオス人民民主共和国」萩野芳夫・畑博行・畑中和夫編『アジア憲法集』明石書店、第11章。

──(2009)「ラオス」鯨京正訓編『アジア法ガイドブック』名古屋大学出版会。

──(2012)「中央地方関係」菊池陽子・鈴木玲子・阿部健一編著『ラオスを知るための60章』明石書店、第34章、201〜206ページ。

──(2015)『現代ラオスの中央地方関係』京都大学学術出版会。

──(2016)「ラオス労働に関する法律(改正)」(国際労働財団・アジア労働法データ・ベース)。

チャントーン・カンシボンファン(2007)「ラオス」山本正・伊藤聡子編著『迫りくる東アジアのエイズ危機』連合出版、289〜311ページ。

中地重晴(2012)「メコンデルタ地域における参加型労働安全衛生教育の現状」『海外事情研究』熊本学園大学付属海外事情研究所、39巻2号、107〜122ページ。

長渕満男(2000)「ラオス労働法(和訳)」『甲南法学』甲南大学法学会、41巻1・2号、151〜182ページ。

中村信太郎(2008)「ラオスの労働事情」鈴木基義・山田紀彦『内陸国ラオスの現状と課題』JICAラオス事務所ラオス日本人材開発センター、185〜186ページ。

西村雄一郎(2005)「ラオス・ビエンチャンの産業化と生活空間―縫製業の立地・雇用と労働者居住地からの検討―」『2005年度人文地理学会秋期学術大会』。

西村雄一郎・岡本耕平(2007)「ヴィエンチャン近郊農村における工場通勤労働の開始と日常生活の変化」『2007年度日本地理学会秋期学術大会』19ページ。

日本貿易振興会東南アジア貿易・投資・観光・促進センター(1974)『ラオス
　の労働関係法』日本貿易振興会。

日本貿易振興機構(2016)「ラオス概況」。

――(2013)「ラオス概況(政治編)」(2013/Nov/15)。

日本貿易振興機構海外調査部アジア大洋州課・中国北アジア課(2019)『2019
　年度アジア・オセアニア進出日系企業実態調査』2019年11月21日。

原洋之介／山田紀彦／ケオラ・スックニラン(2007)『中国との関係を模索す
　るラオス』独立行政法人経済産業研究所。

廣里恭史(2018)「岐路に立つラオスの高等教育改革」『カレッジマネジメント』
　リクルート、209巻、54〜57ページ。

藤村和広(2009)「今日のラオスに於ける中国の進出」『立命館国際地域研究』
　30号、99〜117ページ。

古田元夫(2017)『ベトナムの基礎知識』めこん。

弁護士法人One Asia編／藪本雄登編著(2017)『ラオス進出・展開・撤退の実
　務』同文館出版。

法務省法務総合研究所国際協力部(2004)「改正ラオス人民民主共和国憲法(仮
　訳)」『ICD NEWS』(法務総合研究所国際協力部報)第13号(2004.1)147〜
　154ページ。

マーチン・スチュアート−フォックス(菊池陽子訳)(2010)『ラオス史』めこん。

松尾弘・深沢瞳(2016)「ラオス民法関連法の実施状況に関する現地調査報告」
　(2016年4月21日)慶應義塾大学法科大学院松尾研究会。

山田紀彦(2014)「ラオス国会の変遷」山田紀彦編『一党支配体制下の議会：中
　国、ベトナム、ラオス、カンボジアの事例から』(調査研究報告書)第3章
　(2014年3月)アジア経済研究所。

――(2015)「ラオスにおける国民の支持獲得過程―国会を通じた不満吸収と
　国民への応答メカニズム」山田紀彦編『独裁体制における議会と正当性』ア
　ジア経済研究所、第2章、69〜107ページ。

――(2016)「ラオスにおける国民の支持獲得過程―国会を通じた不満吸収と
　国民への応答メカニズム」『アジ研ワールド・トレンド』245号、2016年3

月、10〜13ページ。

──（2017）「党と国家の新指導部──世代交代への過渡期」（第3章）山田紀彦編『ラオス人民革命党第10回大会と「ビジョン2030」』アジア経済研究所、43〜72ページ。

──（2017）「第8期国会議員選挙と県人民議会選挙」山田紀彦編『ラオス人民革命党第10回大会と「ビジョン2030」』アジア経済研究所、第6章、123〜152ページ。

──（2018）『ラオスの基礎知識』めこん。

──（2018）「ラオス・中国高速鉄道プロジェクト──これまでの経緯、進捗状況、問題点」『IDEスクエア』（海外研究員レポート）2018年8月、1〜19ページ。

吉川太惠子（2013）『ディアスポラの民──モン』めこん。

ラオス文化研究所編（2003）『ラオス概説』めこん。

（英語文献）

Asian Development Bank, 2009, *Broken Lives: Trafficking in Human Beings in the Lao People's Democratic Republic*, December 2009.

Bank of Lao, 2011, *Annual Economic Report 2010*.

──, 2019, *Annual Economic Report 2018*.

Bounfeng Phoummalaysith, Khamphao Hompangna and Latanaxay Khamsida Provincial, 2005, *Health and Social Welfare Report in Lao PDR*, The 3rd ASEAN & Japan High Level Officials Meeting on Caring Societies: Development of Human Resources and Partnerships in Social Welfare and Health.

Bourdet, Yves, 1996, "Labour Market Adjustment under Transition in Laos," *Journal of Asian Economics*, Vol. 7, No. 4, pp. 651-675.

Chounlamany, M. and B. Douangngeune, 2016, "Employment Situation of Lao-German Technical School Graduates in the year 2014," *LJI Business Management Journal*, Vol. 7, pp. 1-9.

Dino Santaniello and Saithong Rattana, 2018, "Labour Disputes in Laos:

Options for Dispute Resolution under New Decree," August 7, 2018.

Eitel, Susan, 2012, *Lao PDR General Disability Overview*, September 2012, USAID.

Fair Wear Foundation ed., 2007, *Background Study on Laos-Basic Information on Labour Conditions and Social Auditing in the Lao Garment Industry*.

Fry, Simon, 2012, "The Lao Federation of Trade Unions: A Classic Dualist Union," *International Journal of Employment Studies*, Vol. 20, Issue 2, pp. 32-54.

Fry, Simon and Mees, Bernard, 2016, "Industrial Relations in Asian socialist-transition economies: China, Vietnam and Laos," *Post-Communist Economies*, Vol. 28, No. 4, pp. 449-467.

Harkins, B. ed., 2019, *Thailand Migration Report 2019*, United Nations Thematic Working Group on Migration in Thailand.

International Labour Organization (ILO) India Office ed., 1951, *Asian Labour Laws*.

International Labour Organization (ILO) and Lao Statistics Bureau ed., 2012, *Report on the National Child Labour Survey 2010 of Lao PDR*, August 2012.

International Monetary Fund, 2018, *Lao PDR: 2017 Article IV Consultation*, IMF country Report No. 18/84.

Lao National Chamber of Commerce and Industry (LNCCI) ed., 2016, *Guide to the 2013 Labour Law for LNCCI's members*.

―――, 2016, *Membership Directory 2016*.

Lao Statistics Bureau, 2004, *Lao Expenditure and Consumption Survey 2002/2003 (LECS3)*.

―――, 2009, *Lao Expenditure and Consumption Survey 2007/2008 (LECS4)*.

―――, 2012, *Lao PDR Labour Force and Using Child Labour Survey, Year*

2010.

——, 2014, *Lao Expenditure and Consumption Survey 2012/2013 (LECS5)*.

——, 2015, *Results of Population and Housing Census 2015*.

——, 2017, *Statistical Yearbook 2016*.

——, 2018, *Survey Finding Report: Lao PDR Labour Force Survey 2017*.

Library of Congress, Global Legal Monitor, "Laos: New Law on Civil Servants Being Drafted," August 30, 2013.

Ministry of Education and Sports, 2016, *Technical and Vocational Education and Training Development Plan 2016–2020*, Vientiane.

Ministry of Information, Culture and Tourism, Tourism Development Department, 2019, *2018 Statistical Report on Tourism in Laos*.

Ministry of Labour and Social Welfare, 2011, "The 2nd National Occupational Safety and Health (ODH) Programme: Lao PDR 2011–2015," June 2011.

Ministry of Labour and Social Welfare, Lao People's Democratic Republic: UNICEF ed., 2011, *Broken promises shattered dreams a profile of child trafficking in the Lao PDR*.

Onphanhdala, P. and T. Suruga, 2007, "Education and Earnings in Transition: The Case of Lao," *Asian Economic Journal*, Vol. 21, No. 4, pp. 405–424.

——, 2010, "Entrepreneurial Human Capital and Micro and Small Business in Lao PDR," *Developing Economics*, Vol. 48, No. 2, pp. 181–202.

Onphanhdala, P. and A. Thongsavath, 2015, "An Analysis on Job Matching of TVET Graduates in Lao PDR: The Case of Pakpasak Technical College," *LJI Business Management Journal*, Vol. 6, pp. 10–14.

Psacharopoulos, G. and Patrins, H.G., 2018, "Returns to Investment in Educations: A Decimal Review of the global literature," *Education Economics*, Vol. 26, No. 5, pp. 445–458.

Steering Committee for Census of Population and Housing, 2006, *Results from the Population and Housing Census 2005*.

Stuart-Fox, Martin, 1997, *A History of Laos*, Cambridge University Press.

――, 2008, *Historical Dictionary of Laos*, Third Edition, The Scarecrow Press, Inc.

Thipmany Inthavong, 2015, *Labour Disputes Settlement in Laos P.D.R.* submitted to the Fifth Conference of Asia Society of Labour Law at Tokyo, March 2015.

Union Aid Abroad-APHEDA Lao PDR ed., 2015, *Summary paper on Asbestos Situation and APHEDA projects in Lao PDR*.

United Nations Population Fund (UNFPA) ed., 2016, *Landmark Report: Violence against women a 'hidden scourge' in Lao PDR*.

United Nations Development Programme (UNDP), 2017, *Lao National Human Development Report: Graduation from Least Development Country Status*.

――, 2017, *National Human Development Report: Graduation From Least Developed Country Status Lao PDR 2017*, Vientiane.

――, 2017, *World Population Prospects the 2017 Revision*.

――, *Human Development Reports*.

United Nations Office on Drugs and Crime (UNODC), 2014, *Southeast Asia Opium Survey 2014*, Lao PDR, Myanmar.

――, 2017, *Trafficking in persons from Cambodia, Lao PDR and Myanmar to Thailand*, August 2017.

United States Department of Labor ed., 1965, *Labor Law and Practice in the Kingdom of Laos*, BLS Report No. 290,

United States Department of State, *2017 Trafficking in Persons Report*.

United States Department of State, Bureau of Democracy, Human Rights and Labour ed., *Laos 2016 Human Rights Report*.

――, 2018, *Lao 2017 Human Rights Report*.

World Bank, 2009, *Lao PDR Economic Monitor End-Year Update 2009: Lao PDR Recent Economic Developments*, The World Bank Office, Vientiane.

――, 2012, *Lao PDR-Labour standards and productivity in the garments export sector-A survey of managers and workers.*

――, 2014, *Lao Development Report 2014*, World Bank.

――, 2019, *Lao PDR Economic Monitor*, World Bank.

WHO Representative Office, Lao People's Democratic Republic ed., Health Financing.

World Vision ed., 2014, *The Vulnerability Report, Human Trafficking in the Greater Mekong Sub-region*, World Vision Australia 2014.

Zoe Meier, 2009, *A Critical Analysis of the Legal Framework for Human Trafficking in Laos PDR*, Village Focus International.

筆者略歴

香川 孝三（かがわ　こうぞう）[第2章第1節、第4章、第5章、第6章、第7章]
1944年、香川県生まれ。1972年、東京大学大学院法学政治学研究科博士課程単位取得認定退学。1974年12月、文部省アジア諸国派遣留学生制度によりデリー大学法学部大学院比較法コースに留学（1976年3月まで）。同志社大学文学部社会学科教授、神戸大学大学院国際協力研究科教授を経て、2007年4月から大阪女学院大学教授。現在は、神戸大学名誉教授・大阪女学院大学名誉教授。その間、2004年4月、在ベトナム日本国大使館公使（2005年9月まで）。専攻は、アジア法、労働法、労使関係論。主な著書として、『カンボジアの労働・雇用・社会―日系進出企業の投資環境―』（熊谷謙一・北澤謙との共著）労働政策研究・研修機構（2019年）、「アセアン後発4か国における解雇法理」『アジアの市場経済化と民事法：法体系の模索と法整備支援の課題』（金子由芳編）、神戸大学出版会（2019年）、『ミャンマーの労働・雇用・社会―日系進出企業の投資環境―』（西澤信善・堤雄史・北澤謙との共著）労働政策研究・研修機構（2017年）、『インドの労働・雇用・社会―日系進出企業の投資環境―』（木曽順子・北澤謙との共著）労働政策研究・研修機構（2016年）、『グローバル化の中のアジアの児童労働：国際競争にさらされる子どもの人権』明石書店（2010年）、『アジアの労働と法』信山社出版（2000年）、『インドの労使関係と法』成文堂（1986年）など。

駿河 輝和（するが　てるかず）[第1章、第2章（第1節を除く）、第3章]
1951年、高知県高知市生まれ。1974年、京都大学経済学部卒業、1977年、大阪大学大学院経済学研究科後期課程退学、1994年、博士（経済学）（大阪大学）。大阪府立大学経済学部教授、神戸大学国際協力研究科教授を経て2016年4月から岡山商科大学教授（神戸大学名誉教授）。2004年10月、ラオス国立大学経済経営学部JICA専門家。2020年4月、神戸大学社会システムイノベーションセンター特命教授就任予定。専攻は、開発経済学、労働経済学。主な論文として、「ラオスの経済発展と海外直接投資受入れ環境」『国民経済雑誌』213巻（6号）（2016年）、「ラオス北部における契約栽培の地方生活への影響」『国民経済雑誌』212巻（3号）（オンパンダラ・パンパキットとの共著）（2015年）、「経済発展と開発 ラオス北部における中国投資の農業と貧困削減に与える影響」『経済政策ジャーナル』日本経済政策学会編 11巻（2号）（オンパンダラ・パンパキットとの共著）（2014年）、"Valuation of Incentives to Recruit and Retain Teachers in Schools: Evidence from a Choice Experiment in Cambodia and Laos," (Co-authored with V. Sisouphanthong), *Cogent Education*, forthcoming, "Impact of Social Capital on Child Nutrition Status: The Case of Three Villages in Oudomxay Province of the Lao PDR," (Co-authored with A.

Phonvisay and D. E. Lucero-Prisno), *Journal of Global Health Science*, Vol. 1, No. 1, 2019, "Entrepreneurial Human Capital and Micro and Small Business in Lao PDR," (Co-authored with P. Onphanhdala), *Developing Economies*, Vol. 48, No. 2, 2010, "Education and Earnings in Transition: The Case of Lao," (Co-authored with P. Onphanhdala), *Asian Economic Journal*, Vol. 21, No. 4, 2007. など。

北澤　謙（きたざわ　けん）［第8章］
1968年、神奈川県生まれ。1994年、日本労働研究機構に入職。2013年、東京工業大学大学院イノベーションマネジメント研究科博士課程単位取得退学。現在、労働政策研究・研修機構（JILPT）調査部主任調査員補佐。専攻は、経営組織論、多国籍企業論。主な著書・論文に、『カンボジアの労働・雇用・社会―日系進出企業の投資環境―』、JILPT（2019年）、『ミャンマーの労働・雇用・社会』、JILPT（2017年）、『インドの労働・雇用・社会』、JILPT（2016年）、「アジア諸国の労働法にみる制度と実態の乖離―ミャンマー、カンボジア、ベトナムの労働法を中心に」『季刊労働法』労働開発研究会（258号、2017年秋季）、"An Empirical Study on Relation between Management Styles and Human Resource Development focusing on a Group Activity," *International Journal of Human Resource Management and Development*, Inderscience Publishers, Vol. 12, No. 3, 2012, pp. 187-206、"Innovation by Small Group Activity and Organisational Learning — An Empirical Study on Quality Control Circle Activity," *International Journal of Innovation and Learning*, Inderscience Publishers, Vol. 11, No. 3, 2012, pp. 233-249 など。

JILPT 海外調査シリーズ4

ラオスの労働・雇用・社会—日系進出企業の投資環境—

2020年 3 月 30 日　初版発行

編集・発行　独立行政法人　労働政策研究・研修機構
　　　　　　〒177-8502　東京都練馬区上石神井 4 - 8 - 23
　　　　　　　　（編集）調査部
　　　　　　　　　　　　TEL 03-5991-5174　FAX 03-3594-1113
　　　　　　　　（販売）研究調整部成果普及課
　　　　　　　　　　　　TEL 03-5903-6263　FAX 03-5903-6115
印刷・製本　勝美印刷株式会社